U0626566

高等学校应用型本科创新人才培养计划系列教材

高等学校经管类专业课改系列教材

Excel 在财务管理中的应用

主　编　刘洪民

副主编　夏　丹　张洪岩

　　　　潘　宇　张　磊

西安电子科技大学出版社

内 容 简 介

本书结合财务知识与操作技能，通过大量财务管理实例，图文并茂地介绍了财务管理知识和 Excel 2019 操作方法。全书分为八个项目。项目一、项目二介绍了 Excel 2019 的基础知识及其在报表编制中的应用，项目三～八分别介绍了 Excel 2019 在筹资管理、投资管理、营运资产管理、利润管理、财务预测及财务分析中的应用。

本书可作为高等院校财会类和经济管理类专业本科生的教材或参考书，也可作为企事业单位财务、会计、审计等岗位工作人员的参考书。

图书在版编目(CIP)数据

Excel 在财务管理中的应用 / 刘洪民主编. --西安：西安电子科技大学出版社，2023.11
(2024.12 重印)
ISBN 978–7–5606–6895–6

Ⅰ.①E… Ⅱ.①刘… Ⅲ.①表处理软件—应用—财务管理 Ⅳ.①F275-39

中国国家版本馆 CIP 数据核字(2023)第 141444 号

策　　划	刘小莉
责任编辑	刘小莉
出版发行	西安电子科技大学出版社(西安市太白南路 2 号)
电　　话	(029) 88202421　88201467　　　邮　编　710071
网　　址	www.xduph.com　　　　　电子邮箱　xdupfxb001@163.com
经　　销	新华书店
印刷单位	陕西日报印务有限公司
版　　次	2023 年 11 月第 1 版　2024 年 12 月第 2 次印刷
开　　本	787 毫米×1092 毫米　1/16　印张 16
字　　数	376 千字
定　　价	43.00 元

ISBN　978–7–5606–6895–6

XDUP 7197001–2

如有印装问题可调换

前　言

党的二十大报告提出"实施科教兴国战略,强化现代化建设人才支撑""教育是国之大计、党之大计。培养什么人、怎样培养人、为谁培养人是教育的根本问题""育人的根本在于立德。全面贯彻党的教育方针,落实立德树人根本任务,培养德智体美劳全面发展的社会主义建设者和接班人""深入实施人才强国战略,培养造就大批德才兼备的高素质人才,是国家和民族长远发展大计"。财务管理专业旨在面向社会主义市场经济发展需要,培养德、智、体、美、劳全面发展,掌握财务管理前沿技术,掌握经济、管理、法律、理财、金融等方面的专业知识,具有财务管理、会计业务处理、证券分析、税务筹划、金融理财等方面综合应用能力,具备良好的职业道德与社会责任感,能在农业企业、工商企业、金融机构、事业单位及政府部门从事财务管理及相关工作的高素质应用型人才。

Excel 作为常用的办公软件之一,已在各行各业中得到了广泛运用,其应用是高素质应用型人才必须熟练掌握的。从基本数据的输入到图表的生成,从函数、公式的应用到数据的统计、分析等,用 Excel 可大大提高工作效率。对财务管理、会计、审计、统计等岗位的工作而言,Excel 不可或缺。目前,世界上大多数企业都使用 Excel 进行数据分析,从而为企业决策的制订提供参考。

本书基于"四真三化"("四真"即真实环境、真学、真做、掌握真本领;"三化"即工作任务课程化、教学任务工作化、工作过程系统化)课程建设模式,采用"讲练结合、精讲多练、突出精讲、贵在多练"的教学形式,以问题为导向安排教学内容,以项目教学法完成教学任务,旨在提升财务、会计、审计等人员使用 Excel 解决实际问题的技能。全书结合财务知识与 Excel 2019 操作技能,通过大量财务管理实例,图文并茂地介绍了财务管理知识和 Excel 2019 操作方法。项目一主要介绍 Excel 2019 基础知识;项目二主要介绍 Excel 2019 在报表编制中的应用;项目三主要介绍 Excel 2019 在货币时间价值、长期借款筹资、资本结构及杠杆作用分析中的应用;项目四主要介绍 Excel 2019 在固定资产折旧和更新及投资决策中的应用;项目五主要介绍 Excel 2019 在应收账款管理及存货管理中的应用;项目六主要介绍 Excel 2019 在目标利润分析、利润敏感分析及本量利动态分析中的应用；项目七主要介绍 Excel 2019 在资金需要量预测方法及预测函数中的应用；项目八主要介绍 Excel 2019 在财务分析中的应用。

刘洪民担任本书主编，夏丹、张洪岩、潘宇、张磊担任副主编。本书项目一、项目二由张磊编写，项目三、项目四由潘宇编写，项目五、项目六由夏丹编写，项目七、项目八由张洪岩编写，全书由刘洪民统稿。

由于编者水平有限，加之时间仓促，书中难免有欠妥之处，恳请广大读者批评指正。

编　者

2023 年 4 月

目　录

项目一　Excel 2019 基础知识

 **课前预习**

Excel 是微软公司出品的 Office 系列办公软件中的一个组件，利用它可以进行表格处理、图形分析、数据管理等。

(1) MS-DOS 时代的 MS Office。

在 Windows 时代之前(也就是 MS-DOS 时代)，MS Office 软件就已经在 PC 上与用户见面，不过此时的 Office 还不是那个拥有 Word、Excel 和 PowerPoint 等多个功能的软件包。

(2) Office 1.0。

在 1990 年 11 月，面向 Windows 平台的 Office 软件正式面世。截至 2022 年，Office 已经在 Windows 平台上服务了三十多年，而且还将继续下去。

(3) Office 3.0。

1992 年，微软对 Office 进行了重要的升级，推出了 Office 3.0 版本。这一版本的 Office 包括 Word 2.0、Excel 4.0A、PowerPoint 3.0 以及新加入的 Microsoft Mail，并采用 CD-ROM 的形式发售。不久之后，这款非常流行的 Office 软件由 Office 3.0 更名为 Office 92。

(4) Office 4.0。

1994 年，微软先后推出了 Office 4.0、Office for NT 4.2 及 Office 4.3 三个不同版本的 Office。其中，最早推出的 Office 4.0 包括 Word 6.0、Excel 4.0A、PowerPoint 4.0 及 Microsoft Mail。

(5) Office 95(Office 7.0)。

1995 年是重要的一年，在这一年，微软公司发布了 Windows 95 操作系统，而相应地，也推出了 Office 95(Office 7.0)。这个版本的 Office 专为 Windows 95 设计，只能在 Windows 95 或者更高级的操作系统上使用。

(6) Office 97(Office 8.0)。

1998 年，微软发布了 Office 97。对于 Office 来说，这是一款里程碑式的新版本，很多用户都是从这一版本开始使用 Office 的。在这一版本中，微软对 Office 进行了数百个大大小小的改进，比如增加了命令栏，还增加了新的语言系统和语法检查系统。

(7) Office 2000 (Office 9.0)。

Office 97 发布了一年之后，微软在 1999 年推出了 Office 2000，这也是最后一款支持 Windows 95 系统的 Office。与之前的版本相比，Office 2000 主要在使用体验和安全性上得到了提高。比如，用户可以在这个版本上隐藏不常用的选项。

(8) Office XP(Office 10.0 或 Office 2002)。

Office XP 是 2001 年微软在进入 21 世纪后发布的第一款 Office，也是最后一款支持 Windows 98、ME 和 NT 4.0 系统的 Office。这个版本主要为新的 Windows 2000 及 Windows XP 系统设计。它引入了一些新的设计，比如安全模式允许 Outlook 在可能失败的情况下打开。

(9) Office 2003(Office 11.0)。

这款软件于 2003 年发布，并在之后的 10 年内成为最受欢迎的 Office 版本。这个新版本采用了全新设计的 Logo，引入了两款新的应用软件 Microsoft InfoPath 和 OneNote。

(10) Office 2007(Office 12.0)。

发布于 2007 年的 Office 2007 的最大特点就是在用户界面上进行了调整，使用新的图形用户界面，人们称之为流畅的用户界面(Fluent User Interface)。在这个版本中，Office 还提供了更加综合的工具栏选项，可以帮助用户更加专业地编辑文档、表格及幻灯片。

(11) Office 2010(Office 14.0)。

Office 2010 发布于 2010 年，其最大特点就是提供了网页版本的 Office，用户可以在 PC 以外的地方使用 Office。它还是第一款同时提供了 32 bit 和 64 bit 版本的 Office。同时，它在用户界面、后台操作及工具栏方面都有一定的改进。

(12) Office 2013(Office 15.0)。

Office 2013 于 2013 年 1 月正式发布，之前推出过数个测试版本。其具有更干净的界面，并可以与 SkyDrive 无缝连接。同时，不同版本(包括从最简单的家庭版到复杂的专业版)的 Office 2013 所提供的具体应用各不相同。

(13) Office 2016。

Office 2016 是微软推出的一个庞大的办公软件集合，其中包括了 Word、Excel、PowerPoint、OneNote、Outlook、Skype、Project、Visio 以及 Publisher 等组件和服务。Office 2016 for Mac 于 2015 年 3 月 18 日发布，Office 2016 for Office 365 订阅升级版于 2015 年 8 月 30 日发布，Office 2016 for Windows 零售版、Office 2016 for iOS 版均于 2015 年 9 月 22 日正式发布。

(14) Office 2019。

Office 2019 的首个预览版完整套装于 2019 年第二季度发布，仅能运行在 Windows 10 操作系统上。完整套装包含 Word、Excel、PowerPoint、Outlook 和 Skype for Business。另外，由于 Windows 8.1 的主流技术支持已在 2018 年 1 月 9 日结束，因此该操作系统以及之前的 Windows 7 都不支持 Office 2019。

知识目标

(1) 了解 Excel 2019 的工作界面，掌握各工具的基本功能和使用方法。
(2) 了解 Excel 2019 工作簿、工作表的基本操作。
(3) 掌握在 Excel 2019 环境中数据的编辑，包括数字、日期、时间、公式的输入。

技能目标

(1) 学会使用 Excel 2019 创建和编辑表格，对数据进行输入、编辑、计算、复制、移动、设置格式、打印等操作。

(2) 掌握 Excel 2019 处理数据和分析数据的功能，可以运用公式和函数处理数据，能对工作表中的数据进行排序、筛选、分类汇总、统计和查询等操作。

(3) 能够根据 Excel 2019 工作表中的数据快速生成图表，学会编辑和修改常用图表，学习利用 Excel 2019 建立数据模型的方法、技巧，并能够将之应用于实践中。

任务导入

党的二十大报告提出"坚持以人民为中心发展教育，加快建设高质量教育体系，发展素质教育，促进教育公平"。高质量的教育体系建设离不开教育数字化、信息化。现在是互联网、云计算、数字技术时代，财务管理专业毕业的学生必然离不开电子表格的计算和应用。

Excel 2019 是微软公司推出的一款电子表格软件，它广泛地应用于社会的各个领域。从政府部门、世界著名的大公司和大企业到小的工厂、家庭，许多人都在使用。Excel 2019 主要用于管理、组织和处理各种数据。政府机构的职能部门可以用它来处理日常办公事务，传递各种文件，打印各式各样的表格；公司的管理部门可以利用它来制订生产和销售计划，帮助公司完成投资决策；公司的财务部门可以利用它来分析各种类型的数据，将结果用多种统计图形表现出来，并完成各种财务报表的制作。

需要明确的是，虽然我们称 Excel 2019 为"电子表格"，但不应将 Excel 2019 仅视为一个简单的制表工具，制表只是 Excel 2019 的一个具体应用。我们应当将 Excel 2019 视为一个通用的计算工具，将屏幕看成一张计算用的"纸"，行与列的编号是为了便于编写计算公式而提供的坐标，在这样一张"纸"上，用户可以进行很复杂的计算，而不是单纯地或者简单地输出一张表格。

你熟悉 Excel 2019 的基本结构吗？你知道 Excel 2019 有哪些基本功能和特点吗？

通过本任务的学习，你将了解 Excel 2019 的基本功能和特点，并且熟悉 Excel 2019 的基本结构。

任务一　认识 Excel 2019 窗口

一、Excel 2019 的启动与退出

(一) Excel 2019 的启动

Excel 2019 有 3 种启动方法：

方法一：从【开始】菜单启动。单击【开始】菜单，选择【所有程序】菜单中的【Microsoft Office】，然后单击【Microsoft Office Excel 2019】。

方法二：双击启动。双击桌面上的 Excel 2019 快捷图标或双击计算机中存储的 Excel 2019 文档，可直接启动。

方法三：使用鼠标右键启动。在桌面空白处单击鼠标右键，选择【新建】，选择 xls 或 xlsx 工作表。xls 和 xlsx 都是 Excel 文件的常见格式，xls 是 Excel 2003 及以前版本所生成的文件格式，xlsx 是 Excel 2007 及以后版本所生成的文件格式，xls 工作表最大只有 65 536 行、256 列，xlsx 工作表可以有 1 048 576 行、16 384 列。

(二) Excel 2019 的退出

Excel 2019 有 4 种退出方法。

方法一：通过【文件】选项卡关闭。点击【文件】选项卡，然后单击【关闭】。

方法二：通过标题栏中的快捷菜单关闭。单击窗口右上角的图标【×】，退出 Excel 2019。

方法三：按【Alt + F4】组合键，退出 Excel 2019。

方法四：双击 Excel 2019 标题栏最左边的控制菜单按钮，退出 Excel 2019。

二、Excel 2019 的窗口界面

与 Excel 2016 相比，Excel 2019 窗口界面的功能有了很大的提升。Excel 2019 的窗口界面由标题栏、快速访问工具栏、文件菜单、编辑栏、工作表编辑区、滚动条、状态栏、缩放滑块、视图切换按钮等组成。Excel 2019 的窗口界面如图 1-1 所示。

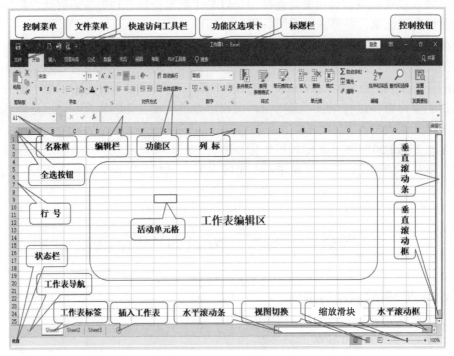

图 1-1　Excel 2019 的窗口界面

(一) 标题栏

标题栏显示当前窗口所属程序和文件的名称。如图 1-1 所示，"工作簿 1- Excel"所在栏就是 Excel 2019 的标题栏。其中，"Excel"是窗口所属程序的名字，"工作簿"是 Excel 2019 打开的一个空工作簿的系统暂定名。

(二) 快速访问工具栏

常用命令(如"保存"和"撤销"等)均位于快速访问工具栏中。用户也可以根据需要添加自己的常用命令到快速访问工具栏中。

(三) 文件菜单

文件菜单包括"新建""打开""另存为""打印"和"关闭"等命令。

(四) 功能区选项卡

工作时需要用到的命令均位于功能区选项卡中。命令通过选项卡分组列示，操作很便利，具有可视性。功能区选项卡的功能与其他软件中的"菜单"或"工具栏"的功能相同。

"开始"选项卡中的各组命令按钮及其功能如下：

1. 剪贴板分组

(1) 剪切：将选定区域中的内容移到剪贴板中暂存，以便将选定内容转移到工作表的其他选定区域或其他文档中。进行剪切操作后原区域中的内容会消失。

(2) 复制：将选定区域中的内容在剪贴板中暂存，以便将选定内容转移到工作表的其他选定区域或其他文档中。进行复制操作后原区域中的内容保持不变。

(3) 粘贴：将剪贴板中的内容移动或复制到当前选中区域或文档中。

(4) 格式刷：从某一选中单元格或区域复制格式到下一选中单元格或区域。

2. 字体分组

(1) 字体：为选定区域内的文字设定字体。

(2) 字号：为选定区域内的文字设定字号。

(3) 增大字号：增大选定区域内文字的字号。

(4) 减小字号：减小选定区域内文字的字号。

(5) 加粗：将选定区域内的文字设定为粗体风格。

(6) 倾斜：将选定区域内的文字设定为斜体风格。

(7) 下画线：在选定区域内的文字下面加下画线。

(8) 边框：对选中区域加边框线。

(9) 填充颜色：为选中区域指定背景颜色。

(10) 字体颜色：为选中区域内的文字指定颜色。

3. 对齐方式分组

(1) 顶端对齐：沿单元格顶端对齐文字。

(2) 垂直居中：使文本在单元格中上下居中。

(3) 底端对齐：沿单元格底部对齐文字。

(4) 方向：沿对角或垂直方向旋转文字。

(5) 左对齐：使选中区域内各单元格中的数据靠左对齐。

(6) 居中：使选中区域内各单元格中的数据居中。

(7) 右对齐：使选中区域内各单元格中的数据靠右对齐。

(8) 减少缩进量/增加缩进量：减少/增加边框与单元格文字间的边距。

(9) 自动换行：使文本在单元格内根据单元格大小以多行形式显示。

(10) 合并后居中：将选择的多个单元格合并成一个较大的单元格，并将新单元格中的内容居中。

4. 数字分组

(1) 会计数字格式：在选中区域内各单元格中的数值型数据前加上货币符号。

(2) 百分比样式：将选中区域内各单元格中的数值型数据变为百分比形式。

(3) 千位分隔样式：为选中区域内各单元格中的数值型数据加上千分位号。

(4) 增加小数位数：使选中区域内各单元格中的数值型数据的小数位数增加。

(5) 减少小数位数：使选中区域内各单元格中的数值型数据的小数位数减少。

(6) 常规：设置数据格式，设置其他数字格式，设置单元格格式。

5. 样式分组

(1) 条件格式：根据条件使用数据条、色阶和图标集，以突出显示相关单元格，强调异常值，实现数据的可视化效果。

(2) 套用表格格式：通过选择预定义表样式，快速设置一组单元格的格式，并将其转化为表。

(3) 单元格格式：通过选择单元格预先设定格式，快速设置一个或一组单元格的格式，如对单元格进行数据和模型、标题、主题单元格样式、数字格式、新建单元格样式和合并单元格的设置。

6. 单元格分组

(1) 插入：在工作表或表格中插入单元格、行或列，或者在工作簿中添加工作表。

(2) 删除：删除工作表或表格中的单元格、行或列。

(3) 格式：更改行高或列宽，组织工作表，或者保护、隐藏单元格。

7. 编辑分组

(1) 求和：对选中的若干单元格求和。

(2) 填充：将模式扩充到一个或多个相邻的单元格。

(3) 清除：删除单元格中的所有内容，或者有选择地删除格式、内容或批注。

(4) 排序和筛选：排列数据，以方便对其进行分析。

(5) 查找和选择：查找并选择文档中信息的特定文本、格式或类型。

(五) 编辑栏

编辑栏从左到右依次是名称框、工具按钮和编辑栏，用于显示或编辑单元格的内容。

名称框中可显示当前单元格的地址(也称单元格的名称)，或者在输入公式时用于从下拉列表中选择常用函数。当在单元格中编辑数据或者公式时，名称框右侧的工具按钮区就会出现"取消"按钮【×】、"输入"按钮【√】和"插入函数"按钮【fx】，分别用于撤销和确认在当前单元格中的操作。编辑区也称为公式框区，用于显示当前单元格中的内容，可以直接在此对当前单元格进行输入和编辑操作。

(六) 工作表编辑区

工作表编辑区就是 Excel 2019 窗口中由暗灰线组成的工作表区域，位于编辑栏的下方。工作表中行与列的交叉部分叫作单元格，是组成工作表的最小单位，单个数据的输入和修改都在单元格中进行。

(七) 滚动条与滚动框

利用滚动条可以很方便地在窗口中查看整个工作表的内容。滚动条与滚动框的使用方法如下：

(1) 用鼠标单击上、下、左、右箭头，光标可往上、下、左、右各移动一个单位。

(2) 拖曳滚动条，移到想要的位置上。

(3) 滚动条运动的区域称为滚动框，用鼠标单击垂直滚动框下方区域（即垂直滚动条与滚动框之间的部分），则向下移动一个屏幕，若单击位置在垂直滚动框的上方区域，则向上移动一个屏幕。左右移动方式与之类似。

(八) 分割框

由于整个工作表是一张非常大的表，所以分割框的水平分割和垂直分割功能很有用。

(1) 水平分割。将鼠标光标移到垂直滚动条顶部的水平分割框拖曳条处，当鼠标光标变成双向箭头时，拖曳水平分割框到工作表中任意一行，即将工作表分成上下两部分，同时滚动条也分为上下两个，工作表的上下两部分可以独立滚动。

(2) 垂直分割。将鼠标光标移到水平滚动条右侧的垂直分割框拖曳条处，当鼠标光标变成双向箭头时，拖曳垂直分割框到工作表中任意一列，即将工作表分成左右两部分，同时滚动条也分为左右两个，工作表的左右两部分可以独立滚动。恢复分割时，只需双击分割框或将分割框拖回原处即可。

(九) 状态栏

状态栏位于窗口的底部。鼠标右键单击状态栏可更改所显示的信息。

(十) 缩放滑块

拖曳缩放滑块可以缩放工作表编辑区的内容。

(十一) 视图切换按钮

视图切换按钮位于状态栏右侧，有普通、页面布局和分页预览 3 个按钮。

任务二　认识工作簿和工作表

在 Excel 2019 中，工作表是一个由行和列组成的表格，工作簿是工作表的集合。工作簿是存储并处理数据、数据运算公式、数据格式等信息的文件。用户在 Excel 2019 中处理的各种数据最终都会以工作簿文件的形式存储在磁盘上，其扩展名为"xlsx"，文件名就是工作簿名。工作表是用来存储和处理数据最主要的文档，所有对数据进行的操作都是在工作表上进行的。工作表不能单独存盘，只有工作簿才能以文件的形式存盘。一个工作簿可以包含和管理多张工作表。工作表名称显示于工作簿窗口底部的工作表标签上。

Excel 2019 软件向下兼容，但如果要在 Excel 2003 中打开扩展名为"xlsx"的文件，则必须安装兼容软件。

一、工作簿管理

(一) 新建工作簿

在 Excel 2019 中新建工作簿的方法有以下 4 种。

方法一：启动 Excel 2019 后，将自动建立一个工作簿，并自动命名为"工作簿 1"。

方法二：选择【文件】菜单中的【新建】命令来创建。

方法三：按【Ctrl + N】组合键来创建。

方法四：通过快速访问工具栏中的【新建】命令来创建。

(二) 打开工作簿

要打开一个已经保存过的工作簿，可以用下面任意一种方法。

方法一：使用快速访问工具栏中的【打开】命令。

方法二：使用【文件】菜单中的【打开】命令。

方法三：在【文件】菜单中单击最近使用过的文件，即可打开相应的工作簿。

方法四：在电脑的本地磁盘或者文件资源管理器中找到需要打开的工作簿，双击即可将其打开。

Excel 2019 允许同时打开多个工作簿，可以在不关闭当前工作簿的情况下打开其他工作簿，在不同工作簿之间进行切换，同时对多个工作簿进行操作。

(三) 保存工作簿

(1) 保存未命名的新工作簿：单击【文件】菜单中的【保存】或【另存为】命令(或按快捷键【Ctrl + S】)，在弹出的【另存为】对话框中，确定保存位置和文件名后，单击【保存】按钮。

(2) 保存已有的工作簿：单击【文件】菜单中的【保存】或【另存为】命令(或按快捷键【Ctrl + S】)即可。

(四) 隐藏和取消隐藏工作簿

打开【视图】选项卡,在【窗口】功能区单击【隐藏图标】即可隐藏该工作簿。

在【视图】选项卡的【窗口】功能区,单击【取消隐藏】图标,在出现的【取消隐藏】对话框的【取消隐藏工作簿】列表框中,选中需要显示的被隐藏工作簿的名称,单击【确定】按钮即可重新显示该工作簿。

(五) 保护工作簿

打开【审阅】选项卡,在【窗口】功能区单击【保护工作簿】图标,为工作簿设置密码,对其进行保护。

二、工作表管理

(一) 选择工作表

单击某个工作表标签,可以选择该工作表为当前工作表;按住【Ctrl】键后分别单击工作表标签,可同时选择多个工作表。

(二) 插入新工作表

方法一:单击工作表标签区的【插入工作表】按钮或按【Shift + F11】,即可在当前位置插入一张新的工作表。

方法二:鼠标右键单击插入位置右边的工作表标签,再选择快捷菜单中的【插入】命令,将出现【插入】对话框。

如果要添加多张工作表,则先按住【Shift】键,同时选中与待添加工作表相同数目的工作表标签,然后右键单击打开快捷菜单,选择【插入】命令。

(三) 删除工作表

方法一:选择要删除的工作表,单击【开始】选项卡,选择【单元格】功能区中的【删除工作表】命令。

方法二:鼠标右键单击要删除的工作表,选择快捷菜单中的【删除】命令。

(四) 重命名工作表

方法一:双击要重命名的工作表标签,输入新的工作表名称。

方法二:鼠标右键单击要重命名的工作表标签,选择快捷菜单中的【重命名】命令,输入新的工作表名称。

(五) 移动或复制工作表

移动工作表:单击工作表标签,选定工作表,按住鼠标左键拖曳光标到目标位置。

复制工作表:选定要复制的工作表,按住【Ctrl】键,同时用鼠标左键拖曳光标到目标位置。

(六) 给工作表标签添加颜色

给工作表标签添加颜色的步骤如下:

(1) 鼠标右键单击想要改变颜色的工作表标签；

(2) 从弹出的快捷菜单中选择【工作表标签颜色】命令；

(3) 打开【主题颜色】面板，选择颜色后，即为工作表标签添加上了颜色。

三、编辑工作表

(一) 选定工作区域

Excel 2019 在编辑工作表或执行命令之前，首先要选择相应的单元格或单元格区域。

选定单个单元格：单击相应的单元格，或用移动鼠标光标到相应的单元格处。

选定某个单元格区域：单击选定该区域的第一个单元格，然后拖曳鼠标光标直至选定最后一个单元格。

选定工作表中的所有单元格：单击全选按钮。

选定不相邻的单元格或单元格区域：先选定第一个单元格或单元格区域，然后按住【Ctrl】键选定其他单元格或单元格区域。

选定较大的单元格区域：单击选定该区域的第一个单元格，然后按住【Shift】键，单击该区域的最后一个单元格，通过滚动条可以使要选择的所有单元格可见。

选定整行：单击行号。

选定整列：单击列标。

选定相邻的行或列：沿行号或列标拖曳鼠标光标；或者先选定第一行或第一列，然后按住【Shift】键选定其他行或列。

选定不相邻的行或列：先选定第一行或第一列，然后按住【Ctrl】键选定其他行或列。

选定增加或减少活动区域中的单元格：按住【Shift】并单击新选定区域的最后一个单元格，在活动单元格和所单击单元格之间的矩形区域将成为新的选定区域。

(二) 插入与删除单元格

选择想要插入与删除单元格的位置，单击鼠标右键，选择【插入】可以插入一个单元格，选择【删除】可以删除一个单元格；也以通过选择【开始】选项卡下【单元格】分组里的【插入】【插入单元格】命令完成。

(三) 插入与删除行和列

选定想要插入行或列的位置，单击鼠标右键，可以在该行的前面或该列的左边插入一行或一列。

选定想要删除行或列的位置，单击鼠标右键，可以删除一行或一列。

(四) 合并单元格

合并单元格有多种方法：

(1) 选定要合并的单元格，点击【开始】菜单中的【对齐方式】，点击【合并后居中】，完成单元格合并。

(2) 选定要合并的单元格，点击【开始】菜单中的【单元格】，点击【格式】，选择【设置单元格格式】，打开【设置单元格格式】对话框，选择【对齐】中的【合并单元格】，完成单元格合并。

(3) 选定要合并的单元格，使用【Ctrl + 1】快捷键或单击鼠标右键，选择【设置单元格格式】，打开【设置单元格格式】对话框，选择【对齐】中的【合并单元格】，完成单元格合并。

四、美化工作表

(一) 设置数据格式与对齐方式

选中表格中需要设置格式的单元格，单击鼠标右键，在弹出的快捷菜单中选择【设置单元格格式】选项，单击【对齐】选项卡，在【文本对齐方式】中设置垂直和水平方向的对齐方式。

(二) 设置边框和底纹

选中表格中需要设置边框和底纹的单元格，单击鼠标右键，在弹出的快捷菜单中选择【设置单元格格式】选项，即可设置表格的边框和底纹。

(三) 使用自动套用格式美化工作表

选中需要美化的工作表，单击【开始】选项卡中【样式】分组里的【套用表格格式】命令即可完成美化。

(四) 设置列宽和行高

设置列宽和行高的方法有 3 种。

方法一：将鼠标光标放在两列或两行的标签分界线上，拖曳鼠标光标调整列宽或行高。

方法二：鼠标右键单击列表标签，在弹出的快捷菜单中选择【列宽】或【行高】，输入数值。

方法三：单击【开始】选项卡下【单元格】分组里的【格式】命令，再选择【列宽】或【行高】，输入数值。

五、打印工作表

打印工作表是使用电子表格的一个关键步骤，也是一项日常工作。工作表创建好后，为了提交或留存查阅方便，经常需要把它打印出来。其操作步骤一般是先进行页面设置，然后进行打印预览，最后打印输出。

(一) 设置打印区域和分页

选择打印区域的方法是：拖曳鼠标光标选择要打印的区域，单击【页面布局】选项卡中【页面设置】分组里的【打印区域】按钮，再单击【设置打印区域】命令，选定区域的边框上出现虚线，表示打印区域已设置好。打印时只有选定区域内的数据才能打印。

当工作表较大时，Excel 2019 一般会自动为工作表分页。如果用户不满意这种分页方式，可以根据需要对工作表进行人工分页。

分页包括水平分页和垂直分页。水平分页的操作步骤如下：单击要另起一页的起始行行号，单击【页面布局】选项卡中【页面设置】分组里的【分隔符】按钮，选择【插入分页符】命令，在起始行上出现一条水平虚线，表示分页成功。

垂直分页时，必须单击另起一页的起始列列标或选择该列最上端的单元格，分页成功后将在该列左边出现一条垂直分页虚线。如果选择的不是最左侧或最上方的单元格，则插入分页符后将在单元格上方和左侧分别产生一条分页虚线。

删除分页符时，先选择分页虚线的下一行或右一列的任一单元格，然后单击【页面布局】选项卡中【页面设置】分组里的【分隔符】按钮，选择【删除分页符】命令，或者先选中整个工作表或选中任一单元格，然后选择【分隔符】按钮下的【重设所有分页符】命令，即可删除工作表中的所有人工分页符。

分页后，单击状态栏右侧视图切换按钮中的【分页预览】按钮，可进入分页预览视图。单击【普通】按钮，可以结束分页预览，回到普通视图中。

(二) 进行页面设置

Excel 2019 具有默认页面设置功能，用户可以直接打印工作表。如有特殊要求，使用页面设置可以设置工作表的打印方向、缩放比例、纸张大小、页边距、页眉、页脚等。单击【页面布局】选项卡下【页面设置】分组右侧的按钮，打开【页面设置】对话框。该对话框共有 4 个选项卡：页面、页边距、页眉/页脚和工作表。

1. 【页面】选项卡

在【页面】选项卡中可以设置页面方向、缩放比例、纸张大小等。

2. 【页边距】选项卡

在【页边距】选项卡中可设置上、下、左、右的页边距和页眉、页脚的边距，也可设置打印时内容的水平居中和垂直居中。

3. 【页眉/页脚】选项卡

如果要设置页眉和页脚，可单击【页眉】和【页脚】的下拉列表，选择内置的页眉和页脚格式，也可分别单击【定义页眉】【自定义页脚】按钮，在相应的对话框中进行自定义。

4. 【工作表】选项卡

【工作表】选项卡内有【打印区域】【打印标题】选项卡。

打印区域设置：打印区域若不设置，则打印当前整个工作表；若需设置，则单击【打印区域】右侧的折叠按钮，在工作表中选定打印区域，单击【打印区域】右侧的折叠按钮返回对话框后，单击【确定】按钮。

打印标题设置：如果要使每一页上都重复打印行标志，单击【顶端标题行】编辑框，选择行标题区域即可；也可在【从左侧重复的列数】复选框中选择，设置打印列标题。

(三) 打印预览

打印预览路径有以下三种：

(1) 单击【快速访问工具栏】下拉菜单，选择【打印预览和打印】可以进行打印预览。

(2) 单击【文件】选项卡中的【打印预览】。

(3) 在【视图】选项卡中可以切换【普通视图】【分页预览】【页面布局】和【自定义视图】按钮，根据需要设置打印页面。

(四) 打印输出

经过设置打印区域、页面设置、打印预览后，工作表就可以正式打印了。打印方法如下：单击【页面设置】对话框中的【打印】按钮，或选择【文件】菜单下的【打印】命令。

任务三　输入与编辑数据

一、输入数据

在工作表的单元格中可以使用两种基本的数据格式，即常数和公式。常数是指文字、数字、日期、时间等数据；公式是指包含"="号的函数、宏命令等。

在向单元格中输入数据时，需要掌握 3 种基本输入方法。

方法一：单击目标单元格，直接输入数据。

方法二：双击目标单元格，在单元格中出现光标时，即可输入数据。这种方法多用于修改单元格中的数据。

方法三：单击目标单元格，再单击编辑栏，然后在编辑栏中编辑或修改数据。

(一) 输入文本

文本包括汉字、外文字母、特殊符号、数字、空格及其他能通过键盘输入的符号。在向单元格中输入文本时，如果相邻的单元格中没有数据，则 Excel 2019 允许长文本覆盖其右边相邻的单元格；如果相邻单元格中有数据，则当前单元格中只显示该文本的开头部分。按【Backspace】键可以删除光标左边的字符。如果要取消输入，可单击编辑菜单栏中的【撤销】按钮或按【Esc】键。

如果把数字作为文本输入(如身份证号码、电话号码、＝5＋8、1/3 等)，则应先输入一个半角字符的单引号"'"，再输入相应的数字。

(二) 输入数字

和输入文本一样，在工作表中输入数字也很简单，只需先用鼠标或键盘选定该单元格，然后输入数字，最后按【Enter】键即可。

(三) 输入日期和时间

用户可以使用多种格式来输入一个日期，如用"."或"/"来分隔日期中的年、月、日。传统的日期表示方法是以两位数来表示年份的，如 2018 年 9 月 8 日可表示为"18/9/8 或 18-9-8"。

在单元格中输入时间的方法有两种，即按 12 小时制和按 24 小时制输入。如果按 12 小时制输入时间，则要在时间数字后加一空格，然后输入 "a" (AM)或 "p" (PM)。字母 "a" 表示上午，字母 "p" 表示下午。

二、编辑数据

在单元格中输入数据后，可以对数据进行修改、删除、复制和移动。

(一) 修改数据

(1) 在编辑栏中修改。在编辑栏中修改时，只需先选中要修改的单元格，然后在编辑栏中进行相应的修改，按【√】按钮确认修改，按【×】按钮或【Esc】键放弃修改。此种方法适合内容较多的修改或者对公式的修改。

(2) 直接在单元格内修改。此时需双击单元格，然后进入单元格修改，此种方法适合内容较少的情况。

如果以新数据替代原来的数据，则只需单击单元格，然后输入新的数据。

(二) 删除数据

在 Excel 2019 中，数据删除有两个概念：数据清除和数据删除。

数据清除的对象是数据，单元格本身不受影响。在选取单元格或一个区域后，选择【开始】选项卡中【编辑】分组里的【清除】命令，此时会弹出一个级联菜单。选择【清除格式】【清除内容】【清除批注】或【清除超链接】命令将分别只取消单元格的格式、内容、批注或超链接；选择【全部清除】命令则会将单元格的格式、内容、批注、超链接全部取消。数据清除后单元格仍保留在原位置。

选定单元格后按【Delete】键，相当于选择【清除内容】命令。

数据删除的对象是单元格，删除后选取的单元格连同里面的数据都将从工作表中消失。

(三) 复制和移动数据

Excel 2019 中复制数据的方法多种多样，可以利用鼠标的【复制】【剪切】【粘贴】命令完成复制，也可用鼠标拖曳完成复制。具体操作如下：

复制数据：选定数据源区域，单击鼠标右键，点击【复制】，将光标移动至目标区域，单击鼠标右键，点击【粘贴】；或选择数据源区域，按住【Ctrl】键，将光标移至选择区域的右下角，当光标变成右上角带有一个小十字的实心箭头时，拖曳光标至目标区域。

移动数据：选定数据源区域，单击鼠标右键，点击【剪切】，将光标移动至目标区域，单击鼠标右键，点击【粘贴】。

一个单元格含有多种特性时，如内容、格式、批注等，可以使用选择性粘贴复制部分特性。操作步骤：先将数据复制到剪贴板，再选择待粘贴目标区域中的第 1 个单元格，单击【粘贴下拉菜单】命令，弹出对话框，选择相应选项后，单击【确定】按钮可完成选择性粘贴。

任务四 数据管理与分析

一、创建数据清单

数据清单即常说的表格，它用一行文字作为区分数据类型的表头标志。在标志下是连续的数据区。数据清单的第 1 行必须是文本类型，为相应列的名称。用户只要执行了数据库令，Excel 2019 会自动将数据清单默认为一个数据库。数据清单中的列是数据库中的字段，数据清单中的列标志是数据库中的字段名，数据清单中的一行对应数据库中的一条记录。

(一) 创建数据清单时应遵循的原则

(1) 一个数据清单最好占用一个工作表。

(2) 数据清单是一片连续的数据区域，不允许出现空行和空列。

(3) 每一列包含相同类型的数据。

(4) 将关键数据置于清单的顶部或底部，避免将关键数据放到数据清单的左右两侧，因为这些数据在筛选数据记录时可能会被隐藏。

(5) 显示行和列。在修改数据清单之前，要确保隐藏的行和列已经被显示。如果清单中的行或列未被显示，那么这些数据有可能会被删除。

(6) 使用带格式的列标。在输入列标前，将单元格设置为文本格式。对于列标，要使用与清单中数据不同的字体、对齐方式、格式、填充色等。

(7) 使数据清单独立。工作表中的数据清单与其他数据间至少应留出一个空行和一个空列。在执行排序、筛选和自动汇总等操作时，这将有利于 Excel 2019 检测和选定数据清单。

(8) 不要在单元格前面或后面输入空格，不然将影响排序和搜索。

(二) 创建数据清单

(1) 创建字段名。创建字段名的步骤：选定某行的第 1 个单元格并在其中输入文本，在与该单元格相邻的右侧单元格中输入其他作为字段名的文字。创建字段名后，即可在各字段名下直接输入数据。

(2) 输入数据。在输入数据时，除了可以直接在数据清单中输入数据外，还可以使用【记录单】命令来输入或追加数据。使用记录单功能可以减少行与列之间的不断切换，从而提高输入的速度和准确性。

打开 Excel 2019，单击【文件】菜单，在下拉菜单中单击【选项】，打开【Excel 选项】对话框，单击【快速访问工具栏】，在右侧【从下列位置选择命令】下拉框中选择【不在功能区的命令】，下拉滑块，找到【记录单】功能，然后单击【添加】，单击【确定】按钮，这时我们看到快速访问工具栏上添加了【记录单】按钮。

单击【记录单】按钮，打开【记录单】窗口，在每个字段后的文本框中输入数据。按【Tab】键可以在各个字段间切换。输完一条记录的内容后，单击【新建】按钮，可以继续添加新的记录。输入所有的记录后，单击【关闭】返回到工作表中，新加入的记录将列在清单的底部。

(3) 设置数据的有效性。

① 选定应用数据有效性的字段所在的列。

② 选择【数据】选项卡中【数据工具】分组里的【数据验证】命令，弹出一个级联菜单，选择【数据验证】命令。

③ 在【数据验证】对话框中有 4 个选项卡：【设置】【输入信息】【出错警告】和【输入法模式】。

④ 从【允许】下拉列表中选择一个数值。

⑤ 从【数据】下拉列表中选择一个选项。

⑥ 显示的参数依赖于【允许】和【数据】中的选项。通常情况下，限制参数仅仅是数字的最小值和最大值，比如最小数字和最大数字，或者是允许的最早日期和最晚日期。

⑦ 单击【确定】完成操作。

(三) 删除或编辑记录

删除记录的步骤是：选择数据清单中的任意一个单元格，单击【快速访问工具栏】中的【记录单】按钮，在打开的对话框中，单击【上一条】或【下一条】按钮来查找所要删除的记录，也可以用对话框中间的滚动条移到要删除的记录处，然后单击【删除】按钮将其删除。

编辑记录通常指的是对数据进行修改。在记录单中编辑记录的具体操作步骤与删除记录基本一致，在找到所要修改的记录后，直接在相应的文本框中进行编辑修改即可。

二、数据排序和筛选

(一) 排序

排序是将数字或文字按一定顺序进行排列。其中，数字是按照数字本身大小进行排序，文字是按照汉字拼音字母的先后顺序进行排序。排序中，可以将相同的内容放在一起，从而达到分类的目的。

若要将表中的数据按从小到大的顺序排列，应首先选中总分列的任意一个单元格，然后单击【开始】选项卡中的【编辑】分组里的【排序和筛选】按钮，在弹出的级联菜单中选择【升序】。

如果要进行多个关键字排序，则选择【自定义排序】按钮，在【排序】对话框中进行设置。勾选【有标题行】，在【主要关键字】项中确定排序的第 1 依据，以及排序的标准是递增还是递减，如"列 H""升序"。若通过主要关键字排不出顺序，则单击【复制条件】按钮，在【次要关键字】项中确定排序的第 2 依据以及排序的标准是递增还是递减，如"列 E""降序"等，最后单击【确定】按钮即可。

(二) 筛选

筛选是根据给定的条件从数据清单中找出并显示满足条件的记录，不满足条件的记录将被隐藏。数据筛选包括自动筛选和高级筛选。与排序不同，筛选并不重排清单，只是暂时隐藏不必显示的行。

(1) 自动筛选。进行自动筛选时，首先选中数据清单中的任一单元格，单击【数据】选项卡中【排序和筛选】分组里的【筛选】按钮后，在每个字段名的右下方会出现【筛选控制】按钮。单击按钮可显示筛选的条件。如对表格中的数据进行筛选，筛选一类记录，则单击此类记录对应的关键字即可。

如果要取消对某一列的筛选，则单击该列首单元格右下方的【筛选控制】按钮，再单击【全选】；如果要在数据清单中取消对所有列进行的筛选，则再次单击【筛选】按钮即可。

(2) 高级筛选。高级筛选能快速将满足多重条件的信息筛选并显示出来。

当数据管理过程中遇到一些复杂的筛选条件时，用前述的自动筛选功能不能满足要求，必须使用高级筛选来实现，即建立筛选条件区域，并在该区域中设置相应的筛选条件。高级筛选的步骤如下：

选中表格，单击【数据】选项卡中【排序和筛选】分组里的【高级】按钮，弹出【高级筛选】对话框。在【列表区域】框中会显示被选中的数据区域单元格地址范围，在【条件区域】框中单击选中条件区域，在【方式】选项区选中【在原有区域显示筛选结果】单选框，单击【确定】按钮，即可将筛选结果在原位置处显示出来(即隐藏不符合筛选条件的记录)。

要取消高级筛选，单击【数据】选项卡中的【排序和筛选】分组里的【清除】按钮即可。

三、数据分类汇总

对数据进行分析和统计时，分类汇总是对数据进行分析的一个非常有力的工具。例如，对一个包含上千条商品信息的数据清单(有产品名称、地区、销售量等字段信息)，用户可以根据需要使用分类汇总功能，产生按产品名称、地区和销售量分类的数据清单。

分类汇总可以对数据清单中的某一个字段进行求和或求平均值等汇总，对分类汇总值进行计算，并且能将计算的结果分级显示出来。在执行分类汇总命令前，必须先对数据清单进行排序，数据清单的第1行里必须有列标记。

(一) 创建分类汇总

(1) 打开 Excel 2019 文件。

(2) 在数据清单中选择任意一个单元格。

(3) 选择【数据】选项卡中的【分类显示】分组里的【分类汇总】命令，打开【分类汇总】对话框。

(4) 单击【分类字段】下拉列表框右边的按钮，在弹出的下拉列表中选择要进行分类汇总的列。

(5) 单击【汇总方式】下拉列表框右边的按钮，在弹出的下拉列表中选择分类汇总的函数。

(6) 在【选定汇总项】列表框中选择相应的列。

(7) 单击【确定】按钮，就会产生分类汇总的结果。

(二) 删除分类汇总

对数据清单进行了分类汇总后，如果对结果不满意，可以删除分类汇总，回到数据清单的初始状态。其具体操作步骤如下：

(1) 在数据清单中任意选择一个单元格。

(2) 单击【分类汇总】命令，在弹出的【分类汇总】对话框中单击【全部删除】按钮。也可以直接单击【撤销】按钮，或选择【编辑】菜单中的【撤销】命令来删除分类汇总，但是这两种方法都要求分类汇总后没有进行过其他操作。

四、数据透视表

数据透视表是一种对大量数据进行快速汇总和建立交互列表的交叉式表格，用于对多种来源的数据进行汇总。建立表格后，可以对其进行重排，深入分析数值数据，并且可以回答一些预料之外的数据问题，以便从不同的透视角度观察数据。数据透视表是专门针对以下用途设计的。

(1) 以多种用户友好方式查询大量数据。

(2) 对数值数据进行分类汇总和聚合，按分类和子分类对数据进行汇总，创建自定义计算和公式。

(3) 展开和折叠要关注结果的数据级别，查看感兴趣区域汇总数据的明细。

(4) 将行移动到列或将列移动到行(或进行透视)，以查看源数据的不同汇总。

(5) 对最有用和最关注的数据子集进行筛选、排序、分组和有条件的格式设置，使用户能够关注所需的信息。

(6) 提供简明、有吸引力并且带有批注的联机报表或打印报表。

创建数据透视表的步骤如下：

(1) 选中数据列表中的任意一个单元格，单击【插入】选项卡中的【表格】分组里的【数据透视表】按钮，进入【创建数据透视表】对话框。

(2) 在【选择一个表或区域】框内选择需要的数据区域。

(3) 选择放置数据透视表的位置，单击对话框的【确定】按钮。

(4) 完成数据透视表创建后，Excel 2019 将自动在当前工作表标签左侧添加新工作表标签，同时显示【数据透视表】工具栏。在新工作表中，左上角提供了新表格重组的设置区，右上角提供了数据透视表字段列表区。

(5) 进入透视工作区后，系统将自动显示【数据透视表】工具栏。该工具栏罗列了一组工具图标，利用这些图标可以很方便地进行数据透视表的设置。例如，如果不小心关闭了【数据透视表字段列表】窗口，可以单击【选项】选项卡中的【显示】分组里的【字段列表】按钮，重新打开窗口。

(6) 将【数据透视表字段列表】中的字段名依次拖至对应的区域中，此时交叉统计的结果显示于新表格中。

任务五　使用图表

一、认识图表

数据图表可以将单元格中的数据以各种统计图表的形式显示，使得数据更直观。Excel 2019 中有多种标准图表类型，每一种类型又有多种子类型。同时，还有多种自定义图表类型，它们可以是标准类型的变异，也可以是标准类型的组合，各种类型主要在颜色和外观上有所区别。

下面对每种标准图表类型进行描述。

(1) 面积图。面积图表现了数据在一段时间内或者一个类型中的相对关系。一个值所占的面积越大，那么它在整体关系中所占的比重就越大。

(2) 条形图。条形图使用水平条的长度表示它所代表值的大小。

(3) 气泡图。气泡图对 3 个系列的数据进行比较。x 轴和 y 轴共同表示两个值，气泡的大小由第 3 个值确定。

(4) 柱形图。柱形图是条形图的变体。在 Excel 2019 中，柱形图是默认图表类型。

(5) 圆锥图。圆锥图是条形图或柱形图的变体。它们的唯一不同之处是圆锥图使用圆锥体表示数据。

(6) 圆柱图。圆柱图是条形图或柱形图的变体。它们的唯一不同之处是圆柱图使用圆柱体表示数据。

(7) 圆环图。圆环图和饼图相似，只是不局限于单一的数据系列。每一个数据系列使用圆环中的一个环表示，而不是饼图中的片。

(8) 折线图。在折线图中，对于每一个 x 值，都有一个 y 值与其对应，像一个数学函数一样。折线图常用于表示一段时期内的数据变化。

(9) 饼图。饼图的绘制局限于一个单一的数据系列，不能显示更复杂的数据系列。但是，饼图通常非常生动，容易理解。

(10) 棱锥图。棱锥图是条形图或柱形图的变体，它与条形图或柱形图的唯一不同之处是它使用棱锥表示数据。

(11) 雷达图。雷达图表示由一个中心点向外辐射的数据。中心是零，各种轴线由中心向外扩展开来。

(12) 股价图。股价图常用于绘制股票的价值。

(13) 曲面图。曲面图可以用二维空间的连续曲线表示数据的走向。

(14) 散点图。散点图通过把数据描述成一系列的 x、y 坐标值来对比一系列数据。散点图可以用来表示一个实验中的多个实验值。

二、创建图表

创建图表的前提是已创建了一个数据表格，通过数据表格说明图表的创建步骤。

(1) 打开数据表，选择要用图表表示的数据。

(2) 单击【插入】选项卡中的【图表】分组里的【柱形图】按钮。

(3) 选择【二维柱形图】里面的【簇状柱形图】。

(4) 在当前页即生成一个柱形图。

三、图表的编辑与修改

(一) 图表的编辑

(1) 增加标题。单击工具栏【图表设计】选项卡中的【添加图表元素】，单击【图表标题】→【坐标轴标题】可增加图表标题、坐标轴标题。

(2) 设置格式。双击图表标题文字，将【字体】分组中的各项设置为隶书、粗体、14 号字、红色；双击 x 坐标轴，在弹出的对话框中设置字体为黑体、10 号字、蓝色。

(3) 在数据源中增加列。在图表区单击鼠标右键，选择【选择数据】选项，打开【选择数据源】对话框。在【图表数据区域】中，重新选择数据源，即可在图表中添加数据列。

(4) 移动图表。选择图表所在的位置，单击【图表设计】选项卡中【位置】分组中的【移动图表】图标，可以设置图表的位置。

(二) 图表的修改

图表的修改方法与图表的编辑方法一致，在需要修改处双击鼠标左键，即可进行编辑修改。

任务六　使用公式和函数

一、公式及其应用

(一) 公式的概念

公式是 Excel 2019 中的重要内容之一。充分灵活地运用公式，可以实现数据处理的自动化。公式可以用来执行各种运算，如加法、减法或比较工作表数值大小。它可以引用同一工作表中的其他单元格、同一工作簿中不同工作表中的单元格，或者其他工作簿的工作表中的单元格。公式由运算符、常量、单元格引用值、名称、工作表函数等元素构成。

1. 运算符

运算符包括算术运算符、比较运算符、文本运算符、括号和引用运算符等。

(1) 算术运算符包括 +(加号)、-(减号或负号)、*(乘号)、/(除号)、%(百分号)、^(乘方)等，用于完成基本的数学运算，返回值为数值。例如，在单元格中输入"=5+2^2"后按【Enter】键确认，结果是 9。

(2) 比较运算符包括 =(等于)、>(大于)、<(小于)、>=(大于等于)、<=(小于等于)、<>(不等于)等。符号两边为同类数据时才能比较，其运算结果是 True 或 False。例如，在单元格中输入"= 5<6"，结果是 True。

(3) 文本运算符是&(连接)，符号两边均为文本型数据才能连接，连接的结果仍是文本型数据。例如，在单元格中输入"职业"&"学院"(注意文本输入时需加英文半角引号)后按【Enter】键，结果是"职业学院"。

(4) 括号"( )"用于表示优先运算。

(5) 引用运算符包括空格、逗号和冒号。空格为交叉运算符，逗号(，)为联合运算符，冒号(：)为区域运算符。

2. 运算符的优先级

按运算类别，以比较运算符、文本运算符、算术运算符、引用运算符和括号为序，优先级越来越高。

对于同类运算符，顿号分隔的运算符为相同优先级；以分号分隔的运算符为不同优先级，分号右边的运算符比左边的运算符优先。

(二) 编辑公式

(1) 选定需要输入公式的单元格。

(2) 输入公式。输入公式时应以"="或"+"开头，然后输入公式名或表达式。输入运算符时，注意优先级和前后数据类型，公式中不能有多余的空格。

(3) 按【Enter】键或单击【输入】按钮，即完成输入，单击【取消】按钮则取消输入。

(三) 求和公式的使用

求和计算是一种最常用的公式计算，操作方法是：选中 G3，输入"= D3 + E3 + F3"后按【Enter】键，得到单元格 D3、E3、F3 数据之和。

注意： 第一，运算符必须在英文半角状态下输入；第二，公式的运算尽量使用单元格地址，以便于复制引用公式。公式中单元格的地址可以用键盘输入，也可以单击单元格得到。

如果需要修改某公式，则先单击包含该公式的单元格，再在编辑栏中修改即可；也可以双击该单元格，直接在单元格中修改。

(四) 相对引用和绝对引用

引用单元格是为了把单元格中的数据和公式联系起来，标识工作表中的单元格或单元格相应区域，指明公式中使用数据的位置。单元格的引用有两种基本方式：相对引用和绝对引用。默认方式是相对引用。

1. 相对引用

Excel 中常以某一特定单元格为基准来对其单元格进行定位，这时单元格的地址为相对地址。相对地址的表示方法为"A5""C8"等，用行或列地址作为它的名字。例如，第3列第8行单元格的相对地址为 C8，第 2 列第 2 行到第 8 列第 12 行单元格区域的相对地址为 B2:H12。

相对引用是指公式中的参数以单元格的相对地址表示，复制或移动含公式的单元格时，单元格的引用会随着公式所在单元格位置的变更而改变。例如，A4 单元格中用了相对引用，公式为 A1 至 A3 求和，即 A4 = A1 + A2 + A3，将公式复制到 B4，则 B4 单元格中的公式为 B4 = B1 + B2 + B3。

2. 绝对引用

绝对地址为 Excel 某些单元格在工作表中的确切位置。绝对地址的表示方法为 "$A$5" "$C$8" 等，用行或列地址加$作为它的名字。例如，第 3 列第 8 行单元格的绝对地址为 $C$8，第 2 列第 2 行到第 8 列第 12 行单元格区域的绝对地址为 $B$2:$H$12。

绝对引用是指公式中的参数以单元格的绝对地址表示，复制或移动含公式的单元格时，公式中的绝对引用不会随着公式所在单元格位置的变更而改变。例如，C4 单元格中用了绝对引用，公式为 $C$1 至 $C$3 求和，即 C4 = $C$1 + $C$2 + $C$3，将该公式复制到 D4，则 D4 单元格中的公式为 D4 = $C$1 + $C$2 + $C$3，没有发生变化。

3. 混合引用

混合引用是指需要固定某行引用而改变列引用，或固定某列引用而改变行引用，如$B5、B$5。混合引用综合了相对引用与绝对引用的效果。例如，E4 单元格中用了混合引用，公式为 E4 = E$1 + $E2 + $E3，将该公式复制到 F5，则 F5 单元格中的公式为 = F$1 + $E3 + F$3。

欲改变引用地址表示法，可将鼠标光标移至编辑栏中所需改变的引用地址，按【F4】键，每按一次【F4】键即改变一次表示方法。

二、常用函数

(一) 函数的概念

函数是预定义的内置模式，可以在公式中直接调用。

其格式如下：

函数名(参数 1，参数 2，…)

Excel 2019 提供了 300 多种函数，涉及数学、统计学、财务等各个方面，功能比较齐全，可以进行各种复杂的计算、检索和数据处理。

(1) 数学函数，如 ROUND(四舍五入函数)、ABS(取绝对值函数)等。

(2) 统计函数，如 AVERAGE(算术平均值函数)、MN(求最小值函数)等。

(3) 日期与时间函数，如 TODAY(当前日期函数)、NOW(当前日期和时间函数)等。

(4) 逻辑函数，如 AND(逻辑与函数)、NOT(逻辑非函数)、OR(逻辑或函数)等。

(二) 函数输入

方法一：直接输入。直接输入是指选中单元格，输入 "="，然后按照函数的语法直接操作。例如，要求在 A6 单元格中输入 A1 到 A5 的求和函数，操作步骤为选择 A6 单元格，输入 "=SUM(A1:A5)"。

方法二：使用工具按钮【*fx*】。例如，在 B6 单元格中输入求 B1 至 B5 的平均值函数，操作步骤为：选择 B6 单元格，在名称框右侧的工具栏中选择 "*fx*"，在【插入函数】对话框中选中相应的函数 AVERAGE，可用鼠标将需求平均值的单元格区域 B1:B5 选中，单击【确定】按钮。

方法三：使用【公式】选项卡中的【插入函数】按钮。例如，在 B6 单元格中输入求

B1 至 B5 的平均值函数，操作步骤为：选择 B6 单元格，单击【公式】选项卡下的【插入函数】按钮，打开【插入函数】对话框，其余步骤同上。

(三) 常用函数简介

1. 逻辑类函数

常用的逻辑类函数是条件检测函数 IF，其格式如下：

　　(logical-test, value-if-true, value-if-false)

IF 的功能是执行真假值判断，根据逻辑测试的真假值，返回不同的结果。可以用函数 IF 对数值和公式进行条件检测。

2. 数学与三角类函数

常用的数学与三角类函数是 SUM 函数。

利用 SUM 函数可以计算出指定区域中数据的总和。使用这个函数时，要在函数名 SUM 后面的括号中输入用冒号隔开的两个单元格地址，如 SUM(B4:E4)，冒号前的地址指定区域的起点单元格的地址，冒号后面的地址指定区域的终点单元格的地址。

3. 统计类函数

常用的统计类函数是 AVERAGE 函数。

利用 AVERAGE 函数，可以计算指定区域中数据的平均值。输入这个函数时，要在函数名 AVERAGE 后面的括号中输入用冒号隔开的两个单元格地址，如同求和函数。

项 目 小 结

本项目介绍了 Excel 2019 的常用操作，包括单元格和工作表的各种操作方法，以及 Excel 中的计算功能、图表、公式和函数。通过对本项目的学习，读者应学会用 Excel 2019 创建和编辑表格，对数据进行输入、编辑、计算、复制、移动、设置格式、打印等操作；掌握 Excel 2019 处理数据和分析数据的功能，可以运用公式和函数处理数据，能对工作表中的数据进行排序、筛选、分类汇总、统计和查询等操作；能够根据工作表中的数据快速生成图表，学会编辑和修改常用图表。

课 后 习 题

(1) 熟悉 Excel 2019 的工作界面，说出每个选项卡中的主要命令组。

(2) Excel 2019 工作簿的默认格式是什么？

(3) 在一个工作簿内，怎样隐藏工作表？

(4) 熟练完成移动和复制工作表、行、列等基本操作，以及设置行高、列宽的操作。

(5) 选中 D5:G10 单元格区域，删除、添加、复制、移动单元格。

(6) 创建数据清单时应遵循的原则是什么？

(7) 使用 Excel 2019 设置工作簿保护和工作表保护的两种方法。

(8) 请在工作表的 A3 单元格中输入自己的身份证号码。

(9) 简述多列排序的步骤。

(10) 简述按数值条件筛选的步骤。

(11) 查找和替换的快捷键分别是(   )和(   )。

(12) 说出函数输入的三种方法。

(13) 说出相对引用和绝对引用的区别。

(14) 在执行分类汇总命令前,必须先对数据清单(   ),数据清单的第 1 行里必须有(   )。

项 目 实 训

一、实训目的

(1) 掌握 Excel 2019 启动及退出等基本操作。

(2) 学会 Excel 2019 工作表建立及编辑的基本操作方法。

(3) 掌握数据填充、筛选、排序等基本操作。

(4) 学会图表的创建,掌握常用图表的编辑、修改。

(5) 掌握公式输入的格式,能够运用公式进行常规的数据计算。

(6) 掌握函数输入的 3 种基本方法,能熟练使用函数进行数据的统计与分析。

(7) 掌握公式输入的方法,能够运用公式进行数据的计算,能运用函数进行数据的统计及分析操作。

(8) 掌握打印过程中页面设置、打印区域设置及打印预览的方法。

二、实训任务

以学号为顺序自行设计一个班的期末考试成绩统计表。

三、实训内容

(1) 启动 Excel 2019,建立一个工作簿文件,命名为"成绩统计表"。

(2) 把 Sheet1 更名为"学生成绩表",输入标题和表头之后输入 10 条记录。

(3) 将"学生成绩表"第 1 行的内容作为表格标题居中。

(4) 将"学生成绩表"第 3 行第 A 列至第 13 行第 E 列区域设置行高为 25,列宽为 15,字体为"宋体",字号为 16。

(5) 将"学生成绩表"自第 4 行至第 13 行的第 E 列以公式"= C4 + D4"填充。

(6) 将"学生成绩表"自第 4 行至第 13 行以第 E 列为关键字按升序方式进行排序。

(7) 将"学生成绩表"A4:F14 单元格区域中的内容设为水平居中。

(8) 显示"学生成绩表"中总成绩大于等于 85 且小于 95 的记录,然后恢复原状。

(9) 在"学生成绩表"的最后添加一行,利用公式计算各成绩的平均分。

(10) 为工作表设置页边距、页眉和页脚。

(11) 在工作表上设置打印网格线和行号。

(12) 在工作表中插入水平分页符和垂直分页符,并进行分页预览。

项目二　Excel 2019 在报表编制中的应用

课前预习

(1) Excel 2019 的常用操作，包括数据输入、编辑、计算、复制、移动、设置格式、打印等。

(2) Excel 2019 处理数据和分析数据的功能。

(3) 会计报表的含义和编制方法。

知识目标

(1) 掌握 SUMIF 函数、VLOOKUP 函数和 LEFT 函数的格式。

(2) 掌握会计报表的概念、内容和格式。

(3) 掌握编制会计报表的方法。

技能目标

(1) 学会使用 Excel 2019 编制资产负债表。

(2) 学会使用 Excel 2019 编制利润表。

任务导入

党的二十大报告在"构建高水平社会主义市场经济体制"中明确提出"支持中小微企业发展"。小微企业是国民经济和社会发展的重要基础，是创业富民的重要渠道，在扩大就业、增加收入、改善民生、促进稳定、提高国家税收、发展市场经济等方面具有举足轻重的作用。

小明是一家小企业的会计。该企业规模较小，财务核算的业务量不大，但是每到季度末小明就忙得不可开交，他需要编制企业的资产负债表和利润表。小明在编制报表的过程中常常出现数据计算错误，导致报表数据不平。Excel 2019 提供了常用的财务函数，如何使用这些函数快速做出符合要求的报表呢？如何利用 Excel 2019 完成财务报表的编制并实现试算平衡呢？

通过本项目的学习，读者将了解 Excel 2019 的报表编制功能，学会财务报表编制的基本操作。

任务一　常 用 函 数

一、SUMIF()函数

类型：逻辑函数。

格式：SUMIF(搜索范围,搜索条件,求和范围)

功能：可以根据其他区域中的值，通过使用 SUMIF 函数对区域进行求和。

搜索范围：A:A，即 A 列所有科目。

搜索条件：编码为 4 位的所有科目，即一级科目。

求和范围：C:C，即 C 列的值。

使用这个函数时会用到了通配符，通配符是一类键盘字符，有星号(*)和问号(?)。当查找文件或文件夹时，可以使用通配符来代替一个或多个字符。星号(*)可以代替 0 个或多个字符，问号(?)可以代替任意一个字符。

例如，“C14 = SUMIF(A2:A13, "????", C2:C13)”的计算结果如图 2-1 所示。

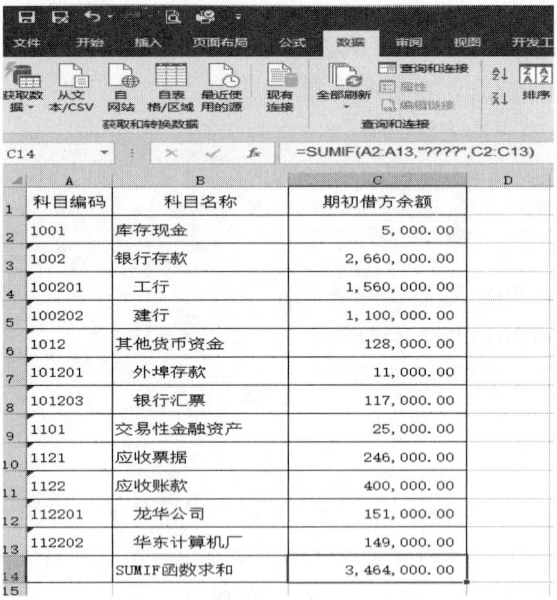

科目编码	科目名称	期初借方余额
1001	库存现金	5,000.00
1002	银行存款	2,660,000.00
100201	工行	1,560,000.00
100202	建行	1,100,000.00
1012	其他货币资金	128,000.00
101201	外埠存款	11,000.00
101203	银行汇票	117,000.00
1101	交易性金融资产	25,000.00
1121	应收票据	246,000.00
1122	应收账款	400,000.00
112201	龙华公司	151,000.00
112202	华东计算机厂	149,000.00
	SUMIF函数求和	3,464,000.00

图 2-1　SUMIF()函数的计算结果

本例中，搜索范围为 A2:A13，即单元格 A2 至 A13 的所有科目；搜索条件是编码为 4 位的所有科目，即一级科目(文本格式)；求和范围为 C2:C13，即求单元格 C2 至 C13 的和。

二、VLOOKUP()函数

类型：查找与引用函数。

格式：VLOOKUP(lookup_value, table_array, col_index_num, [range_lookup])

功能：在表格或数值数组的首列查找指定的数值，并返回表格或数组当前行中指定列处的数值。

参数：

lookup_value(查找目标)：需要在数组第 1 列中查找的数值。lookup_value 可以为数值、引用或者文本字符串。

table_array(查找范围)：需要在其中查找数据的数据表。可以使用对区域或区域名称的引用，如数据库或列表。

col_index_num(返回值的列数)：table_array 中待返回的匹配值的序列号。col_index_num 为 1，返回 table_array 第 1 列中的数值；col_index_num 为 2，返回 table_array 第 2 列中的数值，以此类推。

range_lookup(精确或模糊查找)：一个逻辑值，指明函数 VLOOKUP 返回时是精确匹配还是近似匹配。

VLOOKUP 中的 V 表示竖向，HLOOKUP 中的 H 表示横向。当比较值位于需要查找的数据左边的一列时，使用 VLOOKUP。

三、LEFT()函数

类型：文本函数。

格式：LEFT(text, num_chars)

功能：基于所指定的子字符数返回其母字符串中从左边数的第 1 个或前几个字符。

参数：

text：包含要提取字符的文本字符串。

num_chars：指定要由 LEFT 函数提取的字符数。num_chars 必须大于或等于 0，默认值为 1。

四、IF()函数

类型：逻辑函数。

格式：IF(Logical_test, Value_if_true, Value_if_false)

功能：此函数根据对指定条件逻辑判断的真假而返回不同的结果。

参数：

Logical_test：一个判断真假的条件表达式。

Value_if_true：当 Logical_test 为真时此函数返回的值。

Value_if_false：当 Logical_test 为假时此函数返回的值。

此函数可以嵌套 7 层。

例如：某公司销售部门销售业绩如表 2-1 所示，公司规定销售额 100 000 元以下的提成奖 2 000 元，销售额 100 000 元及以上按 3%计提成奖，函数设置如图 2-2 所示，提成奖结果如图 2-3 所示。

表 2-1　销 售 业 绩　　　　　　　　　　　单位：元

某公司销售部门业绩					
姓名	张三	王东	李淼	黄清	谢兰
销售额	80 000	120 000	95 000	240 000	50 000
提成奖					

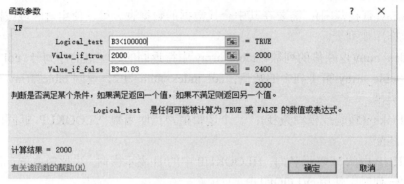

图 2-2　IF 函数参数

	A	B	C	D	E	F
1	某公司销售部门业绩					
2	姓名	张三	王东	李淼	黄清	谢兰
3	销售额	80000	120000	95000	240000	50000
4	提成奖	2000	3600	2000	7200	2000

图 2-3　提成奖结果

五、DATEDIF()函数

类型：逻辑函数。

格式：DATEDIF(start_date, end_date, unit)

功能：用于计算两个日期之间的天数、月数或年数。

参数：

start_date：起始日期。

end_date：结束日期。

start_date 和 end_date 可以是带引号的文本串(如"2014-1-1")、系列号或者其他公式或函数的结果。

unit：所需信息的返回时间单位代码。各代码含义为：“Y”返回时间段中的整年数；“YM”为 start_date 和 end_date 的月数之差，忽略年和日；“MD”为 start_date 和 end_date 的天数之差，忽略年和月。

例如，工龄 D3 = DATEDIF(C3, TODAY(), "Y")，参数设置如图 2-4 所示。继续设置工龄 E3 = DATEDIF(C3, TODAY(), "YM")，工龄 F3 = DATEDIF(C3, TODAY(), "MD")。

计算年龄：

D3=DATEDIF(DATE(LEFT(C3, 4), MID(C3, 5, 2)，RIGHT(C3, 2)), TODAY(), "Y")&"周岁"

运算结果如图 2-5 所示。

图 2-4　DATEDIF 函数参数

员工编号	员工姓名	出生年月	年龄
		计算年龄	
001	李晓红	19760621	47周岁
002	赵小兰	19860714	37周岁
003	吴华贵	19801123	42周岁
004	陶小俊	19930201	30周岁
005	朱广博	19980809	25周岁

图 2-5　运算结果

六、AVERAGE()函数

类型：统计函数。

格式：AVERAGE(number1, number2, …)

功能：返回参数的平均值(也称算术平均值)。

参数：

number1，number2，…：需要计算平均值的 1 到 30 个参数。

说明：参数可以是数字，或包含数字的名称、数组或引用。

如果数组或引用参数包含文本、逻辑值或空白单元格，则这些值将被忽略，但包含零值的单元格将计算在内。当对单元格中的数值求平均值时，应牢记空白单元格与含零值单元格的区别，尤其在【选项】对话框中的【视图】选项卡上已经清除了"零值"复选框的条件下，空白单元格不计算在内，但计算零值。若要查看【选项】对话框，单击【工具】菜单中的【选项】即可。

AVERAGE()函数中，参数取值序列与计算结果含义表示如图 2-6 所示。

平均值 1：数列 A 中的单元格(B2:F2)5 个数，计算平均值，15/5 = 3(参数设置如图 2-7所示)。

平均值 2：数列 A 中的单元格(B2:F2)5 个数和数列 B 中的单元格(B3:E3)4 个数，共 9个数计算平均值，54/9 = 6(参数设置如图 2-8 所示)。

平均值 3：数列 A 中的单元格(B2:F2)5 个数求和，数列 B 中的单元格(B3:E3)4 个数求和，两个和再计算平均值，54/2 = 27(参数设置如图 2-9 所示)。

	A	B	C	D	E	F	G
1		数 据					合 计
2	数列A	1	2	3	4	5	15
3	数列B	9	15	8	7	--	39
4	平均值1	3		结果表示数列A中（B2：F2）5个数计算平均值，分母为5			
5	平均值2	6		结果表示数列A中（B2：F2）与数列B中（B3：E3），9个数计算平均值，分母为9			
6	平均值3	27		结果表示数列A中（B2：F2）和数列B中（B3：E3）分别求和后，再计算平均值，相当于2个数计算平均值，分母为2。			

图 2-6　参数取值序列与计算结果

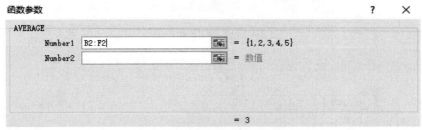

图 2-7　平均值 1 函数参数设置

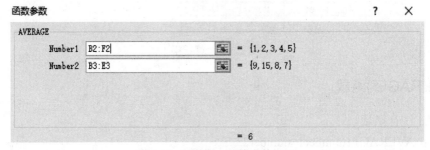

图 2-8　平均值 2 函数参数设置

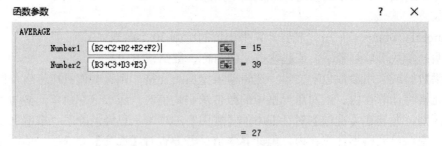

图 2-9　平均值 3 函数参数设置

任务二　Excel 2019 在报表编制中的应用

财务报告包括会计报表和其他应当在财务报告中披露的相关信息和资料。会计报表是对企业财务状况、经营成果和现金流量的结构性表述。会计报表至少应当包括下列组成部分：

(1) 资产负债表；

(2) 利润表；

(3) 现金流量表;

(4) 所有者权益(或股东权益，下同)变动表;

(5) 附注。

编制会计报表的目的是向会计报表的使用者提供对经济决策有用的信息，包括企业的财务状况、经营业绩及现金流量的资料。在本任务中，仅介绍 Excel 2019 在狭义会计报表(资产负债表和利润表)编制中的应用。

一、资产负债表

(一) 资产负债表的概念

资产负债表是反映企业在某一特定日期财务状况的会计报表。它反映企业在一特定日期所拥有或控制的经济资源、所承担的现时义务和所有者对净资产的要求权。

(二) 资产负债表项目的列示

资产和负债分为流动资产和非流动资产、流动负债和非流动负债列示。

(三) 资产负债表的基本格式和内容

资产负债表分为表头和表体两个基本部分。

表头部分包括报表的标题、编号、编制单位、编制日期及计量单位等，编表时间应为某年某月某日。

表体部分一般为账户式，资产负债表的左部为资产类科目，右部为负债及所有者权益科目。

编制资产负债表时，科目的排列顺序主要按科目流动性排列。

(四) 资产负债表的编制方法

资产负债表主要是根据资产账户和负债、所有者权益账户的期末余额以及其他有关资料编制而成，具体编制方法如下:

(1) 直接根据总账科目的余额填列。如"交易性金融资产""短期借款""应付票据""应付职工薪酬"等科目直接根据总账科目的余额填列。

(2) 根据几个总账科目的余额计算填列。如"货币资金"科目需根据"库存现金""银行存款""其他货币资金"三个总账科目余额合计填列。

(3) 根据有关明细科目的余额计算填列。如"应付账款"科目需要分别根据"应付账款"和"预付账款"两个科目所属明细科目的期末贷方余额计算填列。

(4) 根据总账科目和明细科目的余额分析计算填列。如"长期借款"科目应根据"长期借款"总账科目余额扣除"长期借款"科目所属的明细科目中将在资产负债表日起一年内到期且企业不能自主地将清偿义务延期的长期借款后的金额填列。

(5) 根据总账科目与其备抵科目抵销后的净额填列。如资产负债表中的"应收账款""长期股权投资"等科目，应根据"应收账款""长期股权投资"等科目的期末余额减去"坏账准备""长期股权投资减值准备"等科目余额后的净额填列;"固定资产"科目应根据"固定资产"科目期末余额减去"累计折旧""固定资产减值准备"科目余额后的净额填列；"无形资产"科目应根据"无形资产"科目期末余额减去"累计摊销""无形资产减值准备"科目余额后的净额填列。

(五) 资产负债表的编制程序

1. 表头的建立

(1) 在包含科目余额表的工作簿中，将第 2 张工作表 Sheet2 命名为"资产负债表"。在"资产负债表"的 A1 单元格输入表头"资产负债表"。选中 A1 至 I1，设置合并及居中。

(2) 输入"编制单位：某公司""2020 年 12 月 31 日""会企 01 表""单位：元"。

2. "科目"名称栏及"行次"栏的输入

在 A4 至 I25 的单元格中分别输入行次及科目名称。

3. 数据的填充

完成表格文字输入和格式设置后，下一步的工作就是填充表格中的其他数据。其中"期初数"可以按上年资产负债表中的数据进行填充，"期末数"可以以数据链接的方式引用科目余额表中的相关数据。

例如，"货币资金"项目需根据"库存现金""银行存款""其他货币资金"三个总账科目的期末余额的合计数填列，而这几项的数据分别存放在"科目余额表"中。因此，可在"资产负债表"中存放"货币资金"期末数的单元格 C6 中输入相应的数据填制公式。

资产负债表中还有一部分单元格中的数据，需要用本张工作表中的数据计算取得。

例如，"流动资产合计 ＝ 货币资金 ＋ 交易性金融资产 ＋ 应收票据 ＋ 应收账款 ＋ 预付款项 ＋ 应收利息 ＋ 应收股利 ＋ 其他应收款 ＋ 存货 ＋ 一年内到期的非流动资产 ＋ 其他流动资产"，如图 2-10 所示的工作表"资产负债表"单元格 C25 中输入计算公式 ＝ C6 ＋ C9 ＋ C13 ＋ C14 ＋ C19 ＋ C24。又如："流动负债合计"可在单元格 H24 中输入计算公式 ＝ H6 ＋ H8 ＋ H11 ＋ H13 ＋ H14 ＋ H15。在其他需要输入公式的地方，可以用同样的方法输入相应的公式。

行次	资产类科目	期末数	期初数	行次	负债及所有者权益科目	期末数	期初数
资产负债表							会企01表
编制单位：某公司		2020年	12月 31 日				单位：元
001	**流动资产**			001	**流动负债**		
002	货币资金	22227435.99	4424740.64	002	短期借款	18545625.94	257285625.9
003	交易性金融资产			003	交易性金融负债		
004	衍生金融资产			004	应付票据及应付账款	63661283.42	50099172.89
005	应收票据及应收账款	2486719.24	1145479.28	005	应付票据		
006	应收票据			006	应付账款	63661283.42	50099172.89
007	应收账款	2486719.24	1145479.28	007	预收款项	847663.49	2150437.76
008	应收款项融资		0	008	应付手续费及佣金		
009	预付款项	2204225.04	815458.11	009	应付职工薪酬	7108996.98	18297687.11
010	其他应收款(合计)	33540870.69	3044590.67	010	应交税费	7267974.86	8600809.46
011	应收利息			011	其他应付款（合计）	102959141.1	79443320.1
012	应收股利			012	应付利息	4014068.22	1678232.32
013	其他应收款	33540870.69	3044590.67	013	应付股利		
014	买入返售金融资产			014	其他应付款	98945072.92	77765087.78
015	存货	90905756.3	50587496.81	015	预提费用		
016	划分为持有待售的资产			016	一年内的递延收益		
017	一年内到期的非流动资产			017	应付短期债券		
018	待摊费用			018	一年内到期的非流动负债		
019	待处理流动资产损益			019	其他流动负债		
020	其他流动资产	257353.87	162255.08	020	**流动负债合计**	200390685.8	415877053.2
021	**流动资产合计**	151622361.1	60180020.59	021	非流动负债		

图 2-10　资产负债表

由以上操作可以看出，资产负债表中的数据不需要从键盘输入，只要前期有关的资料表格齐全，均可通过数据引用得到，只要公式建立好，数据会同时显示在表格中。

二、利润表

(一) 利润表的概念

利润表是反映企业在一定会计期间经营成果的会计报表。

(二) 利润表的列报格式

会计报表列报准则规定：企业应当采用多步式列报利润表将不同性质的收入和费用类别进行对比，从而可以得出一些中间性的利润数据，便于使用者理解企业经营成果的不同来源。企业可以分三个步骤编制利润表：

(1) 以营业收入为基础，减去主营业务成本、营业税金及附加、销售费用、管理费用、财务费用、资产减值损失等，加公允价值变动收益(减公允价值变动损失)、加投资收益(减投资损失)，计算出营业利润。

(2) 以营业利润为基础，加营业外收入，减营业外支出，计算出利润总额。

(3) 以利润总额为基础，减所得税费用，计算出净利润(或净亏损)。

(三) 利润表的基本格式和内容

利润表的结构主要有单步式和多步式两种。在我国，企业利润表多采用多步式结构，即通过对当期的收入、费用、支出项目按性质进行归类，按利润形成的主要环节列一些中间性利润指标，分步计算当期净损益。

企业可以分 3 个步骤编制利润表，利润表示例如图 2-11 所示。

	A	B	C	D
1			利润表	
2				会企02表
3	编制单位：某公司	2020 年 12月		单位：元
4	行次	科目	本期数	上期数
5	001	一、营业收入	167,387,873.76	123,329,973.03
6	002	减:主营业务成本	67,341,581.20	82,846,590.15
7	003	营业税金及附加	21,234,955.57	19,348,744.06
8	004	销售费用	18,678,997.76	8,428,830.51
9	005	管理费用	9,834,566.84	3,979,677.67
10	006	财务费用	8,914,949.55	34,003,863.40
11	007	资产减值损失	8,678,111.48	17,085,474.51
12	008	加:公允价值变动收益(损失以"-"号填列)	-	-
13	009	投资收益(损失以"-"号填列)	-	63,261,720.68
14	010	其中:对联营企业和合营企业的投资收益		
15	011	资产处置收益(损失以"-"号填列)	35,685,992.07	
16	012	其他收益		
17	013	二、营业利润(亏损以"-"号填列)	68,390,703.43	20,898,513.41
18	014	加:营业外收入	7,357,916.60	14,859.51
19	015	减:营业外支出	5,195,495.57	1,732,155.78
20	016	三、利润总额(亏损总额以"-"号填列)	70,553,124.46	19,181,217.14
21	017	减:所得税费用	-195,849.73	-
22	018	四、净利润(净亏损以"-"号填列)	70,748,974.19	19,181,217.14

图 2-11　利润表

(1) 以营业收入为基础，减去主营业务成本、营业税金及附加、销售费用、管理费用、财务费用、资产减值损失，加上公允价值变动收益和投资收益(减去公允价值变动损失和投资损失)，再加上资产处置收益和其他收益，计算出营业利润，即图 2-11 中单元格 C17 = C5 − C6 − C7 − C8 − C9 − C10 − C11 + C12 + C13 + C15 + C16。

(2) 以营业利润为基础，加上营业外收入，减去营业外支出，计算出利润总额，即单元格 C20 = C17 + C18 − C19。

(3) 以利润总额为基础，减去所得税费用，计算出净利润(或净亏损)，即单元格 C22 = C20 − C21。

利润表的"本期数"栏反映各科目的本期实际发生数。如果上年度利润表的科目名称和内容与本年度的利润表不一致，应对上年度利润表的科目名称和内容按本年度的规定进行调整，填入报表的"上期数"栏。报表中的各科目主要根据各损益类科目的发生额分析填列。

项 目 小 结

本项目介绍如何运用 Excel 2019 在编制会计报表中输入公式。首先介绍会计报表的概念、内容和格式，接着介绍如何运用 Excel 2019 的各项功能建立资产负债表、利润表并进行数据计算。要求学会使用 Excel 2019 编制资产负债表和利润表。

课 后 习 题

1. 某公司会计科目余额表如表 2-2 所示，请使用 SUMIF()函数，计算期初借方余额的合计数。

表 2-2　某公司会计科目余额表

科目编码	会计科目	期初借方余额/元	期初贷方余额/元
1001	库存现金	5 000	
1002	银行存款	2 660 000	
100201	工行	1 560 000	
100202	建行	1 100 000	
1012	其他货币资金	128 000	
101201	外埠存款	11 000	
101202	银行汇票	117 000	
1121	应收票据	246 000	
1122	应收账款	400 000	
1123	预付账款	100 000	
1221	其他应收款	4 000	
4001	其他账户		3 543 000
合　计			

2. M 公司有 10 名销售人员，工号、季度销售量及全年销售计划如表 2-3 所示，请使用 VLOOKUP()函数分别查找工号为 100003、100005、100009 的销售人员第三季度销售量及全年销售计划数。

表 2-3　M 公司 2020 年年度销量报表

工　号	第一季度销售量/万件	第二季度销售量/万件	第三季度销售量/万件	第四季度销售量/万件	全年销售计划/万件
100001	91	91	68	87	500
100002	59	78	69	80	286
100003	71	88	89	70	318
100004	91	60	66	89	306
100005	84	89	86	57	316
100006	86	83	67	63	299
100007	79	90	67	73	309
100008	74	88	74	70	306
100009	89	68	69	74	300
100010	78	89	84	62	313

3. 请使用 IF()函数，编辑个人所得税的计算公式，应纳税所得额、税率及速算扣除数如表 2-4 所示。

表 2-4　个人所得税计算表

序号	个人应纳税所得额	税率/%	速算扣除数
1	不超过 3 000 元的	3	0
2	超过 3 000 元至 12 000 元的部分	10	210
3	超过 12 000 元至 25 000 元的部分	20	1 410
4	超过 25 000 元至 35 000 元的部分	25	2 660

项 目 实 训

一、实训目的
学会使用 Excel 2019 编制资产负债表和利润表。

二、实训资料
总账科目及试算平衡表如表 2-5 所示。

表 2-5　总账科目及试算平衡表

编制单位：某公司　　　　　　　　　　2022 年 10 月 30 日

科目编码	科目名称	期初借方余额/元	期初贷方余额/元	本期借方发生额/元	本期贷方发生额/元	期末借方余额/元	期末贷方余额/元
1001	库存现金	5 000.00		2 000.00	1 000.00	6 000.00	
1002	银行存款	670 000.10		74 880.00	8 370.00	736 510.10	
1012	其他货币资金						
1101	交易性金融资产					0.00	
1121	应收票据	292 300.00				292 300.00	
1122	应收账款	1 268 000.00				1 268 000.00	
1231	坏账准备		6 340.00				6 340.00
1123	预付账款	180 000.00				180 000.00	
1221	其他应收款	4 400.00		1 000.00		5400.00	
1402	在途物资					0.00	
1403	原材料	150 000.00		5 000.00	2 100.00	1 529 000.00	
1411	周转材料	45 000.00				45 000.00	
1405	库存商品	372 040.00		30 100.00	20 100.00	382 040.00	
1511	长期股权投资	250 000.00				250 000.00	
1601	固定资产	6 580 260.00				6 580 260.00	
1602	累计折旧		1 952 514.00	3 000.00			1 955 514.00
1604	在建工程					0.00	
1606	固定清理					0.00	
1701	无形资产	143 000.00				143 000.00	
1702	累计摊销					0.00	
1801	长期待摊费用					0.00	
2001	短期借款		500 000.00				500 000.00
2201	应付票据		204 750.00				204 750.00
2202	应付账款		1 043 242.00				1 043 242.00
2211	应付职工薪酬		50 000.40		25 000.00		75 000.40
2221	应交税费		80 300.40	850.00	19 225.00		98 675.40
2231	应付利息						0.00
2241	其他应付款		86 454.00				86 454.00
2501	长期借款		860 400.00				860 400.00

续表

科目编码	科目名称	期初借方余额/元	期初贷方余额/元	本期借方发生额/元	本期贷方发生额/元	期末借方余额/元	期末贷方余额/元
2502	应付债券		100 000.00				100 000.00
2701	长期应付款		40 000.00				40 000.00
4001	实收资本		4 500 000.00				4 500 000.00
4002	资本公积		582 701.00				582 701.00
4101	盈余公积		300 000.00				300 000.00
4103	本年利润			64 000.00	64 000.00		0.00
4104	利润分配		126 000.00		25 035.00		151 035.00
5001	生产成本	40 000.00		20 100.00	30 100.00	30 000.00	
5101	制造费用					0.00	
6001	主营业务收入			64 000.00	64 000.00	0.00	
6111	投资收益					0.00	
6401	主营业务成本			20 100.00	20 100.00	0.00	
6402	其他业务成本					0.00	
6403	税金及附加					0.00	
6601	销售费用					0.00	
6602	管理费用			10 400.00	10 400.00	0.00	
6603	财务费用			120.00	120.00	0.00	
6711	营业外支出					0.00	
6801	所得税费用			8 345.00	8 345.00	0.00	
	合计	10 000 000.00	10 000 000.00	292 550.00	292 550.00	10 071 410.10	10 071 410.10

三、实训任务

编制某公司资产负债表和利润表。

项目三 Excel 2019 在筹资管理中的应用

 课前预习

1. 货币时间价值

(1) 什么是终值，怎样计算？

(2) 什么是现值，怎样计算？

(3) 什么是年金，怎样计算？年金的特点是什么？

(4) 查阅资料预习资金时间价值函数(FV、PV、PMT、IPMT、PPMT、NPER、RATE)的应用。

2. 借款与租赁筹资

(1) 什么是长期借款，有何特点？

(2) 怎样计算长期借款的每期还款额的本金和利息？

(3) 怎样计算累计还款的本金和利息？

(4) 查阅资料预习 Excel 2019 模拟运算表的应用？

(5) 企业在经营活动中常用的租赁有几种？有何特点？

3. 资本成本

(1) 什么是资本成本？

(2) 怎样计算银行借款、债券、优先股、普通股及留存收益资本成本率？

(3) 怎样计算综合资本成本率？

4. 杠杆作用

(1) 经营杠杆的含义及相关知识。

(2) 财务杠杆的含义及相关知识。

(3) 总杠杆的含义及相关知识。

知识目标

(1) 了解货币时间价值函数的使用方法。

(2) 理解模拟预算表的使用方法。

(3) 理解一些函数和窗体工具的使用方法。

(4) 掌握长期借款筹资模型与租赁筹资模型设计方法。

(5) 掌握最优资本结构、杠杆模型的设计方法。

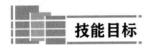

技能目标

(1) 掌握利用电子表格进行数据模型建立的方法、技巧，并能够将其熟练应用于会计业务实践中。

(2) 能够快速分析给定的问题，能够准确熟练地使用 Excel 提供的货币时间价值函数。

(3) 根据企业资料能够运用单、双变量模拟运算表，掌握运算技巧和方法。

(4) 利用 Excel 2019 建立长期借款筹资模型与租赁筹资模型，运用 Excel 2019 表计算企业的资本成本率和最优筹资方案，为企业选定最优的资本结构。

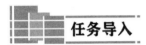

任务导入

党的二十大报告提出"完善促进创业带动就业的保障制度，支持和规范发展新就业形态"。国家鼓励当代大学生参加自主创业，以创业带动就业，缓解就业压力。

大学生李某毕业后准备自主创业。自筹资金 200 万元，银行贷款 100 万元，融资租赁设备一台。创业项目投资回收期 5 年，可经营 8 年，预计每年现金净流入 80 万元。假如银行贷款 5%，贷款期限 3 年，按季度支付贷款利息。设备租期 5 年，每年租金 12 万元。该筹资方案是否可行？

通过本任务的学习，读者能够利用 Excel 2019 完成货币时间价值计算、筹资模型分析及筹资方案可行性分析。

任务一　货币时间价值

一、货币时间价值的概念

(一) 货币时间价值的概念

货币时间价值也称为资金时间价值，是经济活动中的一个重要概念，是财务管理的一个重要指标，又是资金使用中必须认真考虑的一个标准。货币时间价值是指货币拥有者放弃现在使用货币的机会而进行投资，随着投资时间的推移而得到的最低增值。其实质就是资金周转使用后的增值额，即货币时间价值只有在生产经营周转使用中才能产生。其本质是指在无投资风险条件下的社会平均资本利润率。货币时间价值应是企业资金利润率的最低限度，因此，它是衡量企业经济效益、考核企业经营成果的重要依据。

货币时间价值是货币经历一定时间的投资和再投资后增加的价值，即资金在周转过程中由于时间因素而形成的差额价值。它是一定量资金在不同时点上价值量的差额。由于货币时间价值的存在，不同时点的等量货币具有不同的价值。从定性方面看，货币时间价值是一种客观经济现象，是资金循环和周转而产生的增值；从定量方面看，货币时间价值是在没有风险和没有通胀条件下的社会平均资金利润率。

货币时间价值的计算在财务管理中有着广泛的用途,如长期投资决策、租赁决策、养老金决策、资产和负债估价等方面。随着财务问题的日益复杂,时间价值观念的应用也将日益广泛。例如,资金可存银行,也可投资股票、基金。

在货币时间价值计算中涉及终值和现值两个概念。终值是现在一定量资金在未来某一时点上的价值,俗称本利和。现值是指未来某一时点上的一定量资金折合到现在的价值。终值、现值两者的关系为:终值 = 现值 + (时间价值)利息。

在计算中经常使用的符号及其含义如下:

P——本金,又称现值;

I——利息;

i——利率,指利息与本金之比;

F——本金和利息之和,又称本利和或终值;

n——时间、期数,通常以年为单位。

(二) 单利终值与现值的计算

单利是一种不论时间长短,仅按本金计算利息,其所生利息不加入本金重复计算利息的方法。

在单利计息方式下,利息的计算公式为

$$I = P \cdot i \cdot n$$

在单利计息方式下,终值的计算公式为

$$F = P \cdot (1 + i \cdot n)$$

在单利计息方式下,现值的计算公式为

$$P = F/(1 + i \cdot n)$$

单利现值计算与单利终值计算互为逆运算。

(三) 复利终值与现值的计算

货币时间价值通常按复利计算。复利是指在一定时间内按一定利率将本金所生利息加入本金再计算利息,也就是通常说的"利滚利"。

复利终值的计算公式为

$$F = P \cdot (1 + i)^n$$

式中,$(1 + i)^n$ 称作复利终值系数,记为 $(F/P, i, n)$,可通过查表取得。该公式可记为 $F = P \cdot (F/P, i, n)$。

复利现值的计算公式为

$$P = F \cdot (1 + i)^{-n}$$

式中,$(1 + i)^{-n}$ 称作复利现值系数,记为 $(P/F, i, n)$,可通过查表取得。该公式可记为 $F = P \cdot (P/F, i, n)$。

如果每年复利 m 次,则每年的利率为 i/m,时间周期数为 m·n,此时复利终值公式为

$$F = P \cdot (1 + i/m)^{(m \cdot n)}$$

复利终值系数与复利现值系数互为倒数。

(四) 年金

年金指一定时期内间隔相等、连续等额收付的系列款项。年金按其每次收付款项发生的时点不同，分为普通年金、即付年金、永续年金等类型。

1. 普通年金终值与现值的计算

普通年金指从第一期起，在一定时期内每期期末等额收付的系列款项，又称为后付年金。

普通年金终值的计算公式为

$$F = A \cdot \frac{(1+i)^n - 1}{i}$$

式中，分式 $\frac{(1+i)^n - 1}{i}$ 称作年金终值系数，记为 (F/A，i，n)，可通过查表取得。该公式可记为 $F = A \cdot (F/A，i，n)$。

普通年金现值的计算公式为

$$P = A \cdot \frac{1 - (1+i)^{-n}}{i}$$

式中，分式 $\frac{1 - (1+i)^{-n}}{i}$ 称作年金现值系数，记为 (P/A，i，n)，可通过查表取得。该公式可记为 $P = A \cdot (P/A，i，n)$。

2. 即付年金终值与现值的计算

即付年金指从第一期起，在一定时期内每期期初等额收付的系列款项，又称先付年金。

即付年金终值的计算公式为

$$F = A \cdot \left[\frac{(1+i)^{n+1} - 1}{i} - 1 \right] = A \cdot [(F/A，i，n+1) - 1]$$

式中，$[(F/A，i，n+1) - 1]$ 称作即付年金终值系数，它相当于在同期普通年金终值系数的基础上，期数加 1，系数减 1，可通过查表取得。

即付年金终值等于在同期普通年金终值的基础上乘以 $1+i$，故另一个计算公式为

$$F = A \cdot (F/A，i，n) \cdot (1+i)$$

即付年金现值是各期期初收付款的复利现值之和。即付年金现值的计算公式为

$$P = A \cdot \left[\frac{1 - (1+i)^{-(n-1)}}{i} + 1 \right] = A \cdot [(P/A，i，n-1) + 1]$$

式中，$[(P/A，i，n-1) + 1]$ 称作即付年金终值系数，它相当于在同期普通年金现值系数的基础上，期数减 1，系数加 1，可通过查表取得。

3. 永续年金现值的计算

如果年金定期等额收付一直持续到永远，称为永续年金。

永续年金现值的计算公式为

$$P = 每期的等额收付金额/利率 = A/i$$

永续年金没有终值。

4. 年金的计算

根据年金现值公式或年金终值公式进行推导来计算年金。

5. 利率、期数的计算

根据年金现值公式、年金终值公式进行推导，求出现值系数、终值系数后，查表即可算出利率和期数。

二、货币时间价值函数

(一) 复利终值函数

复利终值有普通复利终值、普通年金终值和即付年金终值等形式。

复利终值函数的语法如下：

= FV(Rate, Nper, Pmt, Pv, Type)

参数：

Rate：各期利率；

Nper：总投资期；

Pmt：各期支出金额，在整个投资期内不变，若该参数为 0 或省略，则函数值为普通复利终值；

Pv：现值，也称为本金；

Type：取值为数字 0 或 1，当 Type 取值为 0 或忽略时，表示收付款时间是期末，当 Type 取值为 1 时，表示收付款时间是期初。

注意：在 Pmt 不为 0，Pv = 0，Type = 1 时，函数值为即付年金终值；Rate 和 Nper 的计算单位应相同，即如果 Rate 用月份计算，则 Nper 必须用月份计算。在 Excel 中，对函数涉及金额的参数有特别规定，如支出款项用负数表示，收入款项用正数表示。

1. 普通复利终值的计算

【例 3-1】某人将 10 000 元投资于一项事业，年报酬率为 6%，3 年后的复利终值为多少？

FV(0.06, 3, 0, −10 000, 0) = 11 910.16 元，参数设置如图 3-1 所示。

图 3-1　FV 函数参数设置

2. 普通年金终值的计算

【例 3-2】 某人每年年末存入银行 20 000 元，年利率为 10%，计算第 3 年年末可以从银行取得的本利和。

FV(0.1, 3, −20 000, 0, 0) = 66 200 元，参数设置如图 3-2 所示。

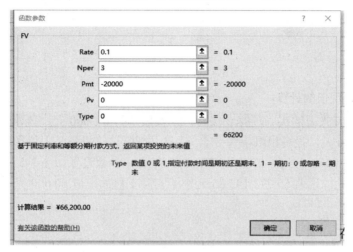

图 3-2　FV 函数参数设置

3. 即付年金终值的计算

仍以例 3-2 为例，若该款项为每年年初存入银行，则即付年金终值为多少？

FV(0.1, 3, −20 000, 0, 1) = 72 820 元，参数设置如图 3-3 所示。

图 3-3　FV 函数参数设置

(二) 复利现值函数

复利现值与复利终值是一对相对的概念。复利现值包括普通复利现值、普通年金现值和即付年金现值。

复利现值函数的语法如下：

　　= PV(Rate, Nper, Pmt, Fv, Type)

1. 普通复利现值的计算

【例 3-3】 某人拟在 5 年后获得本利和 20 000 元，投资报酬率为 10%，计算他现在应投入的金额。

PV(0.1, 5, 0, 20 000, 0) = −12 418.426 46 元，参数设置如图 3-4 所示。

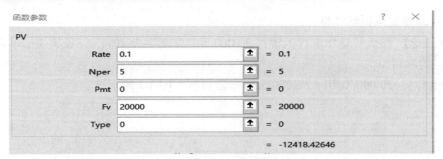

图 3-4　PV 函数参数设置

2. 普通年金现值的计算

【例 3-4】 某人要购买一项养老保险，购买成本为 60 000 元，该保险可以在 20 年内于每月末回报 500 元，投资报酬率为 8%，计算并判断这笔投资是否值得。

PV(0.08/12, 20*12, 500, 0, 0) = −59 777.145 85 元，参数设置如图 3-5 所示。

由于养老保险的现值 59 777.145 85 元小于实际支付的现值 60 000 元，因此，这项投资不合算。

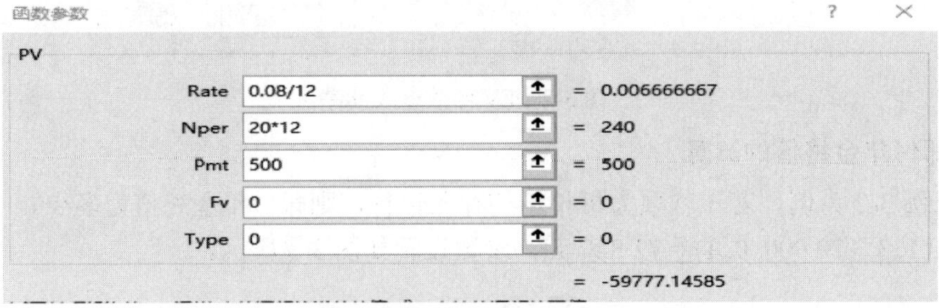

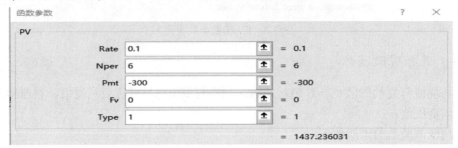

图 3-5　PV 函数参数设置

3. 即付年金现值的计算

【例 3-5】 用 6 年时间分期付款购物，每年年初预付 300 元，设银行利率为 10%，该项分期付款相当于一次现金交付的货款是多少？

PV(0.1, 6, 300, 0, 1) = −1437.236 031 元，参数设置如图 3-6 所示。

图 3-6　PV 函数参数设置

(三) 年金函数

年金函数名为 PMT。年金函数的用途是基于固定利率及等额分期付款方式，返回投资或贷款的每期付款额。

年金函数的语法如下：

= PMT (Rate, Nper, Pv, Fv, Type)

【例 3-6】　若需要 12 个月付清的年利率为 8%的 10 000 贷款，计算每月支付额。

PMT(0.08/12, 12, 10 000, 0, 0) = −869.884 290 9 元，参数设置如图 3-7 所示。

图 3-7　PMT 函数参数设置

(四) 年金中的利息函数

年金中的利息函数名为 IPMT。年金中的利息函数的用途是基于固定利率及等额分期付款方式，返回投资或贷款在某一给定期次内的利息偿还额。

年金中的利息函数的语法如下：

= IPMT(Rate, Per, Nper, Pv, Fv, Type)

【例 3-7】　某企业取得 3 年期贷款，本金为 8 000 元，年利率为 10%，参数设置如图 3-8 所示。

若按年支付贷款利息，则第一年支付贷款利息 = IPMT(0.1, 1, 3, 8 000) = −800 元。

图 3-8　IPMT 函数参数设置

(五) 年金中的本金函数

年金中的本金函数名为 PPMT。年金中的本金函数的用途是基于固定利率及等额分期付款方式，返回投资在某一给定期间内的本金偿还额。

年金中的本金函数的语法如下：

= PPMT(Rate, Per, Nper, Pv, Fv, Type)

【例 3-8】　某企业租用一台设备，设备租金为 24 000 元，年利率为 8%，每年年末支付租金，租期 5 年。

(1) 每期支付租金 = PMT(0.08, 5, −24 000, 0, 0) = 6010.954 91 元，参数设置如图 3-9 所示。

(2) 第 2 年支付的本金 = PPMT(0.08, 2, 5, −24 000, 0) = 4 418.231 302 元，参数设置如图 3-10 所示。

(3) 第 2 年支付的利息 = IPMT(0.08, 2, 5, −24 000, 0) = 1 592.723 607 元，参数设置如图 3-11 所示。

从上述数据中可以知道，PMT() = PPMT() + IPMT()。

图 3-9　PMT 函数参数设置

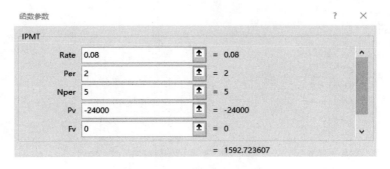

图 3-10　PPMT 函数参数设置

图 3-11　IPMT 函数参数设置

(六) 计息期数函数

计息期数函数名为 NPER。计算期数函数的用途是基于固定利率及等额分期付款方式，返回某项投资(或贷款)的总期数。

计算期数函数的语法如下:

= NPER(Rate, Pmt, Pv, Fv, Type)

【例 3-9】A 公司准备从 B 公司购买一台设备，B 公司有两种销货方式供 A 公司选择: 一是一次全额付款 90 万元; 二是分若干年每年年初付款 15 万元。假设资金成本率为 10%，如果 A 公司选择第二种付款方式，B 公司在签订合同时可接受的收款次数至少为多少次，其收入才不低于一次性全额收款？

由于 A 公司和 B 公司一个属于付款，另一个属于收款，所以 Pmt 和 Pv 必须有一个用负数表示，则可接受的收款次数 = NPER(0.1，150 000，−900 000，0，1) = 8.272 540 897 次。因为收款次数应为正整数，并且不能小于 8.272 540 897，所以收款次数至少为 9 次。

参数设置如图 3-12 所示。

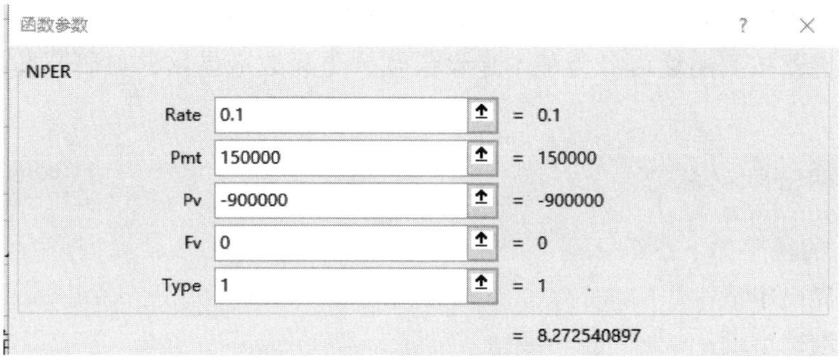

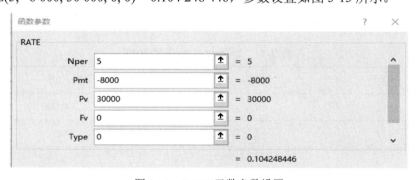

图 3-12　NPER 函数参数设置

(七) 利率函数

利率函数名为 RATE。利率函数的用途是返回年金的各期利率。

利率函数的语法如下：

= RATE(Nper, Pmt, Pv, Fv, Type)

【例 3-10】　某企业贷款 30 000 元，租期为 5 年，每年年末支付租金 8 000 元。求该企业的支付利率。

RATE(5, −8 000, 30 000, 0, 0) = 0.104 248 446，参数设置如图 3-13 所示。

图 3-13　RATE 函数参数设置

任务二　长期借款筹资

一、长期借款的概念

长期借款指向银行或其他非银行金融机构借入的、期限在 1 年以上的各种借款。长期借款主要用于购建固定资产和满足企业营运资金的需要。企业对长期借款所支付的利息，通常在所得税前扣除。

(一) 长期借款的种类

(1) 长期借款按提供贷款的机构可分为政策性银行借款、商业性银行借款和其他金融机构借款。

(2) 长期借款按有无抵押品担保可分为抵押借款和信用借款。

(3) 长期借款按其用途可分为基本建设借款、更新改造借款、科研开发和新产品试制借款等。

(二) 长期借款的程序

银行借款的程序如下：

(1) 企业提出申请；

(2) 银行进行审批；

(3) 签订借款合同；

(4) 企业取得借款；

(5) 企业偿还借款。

二、长期借款的基本模型

利用长期借款基本模型，用户可以根据不同的借款金额、借款年利率、借款年限、每年还款期数中任意一个或几个因素的变化来分析每期偿还金额的变化，从而作出相应的决策。

【例 3-11】 A 企业由于经营需要，申请了一笔长期借款，数据如表 3-1 所示，企业每期偿还的金额为多少元？

表 3-1　A 企业长期借款数据

序号	项　　目	数　　据
1	借款金额/元	1 000 000
2	借款年利率	9%
3	借款年限/年	3
4	每年还款期数/期	2
5	总还款期数/期	6

由于该企业发生的借款业务属于定期定额支付且利率固定的情况，所以可以采用 Excel 中的年金函数 PMT() 来计算。PMT() 函数返回一个 Double 值，表示根据固定付款额和固定利率计算借款的付款额。

首先打开工作簿，在工作簿中插入一个工作表，命名为"长期借款模型"。在"长期借款模型"工作表上建立基本结构，如图 3-14 所示。

	A	B	C	D	E	F	G
1	长期借款模型						
2	借款金额（元）	1,000,000.00					
3	借款年利率（%）	9%					
4	借款年限（年）	3					
5	每年还款次数(期)	2					
6	总还款期数（期）	6					
7	还款期	第一期	第二期	第三期	第四期	第五期	第六期
8		1	2	3	4	5	6
9	每期偿还金额（年）	¥-193,878.39	¥-193,878.39	¥-193,878.39	¥-193,878.39	¥-193,878.39	¥-193,878.39
10	期中：本金	¥-148,878.39	¥-155,577.91	¥-162,578.92	¥-169,894.97	¥-177,540.25	¥-185,529.56
11	利息	¥-45,000.00	¥-38,300.47	¥-31,299.47	¥-23,983.41	¥-16,338.14	¥-8,348.83
12	本利和	¥-193,878.39	¥-193,878.39	¥-193,878.39	¥-193,878.39	¥-193,878.39	¥-193,878.39

图 3-14　长期借款模型

(1) 总还款期数 = 借款年限 × 每年还款期数，即 B6 = B4*B5=6。

(2) 每期偿还金额 = PMT(借款年利率/每年还款期数, 总还款期数, 借款金额)，即 B9 = PMT(B3/B5, B6, B2) = -193 878.39。

上述的分期偿还借款基本模型建立以后，工作表中的各单元格之间建立了有效的动态链接，用户可以直接输入或改变借款金额、借款年利率、借款年限、每年还款期数中的任意一个或多个因素的值来观察每期偿还金额的变化，选择一种对当前企业合适的固定偿还金额进行贷款。

每一期在计算利息和本金的时候，注意期数的变化。以第三期为例，参数设置如图 3-15、图 3-16 所示。

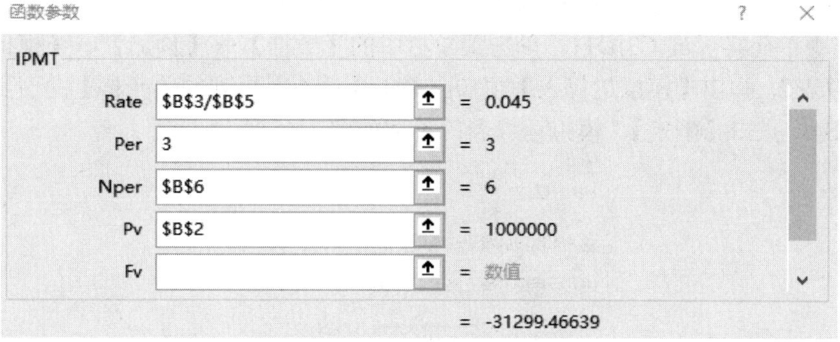

图 3-15　IPMT 函数参数设置

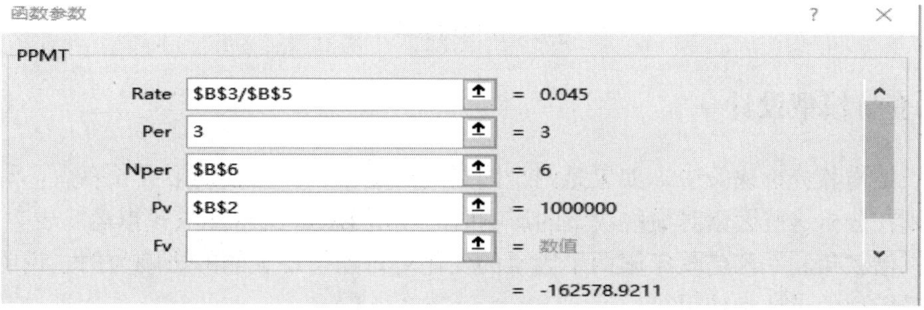

图 3-16　PPMT 函数参数设置

三、单变量模型设计

Excel 的模拟运算表可以显示一个或多个公式中替换不同值时的结果。模拟运算表有两种类型：单变量模拟运算表和双变量模拟运算表。在单变量模拟运算表中，用户可以对一个变量键入不同的值，从而查看它对一个或多个公式的影响。在双变量模拟运算表中，用户对两个变量输入不同的值，从而查看它对一个公式的影响。

单变量模拟运算表可以指定一个变量值，输入公式后，系统会自动将该变量与公式逐一运算，并将结果放在对应的单元格上。

【例 3-12】 假设 A 企业需要贷款 1 200 000 元，可选择的利率从 3%～11%不等，在 10 年内还清，可以使用单变量模拟运算表来计算该企业的每月还贷金额。

(1) 根据以上数据创建模拟运算表，在单元格 D3 中输入公式"= PMT(B4/B8, B10, B2)"。计算结果如图 3-17 所示。

	A	B	C	D
1	长期借款单变量模型			
2	借款金额（元）	1,200,000.00	年利率变化	每月偿还
3			3%	￥-11,587.29
4	借款年利率（%）	3%	4%	￥-12,149.42
5			5%	￥-12,727.86
6	借款年限（年）	10	6%	￥-13,322.46
7			7%	￥-13,933.02
8	每年还款次数（期）	12	8%	￥-14,559.31
9			9%	￥-15,201.09
10	总还款期数（期）	120	10%	￥-15,858.09
11			11%	￥-16,530.00

图 3-17　长期借款单变量模型的运算结果

(2) 选中单元格区域 C3:D11，单击菜单栏中的【数据】→【预测】→【模拟分析】→【模拟运算表】，弹出【模拟运算表】窗口，单击【输入引用列的单元格】的引用按钮，选择单元格 B4，点击【确定】，模拟运算表的参数如图 3-18 所示。

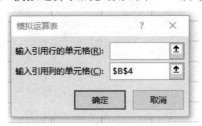

图 3-18　模拟运算表的参数

四、双变量模型设计

在长期借款分析决策中，如果是两个因素同时变化，如借款期限有长有短，利率有高有低，则在分析这些因素对最终决策的影响时应使用 Excel 的双变量模拟运算表。

现以借款年利率和借款年限两个因素的变化对每期偿还金额的影响为例，说明长期借款双变量模型的设计和使用。

【例 3-13】　已知某企业需要贷款 100 万元，年利率的范围为 4%～11%，贷款年限可以为 8 年、9 年、10 年、11 年、12 年。计算企业在不同条件下的每月可偿还金额。

（1）设置模型结构。

选择"长期借款模型"工作表。在 A5:A12 中输入各种可能的借款年利率。在 B4:F4 中输入各种可能的借款年限。

根据每月偿还金额 = PMT(借款年利率/每年还款期数，借款年限 × 每年还款期数，借款金额)，在行与列的交叉单元格 A4 中输入目标函数 PMT()，即"= PMT(F2/12,D2*12,B2)"，参数设置如图 3-19 所示。

图 3-19　PMT 函数参数设置

（2）设置模拟运算表中的参数。

单击菜单栏中的【数据】→【预测】→【模拟分析】→【模拟运算表】，弹出【模拟运算表】窗口，单击【输入引用行的单元格】的引用按钮，选择单元格 D2，单击【输入引用列的单元格】的引用按钮，选择单元格 F2，点击【确定】，参数设置如图 3-20 所示。此时分析值便自动显示在双变量分析表中，也就完成了长期借款双变量模型的建立，运算结果如图 3-21 所示。

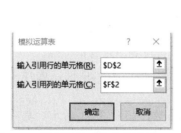

	A	B	C	D	E	F
1	长期借款双变量模型					
2	贷款金额	1000000	贷款年限	8	贷款利率	4%
3	每月还款额	贷款年限变化区间		8年-12年	利率变化区间	4%-11%
4	¥-12,189.28	8	9	10	11	12
5	4%	¥-12,189.28	¥-11,040.97	¥-10,124.51	¥-9,376.67	¥-8,755.28
6	5%	¥-12,659.92	¥-11,517.27	¥-10,606.55	¥-9,864.49	¥-9,248.90
7	6%	¥-13,141.43	¥-12,005.75	¥-11,102.05	¥-10,367.03	¥-9,758.50
8	7%	¥-13,633.72	¥-12,506.28	¥-11,610.85	¥-10,884.10	¥-10,283.81
9	8%	¥-14,136.68	¥-13,018.71	¥-12,132.76	¥-11,415.45	¥-10,824.53
10	9%	¥-14,650.20	¥-13,542.91	¥-12,667.58	¥-11,960.80	¥-11,380.31
11	10%	¥-15,174.16	¥-14,078.69	¥-13,215.07	¥-12,519.88	¥-11,950.78
12	11%	¥-15,708.43	¥-14,625.86	¥-13,775.00	¥-13,092.35	¥-12,535.55

图 3-20　模拟运算表的参数设置　　　　图 3-21　长期借款双变量模型的运算结果

应用上述长期借款双变量模型，用户可以观察在两个因素不同组合下的长期借款分析结果。当长期借款方案发生变化时，用户只需改变第一变量或第二变量所在的行和列的值或者其他因素的值，模型便重新计算出双变量分析表中的值。

五、长期借款筹资模型

【例 3-14】　M 公司向银行申请 5 000 000 元工业贷款，贷款年利率为 10%，借款期限为 5 年。请用长期借款模型确定不同的还款期(按年还款、半年还款、季度还款和每月还款)、不同的还款时点(期初和期末)下每期偿还的金额。利用模拟运算表设计在利率为 3%～10%、借款年限为 2～5 年的条件下的每期还款额。

计算过程如下：

(1) 创建新工作簿，命名为"分期偿还借款基本模型"。如图 3-22 所示，在该工作表上输入借款类型、借款金额、借款利率、还款年限，通过公式的数据引用即可核算出不同时点、不同还款期的每期偿还额及总还款额，如图 3-22 所示。

	A	B	C	D	E
1	分期偿还借款基本模型			分期偿还条件	
2	借款类型	长期借款		还款时间点	还款方式
3	借款金额（元）	5000000		期末	按年还款
4	借款利率（%）	10%		期初	半年还款
5	借款年限（年）	5			季度还款
6	还款时间点	期初 ▼			每月还款
7	还款方式	按年还款 ▼			
8	总还款次数	5			
9	每期款款额（元）	¥-1,199,079.46			
10	总还款额（元）	¥-5,995,397.29			
11					
12	分期偿还借款双变量计算模型				
13					
14	借款利率	借款年限			
15	¥-1,199,079.46	2	3	4	5
16	3%	¥-2,590,361.45	¥-1,748,612.21	¥-1,319,849.39	¥-1,059,973.65
17	4%	¥-2,619,047.62	¥-1,775,312.07	¥-1,342,913.49	¥-1,079,938.05
18	5%	¥-2,647,058.82	¥-1,801,705.76	¥-1,365,860.44	¥-1,099,879.99
19	6%	¥-2,674,418.60	¥-1,827,794.56	¥-1,388,686.09	¥-1,119,794.34
20	7%	¥-2,701,149.43	¥-1,853,579.98	¥-1,411,386.55	¥-1,139,676.14
21	8%	¥-2,727,272.73	¥-1,879,063.72	¥-1,433,958.20	¥-1,159,520.62
22	9%	¥-2,752,808.99	¥-1,904,247.66	¥-1,456,397.67	¥-1,179,323.20
23	10%	¥-2,777,777.78	¥-1,929,133.86	¥-1,478,701.83	¥-1,199,079.46

图 3-22　每期偿还额及总还款额

(2) 建立还款时点的组合控件，具体步骤如下：

① 单击【开发工具】选项卡中【插入】按钮下方的小箭头，单击【表单控件】中的【组合框(窗体控件)】按钮。

② 在单元格 B6 中按下鼠标左键并拖动至合适大小，即可绘制出组合框控件。

③ 在【组合框】控件上单击鼠标右键，打开【设置控件格式】对话框，选择【控制】项。

④ 选择数据源区域(D3:D4)、单元格链接和下拉显示项数，如图 3-23 所示。其中单元格链接 B6，即将组合框控件当前被选中项目的返回值存入该链接的单元格。

图 3-23　【设置控件格式】对话框

（3）建立还款方式组合框。数据源区域为 E3:E6，单元格链接为 B7，在下面显示项数中输入 4，表示有 4 种还款方式。

（4）在单元格 B8 中输入公式"=IF(B7=1,B5*1,IF(B7=2,B5*2,IF(B7=3,B5*4, B5*12)))"，计算借款期内的总还款次数。

（5）在单元格 B9 中输入公式"=PMT(5*B4/B8, B8, B3, 0, B6-1)"，计算每期的偿还额，参数设置如图 3-24 所示。

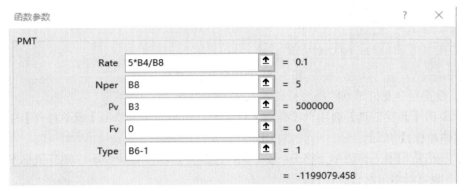

图 3-24　PMT 函数参数设置

（6）在单元格 B10 中输入公式"=B8*B9"，计算总偿还额。

（7）在单元格 A15 中输入公式"=PMT(5*B4/B8, B8, B3, 0, B6-1)"，选择单元格区域 A15:E23，单击菜单栏中的【数据】→【预测】→【模拟分析】→【模拟运算表】，弹出【模拟运算表】窗口，单击【输入引用行的单元格】，选择单元格 B5，单击【输入引用列的单元格】，选择单元格 B4，最后点击【确定】。

六、租赁筹资分析

租赁是承租人以支付租金的形式向出租人租用某种资产的一种契约行为。租赁活动由来已久。信贷租赁综合了传统租赁和分期付款的特点，在金融市场上发挥了投资、融资和促销三重作用，其中，融资功能最为明显。目前，租赁业务已成为企业普遍采用的筹资方式。租赁业务通常分为经营租赁和融资租赁两大类。

在融资租赁中，财务管理人员要根据不同的租赁途径、租赁期限、利息率、租金数额、支付方式等因素进行分析，对多个备选方案进行比较后，选择一种最合适的方案，为管理者融资租赁决策提供重要依据。在我国租赁业务中，租金一般采用等额年金的方法。下面我们将利用 PMT()函数建立租赁模型。

【例 3-15】某企业 2020 年 1 月 1 日从一租赁公司租入 A 设备一台，设备的购置成本为 500 万元，双方商定，租期为 6 年，年利率按 15%计算，租金可以采用按年、按半年、按季度、按月在每个期间的期末或期初支付，请核算该设备不同时点的应付租金额。

计算过程如下：

（1）设计工作表格，建立"租赁筹资分析模型"，输入设备购置成本、租期、租赁年利率，选择租金支付时点和租金支付方式，即可核算不同时点的每期应付租金及应付租金总额。租赁筹资分析模型如图 3-25 所示。

	A	B	C	D	E
1	租赁筹资分析模型				
2	租赁项目名称	A设备		租金支付时点	租金支付方式
3	设备购置成本（万元）	500		期末	按年支付
4	租金支付时点	期初 ∨		期初	半年支付
5	租金支付方式	每月支付 ∨			季度支付
6	租期（年）	6			每月支付
7	每年支付次数	12			
8	总付款次数	72			
9	租赁年利率	15%			
10	每期应付租金（万元）	￥-10.44			
11	应付租金总额（万元）	￥-751.82			

图 3-25　租赁筹资分析模型

(2) 设置租金支付时点的组合控件，具体步骤如下：

① 单击【开发工具】选项卡【插入】按钮下方的小箭头，单击【表单控件】中的【组合框(窗体控件)】按钮。

② 在租赁模型工作表单元格 B4 按下鼠标左键并拖动至合适大小，松开鼠标左键，在工作表中即可绘制出组合框控件。

③ 右击工作表中的组合框控件，然后单击快捷菜单【设置对象格式】命令，打开【设置对象格式】对话框，选择【控制】项。

④ 选择数据源区域为 D3:D4、单元格链接为 B4 和下拉显示项数为 2，其中单元格链接标识链接的单元格 B4，即将组合框控件当前被选中项目的返回值存入该链接的单元格。

(3) 建立租金支付方式组合框。数据源区域为 E3:E6，单元格链接为 B5，下拉显示项数为 4，表示有 4 种还款方式。

(4) 在单元格 B7 中输入每年支付次数的公式 "=IF(B5=1, 1, IF(B5=2, 2, IF(B5=3, 4, 12)))"。

(5) 在单元格 B8 中输入总付款次数的计算公式 "=B6*B7"。

(6) 在单元格 B10 中输入公式 "=PMT(B9/B7, B8, B3, 0, B4-1)"。

(7) 在单元格 B11 中输入公式 "=B8*B10"。

任务三　模拟运算表单变量、双变量运算

一、PRODUCT()和 SUMPRODUCT()函数

（一）PRODUCT()乘积函数

PRODUCT 函数用于计算所有参数的乘积，其用法和 SUM 函数类似，SUM 函数是求和，PRODUCT 函数是求乘积。可以使用键盘上的 "*" 表示公式中的乘法运算，但是当数据较多时，还是使用函数 PRODUCT 方便。

语法如下：

　　PRODUCT(Number1, Number2, …)

该函数的用途是计算所有参数的乘积。

【例 3-16】　某公司采购 A 产品，数量为 500 公斤，单价为 12 元/公斤，汇率为 7.8，运用乘积函数计算企业支付的金额。

参数设置如图 3-26 所示，运算结果如图 3-27 所示。

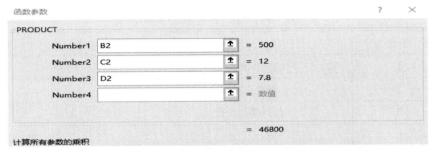

图 3-26　PRODUCT 函数参数设置

	A	B	C	D	E	F
1	产品	数量	单价	汇率	金额	公式
2	A产品	500	12	7.8	46800	B2*C2*D2
3		500	12	7.8	46800	PRODUCT(B2,C2,D2)

图 3-27　运算结果

(二) SUMPRODUCT()乘积求和函数

SUMPRODUCT 函数的功能是在给定的几组数组中将数组间对应的元素相乘，并返回乘积之和，也就是计算两个以上数组的乘积的和。

语法如下：

SUMPRODUCT(Array1,Array2,Array3)乘积函数

该函数的用途是计算所有参数乘积后求和。

【例 3-17】　某公司销售 A、B、C、D、E、F、G 七种产品，已知单价、销量，计算总销售额。

计算结果如图 3-28 所示，参数设置如图 3-29 所示。

	A	B	C	D	E
15	商品名称	单价	销售量	销售额	公式
16	A产品	55	8000	440000	B16*C16
17	B产品	141	6000	846000	B17*C17
18	C产品	64	750	48000	B18*C18
19	D产品	158	5500	869000	B19*C19
20	E产品	258	850	219300	B20*C20
21	F产品	125	5600	700000	B21*C21
22	G产品	525	980	514500	B22*C22
23	总销售额	公式求和		3636800	SUM(D16:D22)
24		函数求解		3636800	SUMPRODUCT(B16:B22,C16:C22)

图 3-28　计算结果

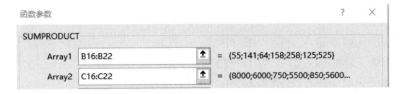

图 3-29　SUMPRODUCT 函数参数设置

二、模拟运算表单变量求解

【例 3-18】 某期货市场中 A 产品 12 月份的交易情况如表 3-2 所示。

表 3-2　A 产品 12 月份的交易情况

序号	项　目	数　据
1	CIF 单价/美元	12.15
2	每次交易量	150.00
3	每月交易次数	3.00
4	美元汇率	7.78

若汇率分别为 7.98、7.88、7.78、7.68、7.58、7.48，试用模拟运算表计算 A 产品在不同汇率下的月交易额和年交易额。

计算过程如下：

(1) 在 B6 单元格中输入公式"=B3*B4"。

(2) 在 B7 单元格中输入公式"=B6*12"。

(3) 在 B8 单元格中输入公式"=B6*B2*B5"。

(4) 在 B9 单元格中输入公式"=B7*B2*B5"。

(5) 在 D3 单元格中输入"=PRODUCT(B2, B5, B6)"。

(6) 在 E3 单元格中输入"=PRODUCT(B2, B5, B7)"。

选中单元格区域 C3:E9，单击菜单栏中的【数据】→【预测】→【模拟分析】→【模拟运算表】，弹出【模拟运算表】窗口，单击【输入引用列的单元格】，选择单元格 B5，单击【确定】，计算结果如图 3-30 所示。

	A	B	C	D	E
1	A产品交易情况计算表				
2	CIF单价（美元）	$12.15	汇率	月交易额	年交易额
3	每次交易量	150.00	7.78	42,537.15	510,445.80
4	每月交易次数	3.00	7.98	43,630.65	523,567.80
5	美元汇率	7.78	7.88	43,083.90	517,006.80
6	月交易量	450.00	7.78	42,537.15	510,445.80
7	年交易数量	5,400.00	7.68	41,990.40	503,884.80
8	月交易额（人民币）	42,537.15	7.58	41,443.65	497,323.80
9	年交易额（人民币）	510,445.80	7.48	40,896.90	490,762.80

图 3-30　计算结果

三、模拟运算表双变量求解

【例 3-19】 承例 3-18，假如汇率为 7.98、7.88、7.78、7.68、7.58、7.48，单价为$11.65、$12.45、$13.85、$14.15，计算汇率和价格两种因素变化对年交易额的影响。

计算过程如下：

(1) 在 B6 单元格中输入公式"=B3*B4"。

(2) 在 B7 单元格中输入公式"=B6*12"。

(3) 在 B8 单元格中输入公式"=B7*B2*B5"。

(4) 在 C2 单元格中输入"=PRODUCT(B7, B2, B5)"。

选中单元格区域 C2:G8，单击菜单栏中的【数据】→【预测】→【模拟分析】→【模拟运算表】，弹出【模拟运算表】窗口，单击【输入引用列的单元格】选择单元格 B5，单击【输入引用行的单元格】，选择单元格 B2，单击【确定】。计算结果如图 3-31 所示。

	A	B	C	D	E	F	G
1	A产品交易情况试算表						
2	CIF单价	$12.15	¥510,445.80	$11.65	$12.45	$13.85	$14.15
3	每次交易数量	150.00	7.98	¥502,021.80	¥536,495.40	¥596,824.20	¥609,751.80
4	每月交易次数	3.00	7.88	¥495,730.80	¥529,772.40	¥589,345.20	¥602,110.80
5	美元汇率	7.78	7.78	¥489,439.80	¥523,049.40	¥581,866.20	¥594,469.80
6	月交易数量	450.00	7.68	¥483,148.80	¥516,326.40	¥574,387.20	¥586,828.80
7	年交易数量	5,400.00	7.58	¥476,857.80	¥509,603.40	¥566,908.20	¥579,187.80
8	年交易额（人民币）	510,445.80	7.48	¥470,566.80	¥502,880.40	¥559,429.20	¥571,546.80

图 3-31 计算结果

任务四 资本成本和最优资本结构

一、资本成本的概念

资本成本是企业为筹集和使用资金而付出的代价。资本成本包括筹资费用和资金占用费。筹资费用是指因获得资金而付出的代价，主要有手续费、发行股票和债券的发行费用等。资金占用费是指因使用资金而付出的代价，主要有股息、利息等。资本成本包括个别资本成本、综合资本成本、边际资本成本等。资本成本率的基本计算公式为

资本成本率 = 资金使用费/(筹资总额 − 筹资费用) × 100%

二、资本成本的计算

(一) 个别资本成本

个别资本成本是指单一融资方式的资本成本，包括债务资本成本、权益资本成本。

1. 债务资本成本

债务资本成本包含银行借款资本成本和债券资本成本。其资本成本率的计算公式如下：

$$银行借款资本成本率 = 借款总额×借款年利率×\frac{1-所得税税率}{借款总额×(1-筹资费用率)}×100\%$$

$$债券资本成本率 = 债券面值×年利率×\frac{1-所得税税率}{筹资总额×(1-筹资费用率)}×100\%$$

【例 3-20】 某公司发行总面额为 1 000 万元的 10 年期债券，票面利率为 12%，发行费用率为 5%，公司所得税税率为 25%。

债券的成本率为

$$Kb = \frac{1\ 000×12\%×(1-25\%)}{1\ 000×(1-5\%)}×100\% = 9.47\%$$

2. 权益资本成本

权益资本成本分为优先股资本成本、普通股资本成本和留存收益资本成本。

优先股资本成本包括筹资企业为筹集资金所花费的筹资费用以及向优先股股东支付的股利。优先股成本率的计算公式如下：

$$优先股资本成本率 = \frac{优先股股利}{筹资总额 \times (1 - 筹资费用率)} \times 100\%$$

普通股资本成本包括筹资费和使用费两部分，使用费是公司支付给股东的股利。普通股资本成本率的计算公式如下：

$$普通股资本成本率 = \frac{预期股利}{筹资总额 \times (1 - 筹资费率)} \times 100\% + 股利增长率$$

留存收益是股东权益的一部分，是企业内部的资金来源。留存收益资本成本率计算公式如下：

$$留存收益成本率 = \frac{预期股利}{筹资总额} \times 100\% + 股利增长率$$

(二) 综合资本成本的计算

综合资本成本是指多元化融资方式下的资本成本，它反映企业资本成本的整体水平。综合资本成本率的计算公式如下：

$$综合资本成本率 = \sum (个别资本成本率 \times 个别资金占全部资金的比重)$$

$$K_w = \sum_{j=1}^{n} K_j W_j$$

其中：K_w 为加权平均资本成本率；K_j 为第 j 种个别资本成本率；W_j 为第 j 种个别资金占全部资金的比重。

【例 3-21】 某企业账面反映的长期资金共 500 万元，其中长期借款 100 万元，应付长期债券 50 万元，普通股 250 万元，留存收益 100 万元，其成本率分别为 6.7%、9.17%、11.26%、11%。

该企业的综合资本成本率(加权平均资本成本率)为

$$\frac{100 \times 6.7\% + 50 \times 9.17\% + 250 \times 11.26\% + 100 \times 11\%}{500} \times 100\%$$

计算过程如下：

(1) 在 B7 单元格输入 "=SUM(B3:B6)"。

(2) 在 C7 单元格输入 " =SUMPRODUCT(B3:B6,C3:C6)/B7"。

计算结果如图 3-32 所示。

项　目	金　额	资本成本率
	综合资本成本率	
长期借款	1000000	6.70%
长期债券	500000	9.17%
普 通 股	2500000	11.26%
保留盈余	1000000	11.00%
综合资本成本率	5000000	10.09%

图 3-32　计算结果

三、资本成本模型设计

【例 3-22】 假设 A 企业账面反映的长期资金共 1 700 万元。其中，3 年期长期借款 300 万元，年利率 11%，每年付息一次，到期一次还本，筹资费用率为 0.5%；发行 10 年期债券共 500 万元，票面利率 12%，发行费用 5%；

发行普通股 800 万元，预计第一年股利率 14%，以后每年增长 1%，筹资费用率 3%；此外公司保留盈余 100 万元。公司所得税税率为 25%。要求计算各种筹资方式的资本成本率和综合资本成本率。

计算过程如下：

打开工作簿，创建新工作表 "A 企业个别资本成本和综合资本成本率"。

(1) 在 B7 单元格中输入公式 "=B4*(1-B5)/(1-B6)"。

(2) 在 D7 单元格中输入公式 "=D4*(1-D5)/(1-D6)"。

(3) 在 B13 单元格中输入公式 "=B9*(1-B11)+B12"。

(4) 在 D12 单元格中输入公式 "=D9+D11"。

(5) C16=B3，C17=D3，C18=B10，C19=D10。

(6) D16=B7，D17=D7，D18=B13，D19=D12。

(7) 在 C20 单元格中输入 "=SUM(C16:C19)"。

(8) 在 D20 单元格中输入 "=SUMPRODUCT(C16:C19, D16:D19)/C20"。

通过各筹资方式的资本成本率所在单元格的公式设定，在已知其他变量数据的条件下，即可求出各种方式下的资本成本率和综合资本成本率。

注意：应把各项资本成本率所在单元格的格式设置为 "百分比" 格式，且保留小数点后 2 位。方法是：选中要调整的单元格，点击鼠标右键，打开【设置单元格格式】窗口，在【数字】菜单的【分类】显示框中选择【百分比】，【小数位数】输入 "2"，计算结果如图 3-33 所示。

	A	B	C	D
1	A企业个别资本成本率和综合资本成本率			
2	长期借款		长期债券	
3	长期借款（万元）	300	长期债券（万元）	500
4	长期借款利率	11%	长期债券利率	12%
5	所得税税率	25%	所得税税率	25%
6	长期借款筹资费用率	0.50%	长期债券筹资费用率	5%
7	长期借款资本成本率	8.29%	长期债券资本成本率	9.47%
8	普通股		保留盈余	
9	预计股利率	14%	预计股利率	14%
10	普通股（万元）	800	保留盈余（万元）	100
11	普通股筹资费用率	3%	股利增长率	1%
12	股利增长率	1%	保留盈余资本成本率	15%
13	普通股资本成本率	14.58%		
14	综合资本成本率			
15	项目		金额（万元）	资本成本率
16	长期借款		300	8.29%
17	长期债券		500	9.47%
18	普通股		800	14.58%
19	保留盈余		100	15.00%
20	综合资本成本率		1700	11.99%

图 3-33　个别资本成本率和综合资本成本率计算结果

四、最优资本结构决策模型设计

资本结构是指企业各种资本的组成结构和比例关系，实质是企业负债和所有者权益之间的比例关系。它是企业筹资的核心问题。

最优资本结构是指在一定条件下，使企业的综合资本成本最低，同时使企业价值最大的资本结构。它是企业的目标资本结构。

确定最优资本结构的方法主要有比较资本成本法、每股收益无差别点分析法、比较公司价值法，这里仅介绍比较资本成本法和每股收益无差别点分析法。

(一) 比较资本成本法

比较资本成本法是先计算不同筹资方案的加权平均资本成本，然后选择加权平均资本成本最低的方案作为最佳资本结构。该法通常应用于初始筹资决策，也可以在追加筹资时应用。

【例3-23】 某公司欲筹资1 000万元，有三种方案可供选择，如表3-3所示，请选择最佳筹资方案。

表3-3 筹资组合资本成本

筹资方式	A方案		B方案		C方案	
	筹资金额/万元	个别资本成本率	筹资金额/万元	个别资本成本率	筹资金额/万	个别资本成本率
长期借款	100	6%	100	6.5%	200	7%
长期债券	200	8%	300	8%	400	10%
优先股	100	12%	100	12%	100	12%
普通股	600	15%	500	15%	300	15%
合计	1 000		1 000		1 000	

单元格C9、E9、G9分别代表A、B、C方案的综合资本成本率。在相应单元格中输入：

=SUMPRODUCT(B4:B7,C4:C7)/B8

=SUMPRODUCT(D4:D7,E4:E7)/D8

=SUMPRODUCT(F4:F7,G4:G7)/F8

计算结果如下：

A方案综合资本成本率(C9)=12.40%

B方案综合资本成本率(E9)=11.75%

C方案综合资本成本率(G9)=11.10%

根据计算结果比较分析得出，C方案的资本成本率最低(见图3-34)，应选择C方案。

	A	B	C	D	E	F	G
1	最优资本结构						
2	筹资方式	A方案		B方案		C方案	
3		筹资金额	个别资本成本率	筹资金额	个别资本成本率	筹资金额	个别资本成本率
4	长期借款	100	6%	100	6.50%	200	7%
5	长期债券	200	8%	300	8%	400	10%
6	优先股	100	12%	100	12%	100	12%
7	普通股	600	15%	500	15%	300	15%
8	合计	1000		1000		1000	
9	综合资本成本率		12.40%		11.75%		11.10%

图3-34 计算结果

(二) 每股收益无差别点分析法

每股收益无差别点分析法是将企业的盈利能力与负债对股东财富的影响结合起来，分析资本结构与每股收益之间的关系，进而确定合理的资金结构的方法，也称息税前利润每股收益(EBIT-EPS)分析法。它是利用息税前利润和每股收益之间的关系来确定最优资金结构的方法。

所谓每股收益无差别点，是指使不同筹资方式下的每股收益(EPS)相等时的息税前利润(EBIT)和业务量水平。

每股收益无差别点的计算公式为

$$[(EBIT-I1)*(1-T)-D1]/N1 = [(EBIT-I2)*(1-T)-D2]/N2$$

式中，EBIT 为每股收益无差别点的息税前利润；I1、I2 为两种筹资方式下的年利息；D1、D2 为两种筹资方式下的年优先股股利；N1、N2 为两种筹资方式下的普通股股数；T 为所得税税率。

这种方法的决策程序为：计算出每股收益无差别点；做每股收益无差别点散点图；选择最佳筹资方式。

【例 3-24】 某公司发行普通股 1 500 万股(每股面值 1 元)，发行利率 5%的债券 1 500 万元，该公司打算为一个新的项目融资 3 000 万元。现有两个方案可供选择：

方案 A：按每股 10 元发行新股，公司适用所得税税率为 25%。

方案 B：按 6%的利率平价发行债券。

请选择最佳筹资方案。

计算过程如下：

(1) 在 B11 单元格中输入公式"=(B10-$B$4*$D$4)*(1-$B$6)/($D$3+$H$4)"，并将 B11 单元格复制到 I11，计算 A 方案在不同息税前利润下的每股收益。

(2) 在 B12 单元格中输入公式 "=(B10-$B$4*$D$4-$F$6*$H$6)*(1-$B$6)/$D$3"，并将 B12 单元格复制到 I12，计算 B 方案在不同息税前利润下的每股收益。

(3) 在 B13 单元格中输入函数 "=IF(B11>B12, "方案 A", IF(B11=B12, "方案 A 或 B", "方案 B"))"，并将 B13 单元格复制到 I13，选取不同息税前利润所适用的最优筹资方案。

(4) 在 D15 单元格中输入公式"=(D16-B4*D4)*(1-B6)/(D3+H4)-(D16-B4*D4-F6*H6)*(1-B6)/D3"，计算两个方案的每股收益之差，并将其作为目标函数。

(5) 在【数据】选项卡单击【模拟分析】下的小箭头，选择【单变量求解】，系统弹出【单变量求解】对话框。在【目标单元格】中输入 D15，在【目标值】中输入 0，在【可变单元格】中输入 D16，单击【确定】按钮，即可求出两个方案无差别点的息税前利润。

(6) 在 D17 单元格中输入公式 "=(D16-B4*D4)*(1-B6)/(D3+H4)"，计算两个方案无差别点的每股收益。

(7) 选中单元格区域 B11:I12，单击【插入】选项卡下的【散点图】，选择【式样 2】，即可得到"每股利润与息税前利润关系图"，计算结果如图 3-35 所示，关系图如图 3-36 所示。图中结果显示，当息税前为 1 155 万元时，两个方案每股利润相等，均为 0.45 元/股；当预计息税前利润低于 1 155 万元时，应采用 A 方案；当预计息税前利润高于 1 155 万元时，方案 B 的每股利润更高，应采用 B 方案。

已知条件								
现有资本结构				新融资方案				
股 本（万元）	1500	普通股股数（万股）	1500	方案A				
债 务（万元）	1500	债务利率	5%	股票筹资（万元）	3000	新增股数（万股）	300	
现有资本（万元）	3000			方案B				
所得税税率	25%			债务筹资（万元）	3000	债务利率	6%	
计算过程								
预计息税前利润（万元）	500	700	900	1100	1300	1500	1700	1900
方案A每股利润	0.18	0.26	0.34	0.43	0.51	0.59	0.68	0.76
方案B每股利润	0.12	0.22	0.32	0.42	0.52	0.62	0.72	0.82
最优筹资方案	方案A	方案A	方案A	方案A	方案B	方案B	方案B	方案B
目标函数：方案A每股利润=方案B的每股利润	0.00							
无差别点息税前利润（万元）	1155							
无差别点每股利润（元/股）	0.45							

图 3-35   计算结果

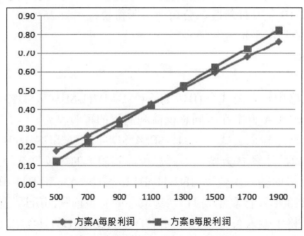

图 3-36   每股利润与息税前利润关系图

任务五　杠杆作用分析

一、经营杠杆的概念

在固定成本一定的情况下，销售量变动对利润产生的作用称为经营杠杆。经营杠杆现象是指由于固定成本的存在造成息税前利润变动率大于产销量变动率的现象。经营杠杆系数是指在固定成本一定的情况下，息税前利润变动率相当于产销量变动率的倍数，一般用DOL 表示。

二、经营杠杆的计算公式

(一) 息税前利润公式

息税前利润公式为

$$EBIT = PX - VX - F$$

式中，EBIT 为息税前利润，F 为固定成本，V 为单位变动成本，X 为销售量，P 为销售单价。

(二) 经营杠杆系数公式

经营杠杆系数公式为

$$DOL = \frac{\Delta EBIT / EBIT}{\Delta Q / Q}$$

式中，DOL 为经营杠杆系数，ΔEBIT 为息税前利润变动额，EBIT 为变动前息税前利润，ΔQ 是销售量的变动额，Q 是变动前销售量。

假定企业的成本、销量、利润保持线性关系，可变成本在销售收入中所占的比例不变，固定成本也保持稳定，经营杠杆系数便可通过销售额和成本来表示

$$DOL = \frac{Q(P - V)}{Q(P - V) - F} = Q(P - V) / EBIT$$

即

经营杠杆系数 = 销售量×(单价 − 单位变动成本)÷[销售量×(单价 − 单位变动成本) − 固定成本]

(三) 经营杠杆与经营风险

经营风险指企业因经营原因而导致利润变动的风险，影响企业经营风险的因素很多，主要有产品需求、产品售价、产品成本、调整价格的能力、固定成本的比重等。其他因素不变的情况下，固定成本越高，经营杠杆系数越大，经营风险越大。

【例 3-25】　A 企业生产一种产品，该产品每月的固定成本为 10 000 元(12 000 元、14 000 元、16 000 元、18 000 元、20 000 元)，单位变动成本为 225 元/件，销售单价为 250 元/件，分析在不同的产销量 1 000 件(250 件、350 件、400 件、640 件、1 500 件、3 500 件、8 000 件)下该企业的经营杠杆系数。

新建"经营杠杆表"工作表，输入相应的公式，建立经营杠杆系数计算与分析模型。

(1) 息税前利润 B6=D2*(B2-B3)-D3。

(2) 保本点销售量 D6=D3/(B2-B3)。

(3) 保本点销售额 F6=D6*B2。

(4) 求产销量 1 000 件经营杠杆系数 B9=D2*(B2-B3)/(D2*(B2-B3)-D3)。

(5) 模拟运算表：选中单元格区域 B8:I9，单击菜单栏中【数据】→【预测】→【模拟分析】→【模拟运算表】，在【模拟运算表】窗口中单击【输入引用行的单元格】，选择单元格 D2 单击【确定】。

(6) B11=D2*(B2-B3)/(D2*(B2-B3)-D3)。

(7) 模拟运算表：选择 B11:I17，单击菜单栏中【数据】→【预测】→【模拟分析】→【模拟运算表】，在【模拟运算表】窗口中单击【输入引用行的单元格】选择单元格 D2，【输入引用列的单元格】选择单元格 D3 单击【确定】。

经营杠杆系数计算与分析模型如图 3-37 所示。

	A	B	C	D	E	F	G	H	I
1	经营杠杆系数计算与分析模型								
2	单价（元/件）	250	初始产量	1000					
3	单位变动成本（元/件）	225	固定成本	10000					
4	模拟运算数据								
5	计算结果								
6	息税前利润	15000	保本点销量	400	保本点销售额	100000			
7	不同产量下的经营杠杆系数								
8	产销量（件）	1000	250	350	400	640	1500	3500	8000
9	经营杠杆系数	1.67	-1.67	-7.00	#DIV/0!	2.67	1.36	1.13	1.05
10	经营杠杆系数的双因素敏感分析								
11	产销量（件）	1.67	250	350	400	640	1500	3500	8000
12	月固定成本	10,000.00	-1.67	-7.00	#DIV/0!	2.67	1.36	1.13	1.05
13		12,000.00	-1.09	-2.69	-5.00	4.00	1.47	1.16	1.06
14		14,000.00	-0.81	-1.67	-2.50	8.00	1.60	1.19	1.08
15		16,000.00	-0.64	-1.21	-1.67	#DIV/0!	1.74	1.22	1.09
16		18,000.00	-0.53	-0.95	-1.25	-8.00	1.92	1.26	1.10
17		20,000.00	-0.45	-0.78	-1.00	-4.00	2.14	1.30	1.11

图 3-37　经营杠杆系数计算与分析模型

由计算结果可知，企业在固定成本一定的条件下，当产销量小于保本点销售量时，经营杠杆系数为负数，边际贡献小于固定成本；当产销量等于保本点销售量时，经营杠杆系数为无穷大，边际贡献等于固定成本；当产销量大于保本点销售量时，产销量越大，经营杠杆系数越小，经营风险越小。企业在产销量一定的情况下，固定成本越大，经营杠杆系数越大，经营风险越大。

三、财务杠杆

(一) 财务杠杆的概念

在企业资本结构一定的条件下，企业息税前利润的变动对所有者利益变动的影响，称为财务杠杆。财务杠杆现象是指由于债务利息、优先股股利等固定利息的存在，造成普通股每股收益变动率大于息税前利润变动率的现象，通常用财务杠杆系数来反映二者的关系。财务杠杆系数是指普通股每股收益变动率相当于息税前利润变动率的倍数，一般用 DFL 表示。

(二) 财务杠杆计算公式

财务杠杆计算公式为

$$DFL = 息税前利润 \div (息税前利润 - 债务利息额) = EBIT \div (EBIT - I)$$

式中：EBIT 为息税前利润额，I 为债务利息。当 DFL = 1 时，说明企业无负债，利息为 0。

(三) 财务杠杆与财务风险

其他因素不变的情况下，债务利息越多，优先股股息越高，财务杠杆系数越大，财务风险越大。

【例 3-26】　A、B、C 为三家同行业性质的公司，同期三家的经营业务数据如表 3-4 所示，所得税均为 25%，息税前利润率为 10%。分别计算三家公司的财务杠杆系数。

表 3-4　A、B、C 公司经营业务数据

项　　目	A 公司	B 公司	C 公司
全部资本/元	9 000 000	9 000 000	9 000 000
股东权益/元	9 000 000	4 000 000	4 000 000
发行股数/股	900 000	400 000	400 000
债务资本/元	0	5 000 000	5 000 000
负债利率	8%	12%	14%
息税前利润/元	800 000	800 000	800 000
所得税率	25%	25%	25%

打开工作表，设计财务杠杆模型表格，按表 3-4 所示在相应单元格输入数据及公式，建立表格。

(1) A 公司的债务利息 B12=B6*B7。

(2) A 公司的财务杠杆 B13=B8/(B8-B12)。

(3) B 公司的债务利息 C12=C6*C7。

(4) B 公司的财务杠杆 C13=C8/(C8-C12)。

(5) C 公司的债务利息 D12=D6*D7。

(6) C 公司的财务杠杆 D13=D8/(D8-D12)。

财务杠杆计算结果如图 3-38 所示。

	A	B	C	D
1		已知条件		
2	项目	A公司	B公司	C公司
3	全部资本	9000000	9000000	9000000
4	股东权益	9000000	4000000	4000000
5	普通股股数	900000	400000	400000
6	债务资本	0	5000000	5000000
7	债务利率	8%	12%	14%
8	息税前利润	800000	800000	800000
9	所得税税率	25%	25%	25%
10		计算结果		
11	项目	A公司	B公司	C公司
12	债务利息	0	600000	700000
13	财务杠杆	1	4	8

图 3-38　财务杠杆计算结果

注意：输入公式时应在英文状态下输入，在 B 列将 A 公司的各项指标逐一算出后，只需向右拖动相应单元格的填充柄到 C 列和 D 列对应的单元格(公式复制功能)，即可复制出

B 公司和 C 公司的各项指标。

从图 3-38 中可以看出，在资本总额、息税前利润相同的情况下，负债比率越高，财务杠杆系数越大，财务风险也越大。

四、总杠杆

(一) 总杠杆的概念

经营杠杆和财务杠杆共同起作用，当销售额稍有变动就会使每股收益产生更大的变动，通常把这两种杠杆的连锁作用称为总杠杆作用。用总杠杆系数(DTL)表示总杠杆作用的程度。

(二) 总杠杆的计算公式

总杠杆的计算公式为

$$DTL = DOL \times DFL$$

其中：

DOL = 销售量 × (单价 − 单位变动成本) ÷ [销售量 × (单价 − 单位变动成本) − 固定成本]

DFL = [销售量 × (单价 − 单位变动成本) − 固定成本] ÷ [销售量 × (单价 − 单位变动成本) − 固定成本 − 利息]

总杠杆的计算公式为 = 销售量 × (单价 − 单位变动成本) ÷ [销售量 × (单价 − 单位变动成本) − 固定成本 − 利息]

为了达到某一总杠杆系数，经营杠杆和财务杠杆可以有很多不同的组合。

(三) 总杠杆与企业风险

其他因素不变的情况下，总杠杆系数越大，企业风险越大。

【例 3-27】 B 公司基本数据，如表 3-5 所示。

表 3-5　B 公司基本数据

项　目	数　据	项　目	数　据
总资产/万元	3 000	年收入/万元	10 000
资产负债率	40%	变动成本率	60%
负债利率	8%	固定成本/万元	2 500

(1) 计算企业的息税前利润、债务利息、经营杠杆系数、财务杠杆系数及总杠杆系数。

(2) 假如企业的年营业收入为 6 000、8 000、10 000、12 000、14 000 万元，运用模拟运算计算企业的经营杠杆系数、财务杠杆系数及总杠杆系数。

计算过程如下：

(1) 息税前利润 B10=G2*(1-G3)-G4。

(2) 债务利息 B11=B2*B4*B5。

(3) 经营杠杆系数 B12=G2*(1-G3)/B10。

(4) 财务杠杆系数 B13=B10/(B10-B11)。

(5) 总杠杆系数 B14=B12*B13。

(6) 模拟运算表：经营杠杆系数 B17=G2*(1-G3)/B10，选中单元格区域 B16:G17，单击菜单栏中【数据】→【预测】→【模拟分析】→【模拟运算表】，弹出【模拟运算表】窗口，单击【输入引用行的单元格】选择单元格 G2，单击【确定】。

(7) 模拟运算表：财务杠杆系数 B20=(G2*(1-G3)-G4)/(G2*(1-G3)-G4-B11)，选中单元格区域 B19:G20，单击菜单栏中【数据】→【预测】→【模拟分析】→【模拟运算表】，弹出【模拟运算表】窗口，单击【输入引用行的单元格】选择单元格 G2，单击【确定】。

(8) 模拟运算表：总杠杆系数 B23=G2*(1-G3)/(G2*(1-G3)-G4-B11)，选中单元格区域 B22:G23，单击菜单栏中【数据】→【预测】→【模拟分析】→【模拟运算表】，弹出【模拟运算表】窗口，单击【输入引用行的单元格】选择单元格 G2，单击【确定】。

财务杠杆计算结果如图 3-39 所示。

	A	B	C	D	E	F	G
1	已知条件						
2	总资产（万元）	3000		年收入（万元）			10000
3	普通股数	1000		变动成本率			60%
4	资产负债率	40%		固定成本（万元）			2500
5	负债利率	8%					
6	模拟运算数据						
7	年营业收入	6000	8000	10000	12000	14000	
8	总杠杆系数						
9	计算结果						
10	息税前利润	1500					
11	债务利息	96					
12	经营杠杆系数	2.67					
13	财务杠杆系数	1.07					
14	总杠杆系数	2.85					
15	模拟运算表（经营杠杆系数）						
16	年营业收入	10000	6000	8000	10000	12000	14000
17	经营杠杆系数	2.67	-24.00	4.57	2.67	2.09	1.81
18	模拟运算表（财务杠杆系数）						
19	年营业收入	10000	6000	8000	10000	12000	14000
20	财务杠杆系数	1.07	0.51	1.16	1.07	1.04	1.03
21	模拟运算表（总杠杆系数）						
22	年营业收入	10000	6000	8000	10000	12000	14000
23	总杠杆系数	2.85	-12.24	5.30	2.85	2.18	1.86

图 3-39　财务杠杆计算结果

项 目 小 结

本项目主要学习货币时间价值的计算，掌握长期借款、资本成本率、经营杠杆、财务杠杆、总杠杆模型的公式和运用方法，以及最优资本结构的判别方法；理解各杠杆之间的关系和作用；掌握函数 PMT 和 SUMPRODUCT 的运用；熟练使用不同状态下的模拟运算表功能；掌握在不同的数据模型下相关图形的创建。

课 后 习 题

1. 某公司拟 5 年后出资 60 000 元购入一台大型设备，为了筹集这笔现款，现在应向银行存入一笔资金，年利率为 8%。按复利计算该公司每年应向银行存入多少现款？

2. 某公司向银行借款 106 700，按照约定企业每年年末还款 20 000 元，借款年复利率为 10%。计算该公司需要几年才能还清借款本息。

3. 某企业打算在第 3 年偿还长期借款的本金和利息共计 264 800 元，从现在起建立偿债基金，即今后 3 年内每年年末向银行存入等额款项，用以偿还到期债务。银行存款的年利率为 10%，计算该公司从第 1 年起，每年年末应存入银行的金额。

4. 某工厂准备添置一台设备，若是租入，每年年末需支付租金 2850 元，支付期为 10 年。假设折现率为 8%。计算租用设备所付租金的现值。

5. 赵先生采用分期付款方式购买一套商品房，每年年初付款 15 000 元，分 10 年付清，年利率为 6%。计算赵先生分期付款相当于现在一次性付款的购买价款。

6. A 公司急需 100 万元用于固定资产项目改造，公司财务主管收到两家银行的贷款条件，B 银行要求分 9 次还款，每年末还款一次，每次还款 13 万元。C 银行要求分 8 次还款，每年初还款一次，每次还款 14 万元。请计算哪家银行利率低。

7. 某企业将本月闲置的货币资金 20 万元存入银行，拟存款期限为 3 年，年利率为 8%。按复利计算该企业 3 年后从银行取得的本利和。

8. 某企业有一投资项目，预计 6 年后可获得收益为 600 万元，年利率为 12%。按复利计算该项收益现在的价值是多少。

9. 某企业每年年末向银行存款 20 000 元，年利率为 6%，期限为 4 年。计算第 4 年末的本利和。

10. 某公司向华夏公司购买一项专有技术，双方合同约定分 6 年支付技术转让费，每年年末向华夏公司支付 50 000 元。假设计算现值使用的利率为 9%。计算该企业现在购买该项专有技术需支付的金额。

11. 某企业每年年初向银行借款 40 000 元，借款期限为 4 年，年借款利率为 10%。计算该企业第 4 年应归还银行的本息。

12. 某居民为购买一套住房向银行贷款 800 000 元，期限为 10 年贷款的年利率为 6%。按年复利计息，到期一次清本付息。计算该居民在第 10 年年末应一次性偿还的本利和。

13. 某公司计划今后 5 年每年年末从银行提取 60 000 元用于人才培训，如果银行存款年利率为 4%，现在应一次性存入银行多少钱？

14. 某公司准备为其将在 10 年后退休的一批员工制订养老金计划。该计划为：在 10 年后退休的每位员工可以每年年末从银行领取 3 000 元，可连续领取 20 年。若银行存款的复利年利率为 6%，那么该公司从今年开始应为这批员工的每人每年存入银行多少钱？

15. 小张将 10 000 元存入银行，年利率为 8%，每年计算利息一次，10 年后的复利终值为多少？

16. 小张希望 10 年后拥有 2 158 925 元购买一套家具，假设年利率为 8%，每年计息 1 次。他现在应该存入银行多少钱？

17. 小王的妈妈现在给他三个选择：第一，现在(年初)给他 4 000 元现金；第二，从现在开始每年年底帮他存 1 150 元，存期 5 年，年利率为 10%；第三，从现在开始每年年初帮他存 1 050 元，存期 5 年，年利率为 10%。小王应该如何选择？

18. 假设某项目在 5 年建设期内，每年年末从银行借款 1 000 000 元，借款年利率为 10%。该项目竣工时应付本息的总额为多少？

19. 小李打算购买一份保险，成本价 500 000 元，合同约定未来的 10 年间，保险公司会在每月的月末支付 5 000 元给小李，其间的年利率为 6%。请你帮小李评估一下可否购买这份保险。

20. 假设购房首付款金额为 1 000 000 元，假设贴现率为 9%，分析以下三种购房首付款筹备的方案中哪种最理想：第一，年初向工商银行办 4 年期的贷款，年利率为 9%，年末付息，到期一次性还本；第二，年初向姐姐借款，4 年期，到期一次性还本付息 140 万元；第三，年初向建设银行申请为期 20 年的贷款，每年年末付给银行 12 万元(分期等额还本付息)。

21. 张先生采用分期付款方式购入商品房一套，每年年初支付 15 000 元，分 10 年付清，假设银行利率为 6%。该项分期付款相当于一次性支付现金的购买价格是多少？

22. 某企业准备 10 年后购买一台设备，为此该企业现在将 50 000 元存入银行；此外，还计划在以后的前 5 年中，每年年末存入银行 10 000 元；在后 5 年中每年年末存入银行 20 000 元。假设银行存款的年利率为 8%，复利计息。第 10 年年末该企业可以从银行取出多少钱？若 10 年后需要购买的设备价值为 30 万元，该企业届时能否购买此设备？

23. 小王自 2002 年开始，每年年末(2002—2010 年年末)都向一位失学儿童捐款 1 000 元，帮助这位失学儿童从小学 1 年级开始读完 9 年义务教育。假设每年定期存款利率都是 2%，小王 9 年捐款在 2010 年年底相当于多少钱？若改成小王每年年初捐款，情况又怎样？

24. 光新公司发行面值为 100 元、票面利率为 9%、偿还期限为 8 年的长期债券，每年一次计息，到期还本，该债券的筹资费用率为 2%，发行价格为 103 元，所得税税率为 25%。计算长期债券的资本成本率。

25. 光新公司发行普通股股票，每股的发行价为 8 元，筹资费用率为 3%，上年末每股股利为 0.4 元，股利的预计增长率为 5%。计算该普通股的资本成本率。

26. 光新公司在初创时期拟筹资 1000 万元，现有甲、乙两种备选方案，有关资料和测算如表 3-6 所示。采用综合资本成本法建立计算模型，确定该公司的最佳筹资方案。

表 3-6　光新公司筹资方案数据

项目		甲方案		乙方案	
		筹资额/万元	资本成本率	筹资额/万元	资本成本率
筹资方式	长期借款	100	5%	200	6%
	公司债券	300	9%	200	7%
	优先股	100	12%	160	13%
	普通股	500	15%	440	14%
合　计		1 000		1 000	

27. 光新公司拥有长期借款 150 万元、债券 350 万元和普通股 500 万元。公司拟筹资新资金 500 万元，并维持目前的资本结构。随着筹资额的增加，资本成本率的变化如表 3-7 所示。建立模型计算各筹资突破点及筹资范围的边际资本成本。

表 3-7　光新公司资本结构

筹资方式	新筹资额	资本成本率
长期借款	100 万元及以下	6%
	100 万元以上	8%
发行债券	200 万元及以下	7%
	200 万元以上	9%
普通股	100 万元及以下	10%
	100～200 万元	11%
	200 万元以上	12%

28. 小王用银行贷款购车，贷款金额为 70 000 元，贷款期限为 3 年，因贴息政策不同，四大银行对应的年利率分别为 4.2%、3.9%、5.1%和 6%，按月等额偿还，月末支付。各银行对应的每月还款额为多少？

29. 年利率为 8%的 10 000 元贷款，需要分 24 个月等额偿还，每月月末支付，运用 PMT 函数计算每个月的还款额。若支付是在每月月初，则情况又怎样？

30. 贷款金额为 8 000 元的 4 年期贷款，每月月末还贷额为 200 元时，运用 RATE 函数计算该笔贷款的利率。

31. 小王用银行贷款购房，年利率为 12%，贷款金额为 40 万元，贷款期限为 6 年，每月月初等额还款。每月月还额为多少？

32. 对 5 年期、本金 20 000 元、年利率 12%且按年分期等额还本付息(年末支付)的银行贷款，使用 IPMT 函数计算第 3 年的利息。

33. A 公司账面长期借款 500 万元，借款利率 12%，筹资费用率 1%；公司债券 800 万元，债券利率 14%，筹资费用率 4%；普通股股本 500 万元，年股利率 12%，筹资费用率 3%，普通股年增长率 1%；保留盈余 200 万元，所得税税率 25%。计算 A 公司的综合资本成本率。

34. B 公司有 A、B、C 三个筹资方案供选择，如表 3-8 所示。请通过计算确定 B 公司的最优筹资方案。

表 3-8　B 公司投资方案

项目		A 方案		B 方案		C 方案	
		筹资金额/万元	资本成本率	筹资金额/万元	资本成本率	筹资金额/万元	资本成本率
筹资方式	长期借款	500	6.50%	400	7.00%	800	8.00%
	长期债券	400	10.00%	600	9.00%	1000	10.00%
	优先股	500	11.50%	700	12.00%	400	12.00%
	普通股	600	16.00%	800	14.50%	800	13.00%
合计		2 000		2 500		3 000	
综合资本成本率							

35. 某企业 2020 年 1 月 1 日从一租赁公司租入设备 A 台,设备的购置成本为 500 万元,双方商定,租期为 8 年,年利率按 10%计算,租金可以采用按年、按半年、按季度、按月在每个期间的期末或期初支付,请利用租赁分析模型核算该设备不同时点的应付租金额。

项 目 实 训

运用 Excel 2019 表分析公司资金的筹集,建立筹资决策模型。

一、实训目的

了解资金价值函数的使用方法、模拟运算表的使用、产品单变量、双变量分析、长期借款、租赁、最优资本结构模型及总杠杆系数设计方法。

二、实训要求

(1) 要求以"筹资决策 + 班级 + 小组名"进行命名,撰写实训报告。

(2) 按照要求运用函数计算,掌握函数的使用条件,设计长期借款模型、综合资本成本模型、最优资本结构模型。

三、实训内容

1. 利用资金时间价值函数计算生活成本

(1) 熟悉资金时间价值各函数(PV、FV、PMT、PPMT、IPMT)。

(2) 运用函数解决实例。

资料:财管 18 级,2018 年 9 月入学,2022 年 7 月末毕业,年利率 5%。

A. 假如每年 9 月初缴纳学费和住宿费,计算毕业时学费和住宿费终值。

B. 假如你每个月的生活费支出不变,计算毕业时的生活费支出的终值。

C. 根据本人 2020 年在校生活费支出比例(估计即可):用于食堂消费支出___%,超市消费支出___%,外卖(餐饮)消费支出___%,网上购物支出___%,其他消费支出___%。将一年的消费支出作为基数,利用 Excel 制作一年各项支出的支出柱状图和折线图。

D. 假如毕业时就找到满意的工作,估计每个月工资中结余用多少资金用于偿还父母为你支付的大学生活成本支出(假设必须偿还)。

E. 计算多少个月才能还清你的大学生活成本(假设每月偿还金额不变)。

2. 长期借款模型设计

某企业因经营需要,申请了一笔 2 年期长期贷款,借款金额 800 000 元,借款年利率 8%,每季度还款一次,利用函数,设计长期借款模型,计算企业每期的偿还金额、每期偿还的本金及每期偿还利息。

3. 长期借款双变量模型

假设 A 企业需要贷款 1 100 000,贷款利率范围 3%～8%不等,贷款年限可以为 8 年、9 年、10 年、11 年。计算企业在不同的条件下每月可偿还金额。

4. 产品双变量模拟运算分析

某企业为国际跨国公司,每月从国外进口 A 产品 6 次,每次交易量为 200 吨,国际价格$15.40,美元汇率为 7.78,计算企业的每月交易额。如果美元汇率变化范围 7.98、7.88、

7.68、7.48、7.28，价格也变化为$11.55、$12.15、$13.15、$13.65。利用模拟运算表双变量模拟运算分析企业在不同条件每月支付的交易额。

5. 综合资金成本模型设计

假设 A 企业账面反映的长期资金共 3 000 万元，其中 3 年期长期借款 800 万元，年利率 11%，每年付息一次，到期一次还本，筹资费用率为 0.5%；发行 10 年期债券共 1 000 万元，票面利率 12%，发行费用 5%；发行普通股 1 000 万元，预计第一年股利率 14%，以后每年增长 1%，筹资费用率 3%；此外公司保留盈余 200 万元，公司所得税税率为 25%。要求建立资本成本模型计算各种筹资方式的资本成本率和综合资金成本率。

6. 最优资本结构模型

某公司欲筹资 2 000～2 800 万元，有三种方案可供选择，三种方案的筹资组合及个别资本成本如表 3-9 所示，利用 Excel 表格设计资本结构模型，通过计算选择最优方案。

表 3-9　某公司筹资方案

项目		A 方案		B 方案		C 方案	
		筹资金额/万元	个别资本成本率	筹资金额/万元	个别资本成本率	筹资金额/万元	个别资本成本率
筹资方式	长期借款	600	6.50%	500	7.00%	800	8.00%
	长期债券	400	10.00%	500	9.00%	1 000	10.00%
	优先股	400	11.50%	600	12.00%	400	12.00%
	普通股	600	16.00%	800	14.50%	600	13.00%
合　计		2 000		2 400		2 800	
综合资本成本率							

项目四 Excel 2019 在投资管理中的应用

课前预习

1. 固定资产折旧方法

(1) 什么是平均年限法，怎样计算？

(2) 什么是工作量法，怎样计算？

(3) 什么是年数总和法，怎样计算？

(4) 什么是双倍余额递减法，怎样计算？

2. 常用固定资产折旧函数及其应用

(1) 直线折旧法函数 SLN()及其应用。

(2) 年数总和法折旧函数 SYD()及其应用。

(3) 双倍余额递减法函数 DDB()及其应用。

3. 固定资产更新

(1) 差量分析法。

(2) 平均成本法。

4. 投资决策指标

(1) 什么是投资回收期，怎样计算？

(2) 什么是净现值，净现值函数 NPV()怎样使用？

(3) 什么是内含报酬率，内含报酬率函数 IRR()怎样使用？

(4) 什么是修正内含报酬率，修正内含报酬率函数 MIRR()怎样使用？

知识目标

(1) 掌握固定资产折旧方法，固定资产的更新，净现值、内含报酬率的计算。

(2) 了解投资决策的评价方法以及各个投资决策指标的计算。

(3) 熟悉 Excel 提供的固定资产折旧、投资决策指标函数的功能。

技能目标

(1) 利用 Excel 建立相应的投资分析模型，以帮助财务管理人员提高决策效率。

(2) 掌握 Excel 提供的投资决策分析函数的使用。

(3) 采用不同方法建立固定资产折旧模型、投资决策模型。

 **任务导入**

　　党的二十大报告提出"依托我国超大规模市场优势,以国内大循环吸引全球资源要素,增强国内国际两个市场两种资源联动效应,提升贸易投资合作质量水平"。无论是国外资本投资还是国内资本投资,对投资项目的可行性分析是现代财务管理人员必须掌握的本领。

　　某投资项目的初始固定资产投资额为 400 000 元,流动资产投资额为 100 000 元。预计该项目的使用年限为 8 年,投入运营后每年可产生 200 000 元的销售收入,付现成本 100 000 元,终结时固定资产残值收入为 20 000 元。该企业所得税税率为 25%。采用直线法计提固定资产折旧。

　　思考:如何测算这个投资项目的现金净流量?

　　通过本任务的学习,读者能够利用 Excel 2019 建立现金流量计算模型,以便正确地评价投资项目的优劣。

任务一　固定资产折旧

一、固定资产折旧的定义

　　固定资产折旧是指固定资产在使用过程中逐渐损耗而消失的那部分价值,该部分价值以折旧费的形式计入各期成本,并从企业的营业收入中得到补偿,转化为货币资金,从而为固定资产更新奠定基础。

　　固定资产折旧方法主要包括直线折旧法和加速折旧法两大类。我国企业的固定资产折旧一般采用直线折旧法计算。对于一些技术发展较快的行业,其机器设备的折旧可以采用加速折旧法计算。

(一) 直线折旧法

　　直线折旧法是指按照一定的标准平均分摊折旧总额的计算方法。直线折旧法主要包括平均年限法和工作量法。

1. 平均年限法

　　平均年限法是指按固定资产的使用年限计算年折旧额的计算方法。计算公式如下:

$$年折旧额 = (固定资产原值 - 预计净产值) \div 预计使用年限$$

2. 工作量法

　　工作量法是指按照预计总工作量计算单位工作量的折旧额,并根据各期的实际工作量计算每期折旧额的计算方法。计算公式如下:

单位工作量折旧额 = (固定资产原值 − 预计净产值) ÷ 预计总工作量

某期折旧额 = 该期的实际工作量 × 单位工作量折旧额

(二) 加速折旧法

加速折旧法是指在固定资产使用的前期计提较多折旧，而后期计提较少折旧的计提折旧方法。在具体实务中，加速折旧法包括年数总和法和双倍余额递减法两种。

1. 年数总和法

年数总和法是将固定资产原值减去预计净残值的余额乘以一个固定资产尚可使用寿命为分子、以预计使用寿命的年数总和为分母的逐年递减的分数来计算每年的折旧额。

计算公式如下：

年折旧率 = 尚可使用寿命 ÷ 预计使用寿命的年数总和 × 100%

年折旧额 = (固定资产原值 − 预计净残值) × 年折旧率

【例 4-1】 某设备预计使用 5 年，采用年数总和法计算固定资产折旧，第 4 年的折旧率是多少？

年数总和为 5 + 4 + 3 + 2 + 1 = 15。

第 4 年的折旧率为 2 ÷ 15 = 13.33%。

2. 双倍余额递减法

双倍余额递减法是指在不考虑固定资产预计净残值的情况下，根据每期期初固定资产原值减去累计折旧后的金额(即固定资产净值)和双倍的直线法折旧率计算固定资产折旧的一种方法。

计算公式如下：

年折旧率 = 2 ÷ 预计使用寿命(年) × 100%

年折旧额 = 期初固定资产账面净值 × 年折旧率

期初固定资产账面净值 = 固定资产原值 − 累计折旧

【例 4-2】 某设备预计使用 5 年，采用双倍余额递减法计提折旧，年折旧率为 2 ÷ 5 × 100% = 40%。

由于每年年初固定资产净值没有扣除预计残值，因此，采用双倍余额递减法时，必须注意不能使固定资产的净值低于其预计净残值。通常在其折旧年限到期前两年内，将固定资产净值扣除预计净残值后的余额平均摊销。

二、固定资产折旧函数

(一) 直线折旧函数

直线折旧函数为 SLN()。

格式：SLN(Cost, Salvage, Life)

功能：返回某项固定资产每期按直线折旧法计算的折旧数额。

参数：

Cost：固定资产的原始成本；

Salvage：固定资产报废时的预计净残值；

Life：固定资产可使用年数的估计数。

(二) 直线折旧法下模型的建立

【例 4-3】 某企业购置 3 项固定资产，基本资料如表 4-1 所示，要求建立固定资产折旧模型。

表 4-1   固定资产基本资料

项　目	设备		机床		货车		
资产原值/元	62 000		200 000		180 000		
使用年限/年	6		6		6		
预计净残值/元	5 000		10 000		9 000		
折旧方法	平均年限法		工作量法		工作量法		
项　目	第1年	第2年	第3年	第4年	第5年	第6年	合计
机床工时/小时	5 000	5 000	5 000	5 200	5 800	5 500	31 500
货车行驶路程/公里	30 000	35 000	35 000	35 000	22 000	21 000	178 000

计算过程如下：

(1) 打开投资分析工作簿，插入"直线折旧函数及模型"，输入已知数据。

(2) 在 B14 单元格输入"=SLN(B3, B5, B4)"，参数设置如图 4-1 所示。

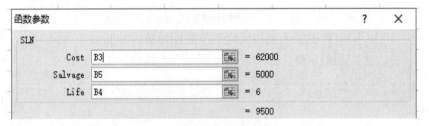

图 4-1   函数参数设置

(3) 在 C14 单元格输入"=SLN(C3, C5, H8)"。

(4) 在 D14 单元格输入"=SLN(D3, D5, H9)"。

(5) 在 B17 单元格输入"=$B$14"，将公式填充至 G17 单元格。

(6) 在 B18 单元格输入"=B8*$C$14"，将公式填充至 G18 单元格。

(7) 在 B19 单元格输入"=B9*$D$14"，将公式填充至 G19 单元格。

(8) 在 H17 单元格输入"=SUM(B17:G17)"。

(9) 在 H18 单元格输入"=SUM(B18:G18)"。

(10) 在 H19 单元格输入"=SUM(B19:G19)"。

计算结果与模型设计如图 4-2 所示。

图 4-2　计算结果与模型设计

(三) 加速折旧函数

加速折旧函数主要有 SYD 函数和 DDB 函数。

1. 年数总和函数 SYD()

格式：SYD(Cost, Salvage, Life, Per)

功能：返回固定资产在某期间按年数总和法计算的折旧数额。

参数：

Cost：固定资产的原始成本；

Salvage：固定资产报废时的预计净残值；

Life：固定资产可使用年数的估计数；

Per：所要计算的第几期折旧数额，必须与 Life 参数采用相同的计量单位。

注意：企业年数总和法计提折旧额时以年为单位，即每年递减。

当固定资产是年中取得时，则以 12 个月为一个计算单位。

2. 双倍余额递减函数 DDB()

格式：DDB(Cost, Salvage, Life, Period, Factor)

功能：返回固定资产在某期间(Period)的折旧数额。

参数：

Cost：固定资产的原始成本；

Salvage：固定资产报废时的预计净残值；

Life：固定资产可使用年数的估计数；

Period：所要计算的折旧期限，必须与 Life 参数采用相同的计量单位；

Factor：递减速率，为选择性参数，缺省值为 2。

(四) 加速折旧法下折旧模型的建立

【例 4-4】　某企业购置 A、B 两台设备，资料如表 4-2 所示，要求建立每台设备的年折旧额和累计折旧模型。

表 4-2　A、B 设备资料

项　目	A 设备	B 设备
资产原值/元	15 000	20 000
使用年限/年	5	5
预计净残值/元	1500	1000
折旧方法	年数总和法	双倍余额递减法

计算过程如下:

(1) 打开投资分析工作簿,插入"加速折旧函数及模型",输入已知数据。

(2) 在 B11 单元格输入"=SYD($B$3, $B$5, $B$4, A11)",将公式填充至 B15 单元格。

(3) 在 B16 单元格输入"=SUM(B11:B15)"。

(4) 在 C11 单元格输入"=B11",在 C12 单元格输入"=B12+C11",将公式填充至 C15 单元格。

(5) 在 D11 单元格输入"=DDB($C$3, $C$5, $C$4, A11, 2)",将公式填充至 D13 单元格。

(6) 在 E11 单元格输入"=D11",在 E12 单元格输入"=E11+D12",将公式填充至 E13 单元格。

(7) 在 D14 单元格输入"=SLN((C3-E13), C5, 2)"。

(8) 在 D15 单元格输入"=D14"。

(9) 将 E13 单元格的公式填充至 E15 单元格。

(10) 在 D16 单元格输入"=SUM(D11:D15)"。

折旧模型如图 4-3 所示。

	A	B	C	D	E
1		已知条件			
2	资产名称	A设备	B设备		
3	资产原值（元）	15,000.00	20,000.00		
4	使用年限（年）	5	5		
5	预计净残值（元）	1,500.00	1,000.00		
6	折旧方法	年数总和法	双倍余额递减法		
7		计算结果			
8		A设备		B设备	
9	年份				
10		年折旧	累计折旧	年折旧	累计折旧
11	1	4,500.00	4,500.00	8,000.00	8,000.00
12	2	3,600.00	8,100.00	4,800.00	12,800.00
13	3	2,700.00	10,800.00	2,880.00	15,680.00
14	4	1,800.00	12,600.00	1,660.00	17,340.00
15	5	900.00	13,500.00	1,660.00	19,000.00
16	合计	13,500.00	/	19,000.00	/

图 4-3　折旧模型

任务二　固定资产更新

企业的固定资产在使用过程中会因磨损增加,其效率、性能和精度等指标日趋下降,而不能或不宜继续使用,且会由于技术进步等原因而显得陈旧落后,因此需要以效率更高、性能更好的设备进行替换。但是企业更新设备必然要求大量的资金投入,这会加重企业的财务负担。在这种情况下,企业应该以成本最低或收益最高为目标,对新、旧设备的收益和成本进行分析评价，做出是否更新设备的决策。

一、差量分析法

在新旧设备未来使用期相同的情况下，可以选择差量分析法进行决策分析。

继续使用旧设备和购买新设备视同互斥方案，也称为售旧购新方案。需要计算两个方案(购置新设备和继续使用旧设备)的现金流量之差以及净现值差额。如果净现值差额大于零，则购置新设备，出售旧设备的现金流入量作为购入新设备现金流出量的抵减，否则继续使用旧设备。

一般分以下三个阶段进行分析：

(1) 初始阶段。在此阶段，应计算：

差量现金流量 = -新设备的投资额 + [旧设备的变现收入 + 变现损失抵税(如果是变现收益就是 - 变现收益纳税)]

(2) 经营阶段。在此阶段，应计算：

差量现金流量 = Δ 新旧设备付现营运成本 × (1 - 所得税税率)(一般为正，因为新设备会比旧设备节约营运成本，节约视同现金流入) + Δ 新旧设备折旧额 × 所得税税率

式中，Δ 新旧设备付现营运成本为新旧设备付现成本的差额；Δ 新旧设备折旧额为新旧设备折旧额差额。

(3) 终结阶段。在此阶段，应计算：

差量现金流量 = (新设备残值收入 + 处置净损失抵税) - (旧设备残值收入 + 处置净损失抵税)

若处置产生净收益，则应减去处置净收益纳税。然后将各年的差量现金流量按照资本成本折现，最终求出差量净现值。

【例 4-5】　某企业 4 年前购入一台设备，资料如表 4-3 所示，企业考虑是否更换新设备，要求建立该设备更新的决策模型，判断是否更换设备。

表 4-3　设 备 资 料

项　　目	旧设备	新设备
设备原值/元	150 000	200 000
已使用年限/年	4	0
预计使用年限/年	10	6
年销售收入/元	85 000	110 000
年付现成本/元	50 000	40 000
目前变现价值/元	90 000	20 000
残值/元	4 000	4 500
资本成本率	12%	
所得税税率	25%	
折旧方法	直线法	

计算过程如下：

(1) 打开投资分析工作簿，插入"固定资产更新模型设计"，输入已知数据。

(2) 在 B16 单元格输入 "=-B8"，在 C16 单元格输入 "=-C8"。

(3) 在 B17 单元格输入 "=-PV(B10, 6, (B6-B7)*(1-B11), 0, 0)"。

(4) 在 C17 单元格输入 "=-PV(B10, 6, (C6-C7)*(1-B11), 0, 0)"。

(5) 在 B18 单元格输入 "=SLN(B3, B9, B5)"。

(6) 在 C18 单元格输入 "=SLN(C3, C9, C5)"。

(7) 在 B19 单元格输入 "=-PV(B10, 6, B18*B11, 0, 0)"。

(8) 在 C19 单元格输入 "=-PV(B10, 6, C18*B11, 0, 0)"。

(9) 在 B20 单元格输入 "=-PV(B10, 6, 0, B9,0)"。

(10) 在 C20 单元格输入 "=-PV(B10, 6, 0, C9, 0)"。

(11) 在 B21 单元格输入 "=B17+B19+B20"。

(12) 在 C21 单元格输入 "=C17+C19+C20"。

(13) 在 B22 单元格输入 "=B21+B16"。

(14) 在 C22 单元格输入 "=C21+C16"。

(15) 在 D22 单元格输入 "=C22-B22"。

计算结果如图 4-4 所示。新设备的净现值比旧设备多 16 661.96 元，建议更新设备。

	A	B	C	D
1		已知条件		
2	项目	旧设备	新设备	
3	原值（元）	150,000.00	200,000.00	
4	已使用年限	4	0	
5	预计使用年限	10	6	
6	年销售收入（元）	85,000.00	110,000.00	
7	年付现成本（元）	50,000.00	40,000.00	
8	目前变现价值（元）	90,000.00	200,000.00	
9	残值（元）	4,000.00	4,500.00	
10	资本成本率	12%		
11	所得税说率	25%		
12	折旧方法	直线法		
13		计算过程与决策		
14				
15	项目	旧设备	新设备	差量
16	更新设备现金净流量现值	-90,000.00	-200,000.00	
17	经营期现金净流量现值	107,924.44	215,848.88	
18	年折旧额	14,600.00	32,583.33	
19	经营期年折旧流入现值	15,006.64	33,490.84	
20	残值现金净流量现值	2,026.52	2,279.84	
21	经营期现值	124,957.60	251,619.56	
22	净现值	34,957.60	51,619.56	16,661.96
23	决策结论	更新设备		

图 4-4　计算结果

二、平均年成本法

新旧设备使用寿命不相同时，可以采用平均年成本法进行决策分析。平均年成本法是通过计算和比较新旧设备平均每年使用成本的高低，来评价设备更新方案是否可行的一种决策分析方法。

固定资产的平均年成本是指该资产引起的现金流出的年平均值。如果不考虑时间价值，它是未来使用年限内的现金流出总额与使用年限的比值；如果考虑货币的时间价值，它是未来使用年限内现金流出总现值与年金现值系数的比值，即平均每年的现金流出。采用平均年成本法进行更新决策时，比较继续使用和更新后的平均年成本，平均年成本较低者为较好方案。

固定资产的平均年成本是指资产引起的现金流出的年平均值,它是未来使用年限内现金流出总现值与年金现值系数的比值,即平均每年的现金流出。

要计算平均年成本,应首先计算现金流出的总现值,然后分摊给每一年,求出每年的平均成本。

【例 4-6】某企业 4 年前购入一台设备,资料如表 4-4 所示,企业考虑更换新设备,要求建立该设备的更新决策模型,判断是否更换设备。

表 4-4　设　备　资　料

项　目	旧设备	新设备
设备原值/万元	2 200	2 400
已使用年限/年	4	0
预计使用年限/年	10	10
年运行成本/万元	700	400
目前变现价值/万元	600	2 400
残值/万元	200	300
资本成本率	15%	

计算过程如下:

(1) 打开投资分析工作簿,插入“固定资产更新模型设计”,输入已知数据。

(2) 在 B13 单元格输入“=-B7”,在 C13 单元格输入“=-C7”。

(3) 在 B14 单元格输入“=PV(B9, 6, B6, 0, 0)”。

(4) 在 C14 单元格输入“=PV(B9, 10, C6, 0, 0)”。

(5) 在 B15 单元格输入“=PV(B9, 6, 0, -B8, 0)”。

(6) 在 C15 单元格输入“=PV(B9, 10, 0, -C8, 0)”。

(7) 在 B16 单元格输入“=SUM(B13:B15)”。

(8) 在 C16 单元格输入“=SUM(C13:C15)”。

(9) 在 B17 单元格输入“=PMT(B9, 6, B16, 0, 0)”。

(10) 在 C17 单元格输入“=PMT(B9, 10, C16, 0, 0)”。

计算结果如图 4-5 所示。旧设备的年均成本低于新设备的年均成本(835.69＜863.43),建议不更新设备。

	A	B	C
1	已知条件		
2	项目	旧设备	新设备
3	原值（万元）	2,200.00	2,400.00
4	已使用年限	4	0
5	预计使用年限	10	10
6	年运行成本（万元）	700.00	400.00
7	目前变现价值（万元）	600.00	2,400.00
8	残值（万元）	200.00	300.00
9	资本成本率	15%	
10／11	计算过程与决策		
12	项目	旧设备	新设备
13	更新设备流出（万元）	-600.00	-2,400.00
14	设备运行成本流出（万元）	-2,649.14	-2,007.51
15	残值现金净流入（万元）	86.47	74.16
16	流量合计（万元）	-3,162.67	-4,333.35
17	年平均成本（万元）	835.69	863.43
18	决策结论	不更新设备	

图 4-5　计算结果

任务三　投资决策的基本内容

一、投资决策方法

与投资有关的决策称为投资决策，即对各种投资方案进行分析、评价、选择，最终确定一个最佳投资方案的过程。按照是否考虑资金的时间价值，投资决策评价方法可分为静态评价法和动态评价法。

(一) 静态评价法

静态评价法是在评价企业投资活动的经济效果时不考虑资金的时间价值的一种评价方法，也称为非贴现现金流量指标。它所使用的经济指标主要有投资回收期、投资收益率等。

1. 投资回收期

投资回收期是指以项目的净收益收回总投资所需要的时间。它是反映投资项目资金回收能力和资金周转速度的重要指标。一般情况下，投资回收期越短越好。

当原始投资是一次投入，每年现金净流量相等时：

投资回收期 = 原始投资额 ÷ 每年现金净流量

当原始投资是分年投入或每年的现金净流量不相等时，按累计现金净流量计算。投资回收期为累计现金净流量与原投资额达到相等所需的时间，其计算公式如下：

投资回收期 = (n − 1) + |(n − 1)年末尚未收回的投资| ÷ 第 n 年的净现金流量

式中，n 为累计净现金流量第一次出现正值的年份。

【例 4-7】 某企业投资 100 000 元购置一台设备，预计使用 5 年，预计残值 10 000 元，设备现金净流量如表 4-5 所示。

表 4-5　设备现金净流量资料

年次	年现金净流量/元	累计现金净流量/元
1	60 000	60 000
2	50 000	110 000
3	40 000	150 000
4	30 000	180 000
5	20 000	200 000

从累计现金净流量中可知，该方案的投资回收期在 1～2 年之间，计算如下：

$$投资回收期 = 1 + \frac{|60\ 000 - 100\ 000|}{50\ 000} = 1.8\ 年$$

投资回收期计算简便、直观，容易被决策人正确理解，并在一定程度上反映投资决策效果的优劣。它的局限性在于忽视了资金的时间价值，并且没有考虑回收期以后的收益，所以投资回收期一般作为辅助指标使用。

2. 投资收益率

投资收益率是指项目方案产生生产能力后，在正常生产年份内，年净收益与投资总额的比值，它反映项目投资支出的获利能力。其计算公式如下：

$$投资收益率 r = 年平均净收益 \div 投资总额$$

投资收益率的判别准则是：设定一个基准投资收益率 R，当 r≥R 时，该方案可以考虑；当 r＜R 时，该方案不可行。

投资收益率是一个很容易被理解和接受的投资决策指标，但是它也没有考虑现金流量的时间分布，因此也只能作为辅助指标使用。

(二) 动态评价法

动态评价法是在评价投资活动的经济效果时考虑资金的时间价值的一种方法，也称为贴现现金流量指标。它所使用的主要评价指标有净现值、净现值指数、内含报酬率等。

1. 净现值

净现值(NPV)是指方案投入使用后的未来报酬按资本成本率或企业要求的报酬率折算的总现值超过初始投资的差额。它考虑了方案整个计算期内各年现金流量的时间价值，使各种不同类型现金支出和收入的方案具有可比性。

净现值的计算公式如下：

$$NPV = \sum_{t=1}^{n} \left\{ NCF_t \div (1+K)^t \right\} - 投资额$$

其中，n 为投资方案的分析计算期，NCF_t 为第 t 年净现金流量，K 为目标收益率或贴现率。

净现值法的判别标准是：若 NPV = 0，表示方案实施后的投资贴现率正好等于事先确定的贴现率，方案可以接受；若 NPV＞0，表示方案实施后的经济效益超过了目标贴现率的要求，方案较好；若 NPV＜0，表示经济效益达不到既定要求，方案应予以拒绝。

净现值函数 NPV()属于财务函数。

格式：NPV(Rate, value1, value2, …)

参数：

Rate：利率；

value1，value2，…：29 个参数，代表支出及收入。

功能：通过贴现率及一系列未来的支出(负数)和收入(正数)，返回一项投资的净现值。

注意：

(1) value1，value2，…所属各期间的长度必须相等，且收入及支出都发生在期末。

(2) 收入支出按顺序输入。

【例 4-8】 某企业投资开设一家专卖店，期初投资 200 000 元，希望在未来五年中各年的收入分别为 20 000 元、40 000 元、60 000 元、80 000 元和 100 000 元，第六年时需要恢复原装修店面，估计要花费 40 000 元。假定每年的贴现率为 6%，该企业投资的净现值是多少？

操作步骤如下：

(1) 建立 Excel 新工作表，输入"净现值 NPV 函数"。

(2) 在 A12 单元格中输入 "=NPV(A3, A5:A9)+A4", 在 A13 单元格中输入 "=NPV(A3, A5:A9, A10)+A4", 求出投资的净现值。计算结果如图 4-6 所示。

	A	B
1	专卖店经营与投资	
2	数据	备注
3	6%	贴现率
4	−200,000.00	期初投资
5	20,000.00	第一年收益
6	40,000.00	第二年收益
7	60,000.00	第三年收益
8	80,000.00	第四年收益
9	100,000.00	第五年收益
10	−40,000.00	第六年装修费
11	计算结果	说明
12	42,938.25	未来五年投资的净现值
13	14,739.83	第六年（包括装修）投资的现值

图 4-6   净现值计算

2. 净现值指数

净现值指数(PVI)是投资方案未来现金流量按资本成本率或要求的投资报酬率贴现的总现值与初始投资额现值之比。其计算公式如下：

$$PVI = 未来现金流量总现值 \div 初始投资现值$$

如果 PVI≥1，方案可取；如果 PVI＜1，方案不可取。PVI≥1 与 NPV≥0，PVI＜1 与 NPV＜0 实质上完全相同。通常情况下，用净现值指数作为净现值的辅助指标，两者根据具体情况结合使用。

【例 4-9】 承例 4-8，如企业只经营到第五年，计算现值指数：

$$PVI = 242\ 938.25/200\ 000 = 1.21$$

方案可取。

3. 内含报酬率

内含报酬率(IRR)是指一个投资方案在其寿命周期内按现值计算的实际投资报酬率。根据这个报酬率，对方案寿命周期内各年现金流量进行贴现，未来报酬的总现值正好等于该方案初始投资的现值，因此，内含报酬率是使投资方案的净现值为零的报酬率。其计算公式如下：

$$\sum_{t=1}^{n}\left\{NCF_t \div (1+IRR)^t\right\} = 0$$

在实际运用中，任何一项投资方案的内含报酬率必须以不低于资本成本为限度，否则方案不可行。

在求解内含报酬率时，因为计算公式是一个一元高次方程，不容易直接求解，所以通常采用内插法(线性插值法)求解。也可以通过"逐步测试"来完成：首先估计一个贴现率，用它计算方案的净现值。如果净现值为正数，说明方案本身的报酬率超过估计的贴现率，应该提高贴现率后进一步测试；如果净现值为负数，说明方案本身的报酬率低于估计的贴现率，应该降低贴现率后进一步测试。经过多次测试，寻找出使净现值接近零的贴现率，即为方案本身的内含报酬率。

内含报酬率考虑了方案寿命周期内各年现金流量的分布，是一种应用广泛、科学合理的投资决策指标。但是在人工方式下，它的计算过程往往令人望而却步。

内含报酬率函数 IRR()属于财务函数。

格式：IRR(Values, Guess)

参数：

Values：数组或单元格的引用；

Guess：对 IRR 计算结果的估计值，一般情况下不用提供

功能：返回连续期间的现金流量的内含报酬率。

注意：Values 必须至少包含一个正数和一个负数。

【例 4-10】 某企业投资开设一家连锁店，期初投资为 200 000 元，并预期今后五年的净收益分别为 20 000 元、40 000 元、60 000 元、90 000 元和 100 000 元。分别求出投资四年以及五年后的内含报酬率。

操作步骤如下：

(1) 建立 Excel 新工作表。

(2) 在 A10 单元格中输入 "=IRR(A3:A7)"，在 A11 单元格中输入 "=IRR(A3:A8)"。

计算结果如图 4-7 所示。

A	B
连锁店投资与净收益	
数据	备注
-200,000.00	期初投资
20,000.00	第一年收益
40,000.00	第二年收益
60,000.00	第三年收益
90,000.00	第四年收益
100,000.00	第五年收益
计算结果	说明
1.62%	经营四年后的内含报酬率
13.01%	经营五年后的内含报酬率

图 4-7　内涵报酬率计算

修正内含报酬率函数 MIRR()也属于财务函数。

格式：MIRR(Values,Finance-rate,Reinvest-rate)

参数：

Values：数组或单元格的引用；

Finance_rate：投入资金的融资利率；

Reinvest_rate：各期收入净额再投资的收益率。

功能：返回某连续期间现金流量修正后的内含报酬率。

注意：

(1) Values 为一个数组，或对数字单元格区的引用。这些数值代表着各期支出(负值)及收入(正值)。参数 Values 中必须至少包含一个正值和一个负值，才能计算修正后的内含报酬率，否则 MIRR()会返回错误值#DIV/0!。如果数组或引用中包括字符串、逻辑值或空白单元格，这些值将被忽略；但包括数值零的单元格计算在内。

(2) MIRR()根据输入值的次序来注释现金流的次序，所以，务必按照实际顺序输入支

出和收入数额，并使用正确的正负号。

【例 4-11】 已知某项目第 0～2 年各投资 30 万元、750 万元、150 万元，第三年净现金流量为 225 万元，第 4～6 年净现金流量均为 500 万元，假设投入资金的融资利率为 10%，再投资收益率为 15%，该项目是否可行？

操作步骤如下：

(1) 建立 Excel 新工作表。

(2) 在 I3 单元格中输入 "=MIRR(B3:H3,0.1,0.15)"，得 MIRR 为 16.40%，大于再投资收益率 15%，故项目可行。

修正内含报酬率的计算如图 4-8 所示。

图 4-8 修正内含报酬率的计算

二、投资决策模型

【例 4-12】 某公司欲进行一项投资决策，共有三种方案可供选择。三种方案的期初投资分别为 100 000 元、90 000 元、120 000 元，假设贴现率为 7%，再投资收益率为 12%，每个方案三年的净现金流量如表 4-6 所示，试用投资决策指标对各个方案进行分析，找出最优方案，制作回收期的柱状图、内含报酬率和修正内含报酬率的折线图。

表 4-6 三个方案的净现金流量

年次	A 方案	B 方案	C 方案
	净现金流量/元	净现金流量/元	净现金流量/元
0	-100 000.00	-90 000.00	-120 000.00
1	80 000.00	10 000.00	40 000.00
2	28 000.00	50 000.00	50 000.00
3	12 000.00	53 000.00	50 000.00

操作步骤如下：

(1) 建立 Excel 新工作表。

(2) 在 B8 单元格中输入 "=NPV(0.07,B5:B7)+B4"，然后利用向右填充功能，把 B8 的函数公式格式拖曳复制到 C8、D8，求出三个方案的净现值(NPV)指标。

在 B9 单元格中输入 "=IRR(B4:B7)"，然后利用向右填充功能，把 B9 的函数公式格式拖曳复制到 C9、D9，求出三个方案的内含报酬率(IRR)指标。

在 B10 单元格中输入 "=MIRR(B4:B7,0.07,0.12)"，然后利用向右填充功能，把 B10 的函数公式格式拖曳复制到 C10、D10，求出三个方案的修正内含报酬率。

在 B11 单元格中输入 " =IF(B4+B5>0,-B4/B5,IF(B4+B5+B6>0,1+(-B4-B5)/B6, 2+(-B4-B5-B6)/B7))"，然后利用向右填充功能，把 B11 的函数公式格式拖曳复制到 C11:D11，求出三个方案的回收期。

计算结果如图 4-9 所示。

投资决策模型设计			
期间	A方案	B方案	C方案
	净现金流量	净现金流量	净现金流量
0	-100,000.00	-90,000.00	-120,000.00
1	80,000.00	10,000.00	40,000.00
2	28,000.00	50,000.00	50,000.00
3	12,000.00	53,000.00	50,000.00
净现值	9,018.21	6,281.52	1,870.01
内含报酬率	13.85%	10.12%	7.82%
修正内含报酬率	12.85%	10.53%	9.18%
回收期	1.71	2.57	2.60

图 4-9　投资决策模型设计

(3) 根据回收期数据生成柱状图。

选中 A11:D11 的数据区域，插入柱状图(二维)，在【数据】菜单中点击【选择数据】，在【水平(分类)轴标签】中点击【编辑】，输入框中选择 B2:D2。在【图标工具】→【图表设计】→【添加图表元素】→【图标标题】填写"回收期"，结果如图 4-10 所示。

(4) 根据内含报酬率和修正内含报酬率数据生成报酬率折线图。

选中 A9:D10 的数据区域，插入折线图，点击【数据】菜单中的【选择数据】，在【水平(分类)轴标签】中点击【编辑】，输入框中选择 B2:D2。在【图标工具】→【图表设计】→【添加图表元素】→【图标标题】中添加标题"报酬率折线图"，结果如图 4-11 所示。

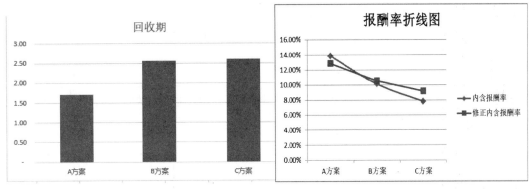

图 4-10　"回收期"柱状图　　　　　　图 4-11　报酬率折线图

由图 4-9 可知，A 方案的净现值为 9 018.21 元，内含报酬率为 13.85%，修正内含报酬率为 12.85%，均高于 B 方案和 C 方案。从图 4-10 中看出，A 方案的回收期间最短。从图 4-11 中看出，A 方案的修正内含报酬率和内含报酬率最大。因此，A 方案是最优方案。

项 目 小 结

本项目主要介绍固定资产折旧函数、投资决策的评价方法以及各个投资决策指标的计算;熟练掌握 Excel 软件净现值函数 NPV、内含报酬率函数 IRR、修正内含报酬率函数 MIRR 的运用;掌握在不同的数据模型下相关图表的创建。

课 后 习 题

1. 某企业购置 3 项固定资产,有关资料如表 4-7 所示,要求建立固定资产年折旧的模型。

表 4-7 设 备 资 料

项 目	锅炉		装载车		运输车		
资产原值/元	110 000		200 000		250 000		
使用年限/年	5		6		6		
净残值率	5%		6%		8%		
折旧方法	平均年限法		工作量法		工作量法		
项 目	第 1 年	第 2 年	第 3 年	第 4 年	第 5 年	第 6 年	合计
装载车工作时间/小时	4 500	5 000	5 500	6 000	7 200	7 800	36 000
运输车行驶路程/公里	20 000	22 000	22 000	23 000	22 000	21 000	130 000

2. 某企业购置 A、B 两台设备,资料如表 4-8 所示,要求建立每台设备年折旧额和累计折旧的模型。

表 4-8 设 备 资 料

项 目	A 设备	B 设备
资产原值/元	15 000	20 000
使用年限/年	5	5
预计净残率	5%	6%
折旧方法	年数总和法	双倍余额递减法

3. 某企业 2 年前购入的设备以及正在考虑是否更换的新设备的资料如表 4-9 所示,要求建立该设备更新的决策模型。

表 4-9 设 备 资 料

项 目	旧设备	新设备
原值/元	90 000	100 000
预计使用年限/年	6	4
已使用年限/年	2	0
年收入净流量/元	60 000	75 000
目前变现价值/元	50 000	100 000
残值/元	900	1 000
资本成本率	12%	
折旧方法	直线法	年数总和法

4. 某企业 3 年前购入的设备以及正在考虑是否更换的新设备的资料如表 4-10 所示,要求建立该设备更新的决策模型。

表 4-10 设 备 资 料

项　　　目	旧设备	新设备
原值/元	14 000	26 000
已使用年限/年	3	0
预计使用年限/年	6	6
年运行成本/元	10 000	8 000
目前变现价值/元	8 000	26 000
残值/元	200	300
资本成本率	15%	

5. 一家企业进行一项决策投资,第一年末投资 20 000 元,未来 4 年每年的现金净流入分别为 5 000 元、5 500 元、6 500 元、7 800 元。假设每年的贴现率为 8%,则投资的净现值为多少?

6. 假如要开设一家快餐店,期初投资成本为 350 000 元,希望前四年的现金净流入分别为 90 000 元、150 000 元、180 000 元、200 000 元。第 5 年因房价上涨,店面租金费用每年增加 50 000 元,假设每年的贴现率为 10%,则 5 年投资的净现值为多少?

7. 某企业投资现有 4 个互斥方案,有关资料如表 4-11 所示。若基准收益率为 10%,再投资收益率为 15%,使用投资决策指标对这 4 个方案进行评价,生成相关数据图表,并选出企业最优方案。

表 4-11 方 案 资 料

年次	A 方案 净现金流量/元	B 方案 净现金流量/元	C 方案 净现金流量/元	D 方案 净现金流量/元
0	−15 000.00	−20 000.00	−25 000.00	−30 000.00
1	3 000.00	2 600.00	5 000.00	9 000.00
2	4 000.00	5 500.00	6 000.00	10 000.00
3	5 200.00	6 500.00	8 000.00	12 000.00
4	6 400.00	8 800.00	10 000.00	15 000.00

8. 某公司有设备 A、机床 B 及客车 C,已知条件如表 4-12 所示,要求运用折旧函数,列出表格,计算出设备每年的折旧,运用折旧函数计算折旧额。

表 4-12   设 备 资 料

项　目	设备 A		机床 B		客车 C
资产原值/元	110 000		200 000		250 000
使用年限/年	4		4		4
净残值/元	1 100		2 000		2 500
折旧方法	平均年限法		工作量法		工作量法
项　目	第 1 年	第 2 年	第 3 年	第 4 年	合计
机床工作时间/小时	4 500	4 300	5 000	6 200	20 000
客车行驶路程/公里	300 000	210 000	260 000	230 000	1 000 000

9. 某公司有 A 设备和 B 设备，已知条件如表 4-13 所示，要求运用折旧函数，列出表格，计算出设备每年的折旧。

表 4-13   设 备 资 料

项　目	A 设备	B 设备
资产原值/元	30 000	50 000
使用年限/年	5	5
预计净残值/元	3 000	5 000
折旧方法	年数总和法	双倍余额递减法

10. 某企业打算更新一台设备，新、旧设备资料如表 4-14 所示。要求：用差量分析法计算，并做出是否更新的决策。

表 4-14   设 备 资 料

项　目	旧设备	新设备
原值/元	50 000	65 000
预计使用年限/年	6	4
已使用年限/年	2	0
年收入净流量/元	40 000	55 000
目前变现价值/元	30 000	65 000
残值/元	5 000	6 500
资本成本率	12%	12%
折旧方法	双倍余额递减法	年数总和法

11. 某企业打算更新一台设备，新、旧设备资料如表 4-15 所示。要求：用平均成本法计算，并做出是否更新的决策。

表 4-15　设 备 资 料

项　目	旧 设 备	新 设 备
原值/元	35 000	55 000
已使用年限/年	4	0
预计使用年限/年	10	10
年运行成本/元	5 000	3 000
目前变现价值/元	20 000	55 000
残值/元	1 000	2 000
资本成本率	15%	

12. 某企业投资开设一家专卖店，期初投资 150 000 元，希望在未来五年中各年的收入分别为 18 000 元、35 000 元、50 000 元、60 000 元和 80 000 元，假定每年的贴现率为 6%。运用净现值函数计算投资的净现值。计算第四年和第五年的内含报酬率。

13. 已知某项目第 0～1 年各投资 150 万元、750 万元，第 2～3 年净现金流量为 225 万元，第 4～6 年净现金流量均为 500 万元，假设投入资金的资本利率为 10%，再投资收益率为 15%，运用修正内含报酬率函数判断该项目是否可行。

14. 某公司欲进行一项投资决策，共有四种方案可供选择。四种方案的期初投资分别为 10 000 元、15 000 元、20 000 元，28 000 元，假设贴现率为 10%，再投资收益率 15%，每个方案四年的净现金流量如表 4-16 所示，试用投资决策指标对各个方案进行分析，找出最优方案，并作出回收期的柱状图和折线图(内含报酬率和修正内含报酬率)。

表 4-16　方 案 资 料

项　目		A 方案	B 方案	C 方案	D 方案
		净现金流量/元	净现金流量/元	净现金流量/元	净现金流量/元
年次	0	−10 000.00	−15 000.00	−20 000.00	−28 000.00
	1	2 000.00	2 600.00	5 000.00	8 050.00
	2	2 500.00	5 500.00	6 000.00	10 500.00
	3	4 500.00	6 000.00	8 000.00	11 200.00
	4	6 500.00	7 500.00	10 000.00	11 400.00
净现值					
内含报酬率					
修正内含报酬率					
投资回收期					

15. 某企业有一个投资方案，初始投资 2 000 万元，期限为 4 年，每年年末现金流量如表 4-17 所示，计算该方案的投资回收期。

表 4-17 投资回收期

年 次	第 0 年	第 1 年	第 2 年	第 3 年	第 4 年
净现金流量/万元	-2 000	500	400	300	100
累计净现金流量/万元					
投资回收期/年					

16. 某企业有一个投资项目，初始投资为 150 万元，其中第 0 年和第 1 年分别投 100 万元和 50 万元，预计第 2～6 年每年的现金流如表 4-18 所示，资金成本率为 10%，该项目是否可行？

表 4-18 投资项目计算

项 目	基 本 资 料						
年次	0	1	2	3	4	5	6
净现金流量/万元	-100	-50	50	50	100	100	120
净现值/万元							
现值指数							
内涵报酬率							

17. 某企业有甲、乙两个投资方案，有关数据如表 4-19 所示，假定资本成本率为 15%，再投资报酬率为 10%，计算净现值、现值指数、内含报酬率并选择最优方案。

表 4-19 投 资 方 案

项 目		甲 方 案			乙 方 案		
		现金流入/元	现金流出/元	净流量/元	现金流入/元	现金流出/元	净流量/元
年次	0	0	8 000		0	8 000	
	1	0	8 000		0	5 000	
	2	8 000	2 000		7 000	0	
	3	8 000	0		7 000	0	
	4	8 000	0		7 000	0	
	5	8 000	0		9 000	0	
	6	8 000	0		9 000	0	
现值							
净现值							
现值指数							
内含报酬率							

18. 某公司考虑用一台新的、效率高的设备来代替旧设备，以减少成本，增加收益。新旧设备的有关资料如表 4-20 所示，银行年利率为 12%，计算分析并决策是否可行。

表4-20　设 备 资 料

项　目	旧 设 备	新 设 备
原值/元	40 000	50 000
已使用年限/年	5	0
预计使用年限/年	10	5
残值/元	4 000	600
变现金额/元	10 000	50 000
收入/元	50 000	75 000
年付现成本/元	20 000	10 000
所得税率	25%	25%
折旧方法	直线折旧法	年数总和法

19. 某公司欲投资一个项目,一次性投入资金 50 万元,若要求在 8 年投资回收期中使资本增值 100 万元,则年投资回报率应不低于多少?若假定投资回报率为 15%,则在投资资金不发生变化的条件下,该公司需要多少年的投资回收期?

20. 金额为 15 000 元的 4 年期贷款,每月月末支付额为 400 元时,运用 RATE 函数计算该笔贷款的月利率和名义年利率。

21. 贷款金额为 60 000 元,年利率为 8%,每年年末偿还金额 5 000 元,运用 NPER 函数计算需要多少年才能还清贷款。

22. 某公司为更新旧机器设备欲购进一台价值 1 500 万元的新设备,有效期为 4 年,经营期各年的税后净现金流量如表 4-21 所示,假定资金成本率为 12%。试用净现值、内部收益率、现值指数分析该方案的可行性。

表4-21　机器设备投资的净现金流量

年　次	第 0 年	第 1 年	第 2 年	第 3 年	第 4 年
税后净现金流量/万元	-1 500	800	800	400	400

23. 某公司有 A、B 两个投资方案,各年现金流量如表 4-22 所示,假设资本成本率为 10%,两个方案每年的现金流量不等,A、B 两个投资方案的投资均为一次性投入。A、B 两个投资方案哪个更优?

表4-22　A、B 投资方案资料

年　次	A 方案年末现金净流量/元	B 方案年末现金净流量/元
0	-150 000	-200 000
1	50 000	60 000
2	50 000	60 000
3	30 000	50 000
4	30 000	60 000
5	20 000	70 000

24. 某企业于 5 年前购入一台机床,原价 20 万元,预计使用 8 年,第 8 年年末预计残值

为 0.5 万元。使用该机床每年销售收入可达 16 万元，年付现经营成本 8 万元。目前市场上有一种性能更好的同类机床，价值 25 万元，预计使用 5 年，第 5 年年末预计残值为 1 万元。经测算，新型机床投入使用后，每年可增加销售收入 3 万元，降低付现经营成本 1 万元，购入新型机床时，旧机床可以作价 12 万元出售，企业的资本成本率为 10%，所得税税率为 25%。该企业是否需要对机床进行更新？

项 目 实 训

一、实训目的

理解固定资产折旧函数的使用方法，建立固定资产折旧模型和固定资产更新决策模型；掌握 Excel 表中净现值函数、内含报酬率函数、修正内含报酬率函数的运用；了解投资决策的评价方法及指标计算，运用 Excel 表进行最优投资方案选择的分析。

二、实训要求

(1) 要求以"投资决策 + 班级 + 小组名"进行命名。

(2) 按照要求运用 SLN()函数、SYD()函数、DDB()函数、NPV()函数、IRR()函数、MIRR 函数应用。

(3) 掌握固定资产模型、固定资产更新决策、投资决策评价方法及选择最优投资方案。

三、实训内容

1. 某企业购置两项固定资产，有关资料如表 4-23 所示，要求建立计算固定资产年折旧的模型。

表 4-23　固定资产资料

项　　目	通用设备			专用机床		
资产原值/元	85 000			100 000		
使用年限/年	5			6		
预计净残值/元	1 000			1 000		
折旧方法	平均年限法			工作量法		
项　　目	第 1 年	第 2 年	第 3 年	第 4 年	第 5 年	第 6 年	合计
专用机床运转时间/小时	4 000	4 500	5 000	6 000	6 500	6 500	32 500

2. 某企业购置 A、B 两台设备，有关资料如表 4-24 所示，要求建立每台设备年折旧额和累计折旧的模型。最后两年将双倍余额递减法改为直线法(运用直线法函数计算)。

表 4-24　A、B 设备资料

项　　目	A 设 备	B 设 备
资产原值/元	25 000	30 000
使用年限/年	5	5
预计净残值/元	2 500	3 000
折旧方法	年数总和法	双倍余额递减法

3. 某企业 3 年前购入的设备以及正在考虑是否更换的新设备的资料如表 4-25 所示,要求建立对该设备更新的决策模型。

表 4-25　设 备 资 料

项　目	旧设备	新设备
原值/元	60 000	70 000
已使用年限/年	3	0
预计使用年限/年	8	5
年销售收入/元	55 000	65 000
年付现成本/元	36 000	35 000
目前变现价值/元	39 600	70 000
残值/元	3 000	5 500
资本成本率	10%	
所得税税率	25%	
折旧方法	直线法	

4. 某公司的投资业务有 3 个互斥方案,数据如表 4-26 所示,基准收益率为 10%,再投资收益率为 15%。

表 4-26　A、B、C 方案资料

年次	A 方案	B 方案	C 方案
	净现金流量	净现金流量	净现金流量
0	−100 000.00	−90 000.00	−120 000.00
1	30 000.00	10 000.00	30 000.00
2	35 000.00	40 000.00	40 000.00
3	39 000.00	53 000.00	45 000.00
4	44 000.00	20 000.00	55 000.00

(1) 计算 3 个方案的净现值、内含报酬率、修正内含报酬率、回收期。

(2) 根据项目数据生成回收期的图表(柱状图)和内含报酬率、修正内含报酬率(折线图)。

项目五　Excel 2019 在营运资产管理中的应用

课前预习

(1) 应收账款管理。

① 什么是应收账款信用标准？

② 什么是应收账款信用条件？

③ 什么是应收账款收账政策？

④ 预习下列计算公式：

利润 = 销售额 × 销售利润率

机会成本 = 销售额/360 × 平均收款期 × 变动成本率 × 机会成本率

机会成本 = [原方案销售额/360 × (新方案平均收款期 − 原方案平均收款期) + 新方案销售额/360 × 新方案平均收款] × 变动成本率 × 机会成本率

坏账损失 = 销售额 × 坏账损失率

现金折扣 = 销售额 × 现金折扣销售百分比 × 现金折扣率

现金折扣 = (原方案销售额 + 新方案销售额) × 现金折扣销售百分比 × 现金折扣率

(2) 查阅资料预习 Excel 2019 的规划求解功能与使用。

(3) 什么是现金持有量，怎样计算？

(4) 什么是存货的经济订货批量，怎样计算？

知识目标

(1) 了解营运资产管理的基本内容。

(2) 掌握 Excel 2019 下的规划求解操作方法。

(3) 掌握建立最佳现金持有量模型的方法。

技能目标

(1) 运用成本分析法和鲍曼模型做出最佳现金持有量的决策。

(2) 运用不同的经济订货批量模型计算订货批量决策。

(3) 熟练掌握 Excel 2019 下的规划求解功能。

**任务导入**

党的二十大报告提出"居民收入增长和经济增长基本同步，劳动报酬提高与劳动生产率提高基本同步，基本公共服务均等化水平明显提升，多层次社会保障体系更加健全"。居民收入增长和经济增长前提企业(这里包含组织和个人经营者)价值最大化，也就是说企业的资产达到保值和增值。企业的核心竞争力归根结底就是营运效率和管理能力的竞争。面对日益激烈的竞争和多变的市场环境，学习现代企业运营管理知识和先进的营运资产管理经验势在必行。

通过本任务的学习，读者能够运用 Excel 2019 建立营运资产管理的相关模型，了解企业的现金持有量、存货经济订货量及应收账款模型决策的计算方法。

任务一　应收账款管理

一、应收账款信用标准决策模型

(一)　应收账款信用标准决策的基本原理

应收账款是企业流动资产的一个重要项目。随着商品经济的发展、商业信用的推行，企业应收账款数额明显增多，因此，应收账款已成为流动资产管理中的一个重要问题。

信用标准是企业建立的允许客户享受企业所提供信用的最低标准。信用标准通常用客户的预计坏账损失率来表示。预计坏账损失率低于企业所确定标准的客户可以享受企业提供的赊销政策；反之，预计坏账损失率高于企业所确定标准的客户不能享受企业的赊销政策。严格的信用标准有助于企业降低应收账款的相关成本，但同时也可能会使企业在市场上失去竞争力，不利于企业扩大销售，增加利润。与之相反，宽松的信用标准有助于企业扩大销售、增加利润，但同时也会使应收账款的相关成本增加。

应收账款管理的基本目标是在充分发挥应收账款功能的基础上，降低应收账款的成本，使商业信用扩大销售增加的收益大于应收账款的相关成本。

应收账款的相关成本主要包括机会成本、坏账成本、管理成本和现金折扣成本等。机会成本又称投资成本，是应收账款占用资金的资金成本。坏账成本又称坏账费用，是企业不能收回应收账款所造成的损失。管理成本是有关人员对应收账款进行管理、收账等活动所发生的成本。现金折扣成本是因客户享受现金折扣而减少付款所增加的成本。

(二)　与应收账款成本有关的计算公式

与应收账款成本有关的计算公式如下：

信用标准变化对利润的影响＝信用标准变化增加或减少的销售额×销售利润率

信用标准变化对应收账款机会成本的影响＝信用标准变化增加或减少的销售额/360×增加或减少的销售额的平均收款期×变动成本率×应收账款的机会成本率

其中：

变动成本率 = 变动成本/销售额

信用标准变化对坏账损失的影响 = 信用标准变化增加或减少的销售额 × 增加或减少的销售额的坏账损失率

信用标准变化带来的增量净收益 = 信用标准变化对利润的影响 − 信用标准变化对应收账款机会成本的影响 − 信用标准变化对坏账损失的影响

企业选择信用标准决策的基本原则是：改变信用标准增加的利润应大于由此而增加的成本，则改变信用标准的方案可行。

(三) 应收账款信用标准决策模型的建立

【例 5-1】 某公司原来采用的信用标准以及备选信用标准方案的有关资料如图 5-1 所示。要求建立一个对该公司选择信用标准方案做出决策的模型。

	A	B	C	D	E	F	G	H
1	已知条件							
2	原来信用标准		备选信用标准					
3	预计坏账损失率标准	10%	备选方案				甲方案	乙方案
4	信用期限（天）	30	预计坏账损失率标准				6%	12%
5	年赊销收入（万元）	5000	年赊销额增加（万元）				200	500
6	销售利润率	20%	增加销售额的平均收款期（天）				50	60
7	平均实际发生的坏账损失率	8%	增加销售额的平均坏账损失率				6%	12%
8	平均收款期（天）	35	增加销售额引起的管理费增加（万元）				4	5
9	应收账款的机会成本	10%	变动成本率	60%	一年计算天数			360

图 5-1　信用标准资料

建立模型的具体步骤如下：

(1) 设计模型的结构，如图 5-2 所示。

(2) 在单元格 B13 中输入公式 "=G5*B6"。

(3) 在单元格 B14 中输入公式 "=(G5/H9)*G6*D9*B9"。

(4) 在单元格 B15 中输入公式 "=G5*G7"。

(5) 在单元格 B16 中输入公式 "=G8"。

(6) 在单元格 B17 中输入公式 "B13-SUM(B14:B16)"。

用同样的方法输入乙方案相关数据。甲方案的净收益为 22.33 万元，乙方案的净收益为 30.0 万元。计算结果如图 5-2 所示。

	A	B	C
10			
11	计算与决策结果（万元）		
12	信用标准变化的影响	甲方案	乙方案
13	对销售利润的影响	40.00	100.00
14	对机会成本的影响	1.67	5.00
15	对坏账成本的影响	12.00	60.00
16	对管理费的影响	4.00	5.00
17	对净收益的综合影响	22.33	30.00
18	决策结论：	采用乙方案	

图 5-2　计算结果

二、应收账款信用条件决策模型

(一) 应收账款信用条件决策的基本原理

信用条件是企业同意客户支付赊销款项的具体条件，包括信用期限、折扣期限和现金折扣比率。例如(2/30，N/60)这一信用条件的含义是：30 天内付款的客户可以享受 2%的现金折扣，全部款项应在 60 天内付清。其中 60 为信用期限，30 为折扣期限，2 为现金折扣的百分率。

(二) 应收账款信用条件决策的公式

应收账款信用条件决策可用的公式如下：

信用条件变化对利润的影响 = 信用条件变化增加或减少的销售额×销售利润率

信用条件变化对应收账款机会成本的影响 = [目前条件下的销售额÷360×(新方案的平均收款期 - 目前条件下的平均收款期) + 信用条件变化增加或减少的销售额÷360×新方案的平均收款期]×变动成本率×应收账款的机会成本率

信用条件变化对现金折扣成本的影响 = (目前条件下的销售额 + 信用条件变化增加或减少的销售额)×需付现金折扣的销售额占总销售额的百分比×现金折扣率

信用条件变化对坏账损失的影响 = 信用条件变化增加或减少的销售额×增加或减少的销售额的坏账损失率

信用条件变化带来的增量净收益 = 信用条件变化对利润的影响 - 信用条件变化对应收账款机会成本的影响 - 信用条件变化对现金折扣成本的影响 - 信用条件变化对坏账损失的影响

在各种不同的信用条件方案中，企业应选择能带来最大净收益的方案作为最优方案。

(三) 应收账款信用条件决策模型的建立

【例 5-2】　某公司有 A、B 两个备选的信用条件方案，有关信用条件资料如图 5-3 所示。要求建立一个决策模型，并选择 A 方案或 B 方案。

	A	B	C
1	应收帐款赊销策略分析模型		
2	基本项目数据		
3	项目	数据	
4	销售额(元)	150000	
5	变动成本率	60%	
6	利润(元)	30000	
7	销售利润率	25%	
8	信用标准(预期坏帐损失率限制)	10%	
9	平均坏帐损失率	6%	
10	信用条件	30天付清	
11	平均收款期(天)	45	
12	应收帐款的机会成本率	15%	
13	信用条件变化方案新项目数据		
14	项目	方案A	方案B
15	信用条件	45天内付清，无现金折扣	"2/10，n/30"
16	因信用条件变化增加或减少的销售额(元)	20000	30000
17	增加销售额的平均坏帐损失率	11%	10%
18	需付现金折扣的销售额占总销售额的百分比	0%	50%
19	现金折扣率	0%	2%
20	平均收款期(天)	60	20

图 5-3　信用条件资料

建立模型的具体步骤如下：

(1) 设计模型的结构。

(2) 在单元格 B24 中输入公式"=B16*B7"。

(3) 在单元格 B25 中输入公式"=(B4/360*(B20-B11)+B16/360*B20)*B5*B12"。

(4) 在单元格 B26 中输入公式"=(B4+B16)*B18*B19"。

(5) 在单元格 B27 中输入公式"=B16*B17"。

(6) 在单元格 B28 中输入公式"=B24-B25-B26-B27"。

用同样的方法在方案 B 下输入各公式。从信用条件变化带来的增量利润分析，发现方案 B 的利润增量大于方案 A 的利润增量，应选择方案 B。

计算结果如图 5-4 所示。

	A	B	C
21			
22	计算与决策结果（元）		
23	项目	方案A	方案B
24	信用条件变化对利润的影响(元)	5000	7500
25	信用条件变化对应收帐款机会成本的影响(元)	862.5	−787.5
26	信用条件变化对现金折扣成本的影响(元)	0	1800
27	信用条件变化对坏帐损失的影响(元)	2200	3000
28	信用条件变化带来的增量利润(元)	1937.5	3487.5

图 5-4   计算结果

三、应收账款收账政策决策模型

企业收回应收账款往往要花费一定的费用。一般而言，收账越努力，花费的收账费用越多，收回账款的可能性越大。但是收账费用花费到一定的程度，继续增加收账费用可能会得不偿失，因此需要对花费多少收账费用去收回账款做出决策。

【例 5-3】 某公司目前方案的收账政策和备选方案的收账政策，有关收账政策资料如图 5-5 所示。要求建立一个决策模型，并选择目前方案或备选方案。

	A	B	C
1	已知条件		
2	收账政策方案	目前方案	备选方案
3	年收账费用（万元）	20	30
4	平均收款天数	60	45
5	坏账损失率	5%	3%
6	年赊销额（万元）	500	800
7	变动成本率	65%	65%
8	资金成本率	12%	12%
9	一年计算天数	360	360

图 5-5   收账政策资料

建立模型的具体步骤如下：

(1) 设计模型的结构。

(2) 在单元格 F3 中输入公式"=B6/B9*B4*B7*B8"。

(3) 在单元格 F4 中输入公式"=B6*B5"。

(4) 在单元格 F5 中输入公式"=B3"。

(5) 在单元格 F6 中输入公式"=SUM(F3:F5)"。

用同样的方法输入备选方案数据，目前方案的成本小于备选方案(51.50 万元＜61.80 万元)，因此决策结论是：选择目前方案。

计算结果如图 5-6 所示。

计算与决策结果（万元）		
收账政策方案	目前方案	备选方案
应收账款机会成本	6.50	7.80
坏账损失	25.00	24.00
年收账费用	20.00	30.00
总成本	51.50	61.80
决策结论	采用目前方案	

图 5-6　计算结果

任务二　规 划 求 解

规划求解是一组命令的组成部分，这些命令有时也称作假设分析(假设分析：该过程通过更改单元格中的值来查看这些更改对工作表中公式结果的影响)。规划求解对直接或间接与目标单元格中公式相关联的一组单元格中的数值进行调整，最终在目标单元格公式中求得期望的结果。规划求解通过调整所指定的可更改的单元格(可变单元格)中的值，从目标单元格公式中求得所需的结果。在创建模型过程中，可以对规划求解模型中的可变单元格数值应用约束条件。

【例 5-4】　某企业需要生产 A、B 两种产品。其中，每生产一件 A 产品需要 X 原料 3 kg，Y 原料 4 kg，Z 原料 4 kg；B 产品需要 X 原料 2 kg，Y 原料 11 kg，Z 原料 6 kg。已知每天各种原料的使用限额为 X 原料 120 kg，Y 原料 400 kg，Z 原料 240 kg。根据预测，每销售一件 A 产品可获利 1.6 万元，销售一件 B 产品可获利 1.3 万元。如何安排生产计划才能在有限的原料供应下获得最大的利润？

分析：假设 A 产品为 M 件，B 产品为 N 件，企业利润最大。根据题意得出关系式：

$$P = 1.6M + 1.3N$$

$$3M + 2N \leqslant 120$$

$$4M + 11N \leqslant 400$$

$$4M + 6N \leqslant 240$$

M、N 是多少时企业的利润最大，最大值是多少？

(1) 设计模型的结构，如图 5-7 所示。在单元格 A2～F2 中依次输入项目、原料 X、原料 Y、原料 Z、生产数量、目标利润，在单元格 A3～D3 中依次输入原料限额、120、400、240，在单元格 A4～D4 中依次输入 A 产品、3、4、4，在单元格 A5～D5 中依次输入 B 产品、2、11、6，在单元格 A6 输入"合计"，在单元格 E4、E5 中输入任意正整数。

(2) 在单元格 B6 中输入公式"=B4*E4+E5*B5"。

(3) 在单元格 C6 中输入公式"=C4*E4+C5*E5"。

(4) 在单元格 D6 中输入公式"=D4*E4+D5*E5"。

(5) 在单元格 F3 中输入公式"=E4*1.6+E5*1.3"。

(6) 加载规划求解工具:【文件】→【选项】→【加载项】→【管理】→【Excel 加载项】→【转到】→【规划求解加载项】→【确定】。

	A	B	C	D	E	F
1	计算与分析					
2	项目	原料X	原料Y	原料Z	生产数量	目标利润
3	原料限额	120	400	240		69.6
4	A产品	3	4	4	24	
5	B产品	2	11	6	24	
6	合计	120	360	240		

图 5-7　计算与分析

(7) 在【数据】选项卡,单击【规划求解】命令,打开【规划求解参数】对话框,在其中的【设置目标】栏中输入"$F$3",在【到】区域选择【最大值】,在【通过更改可变单元格】栏中输入"$E$4:$E$5",单击【添加】,在系统弹出的【遵守约束】对话框中添加约束条件"$B$6<=120""$C$6<=400""$D$6<=240",单击【求解】按钮,规划求解参数设置如图 5-8 所示。

图 5-8　规划求解参数

(8) 计算结果为 M = 24,N = 24。

结论:当 A 产品和 B 产品生产数量均为 24 件时,企业的利润最大,最大利润为 69.6 万元。

任务三　最佳现金持有量

现金是企业流动性最强的资产,持有一定量的现金可以降低企业的偿债风险。但现金的盈利性很低，持有过多的现金也会使企业遭受损失。因此，企业应在对风险和收益权衡考虑的基础上，采用适当的方法确定最佳现金余额。

确定最佳现金余额的方法有多种，下面介绍其中比较常用的两种方法：成本分析模式和存货模式。

一、成本分析模式

成本分析模式是通过分析持有现金的成本，寻找持有成本最低的现金持有量。

企业持有的现金有三种成本。

(一) 机会成本

现金作为企业的一项资金占用，是有代价的，这种代价就是它的机会成本。假定某企业的资本成本率为 10%，年均持有 50 万元的现金，则该企业每年现金的机会成本为 5 万元(50×10%)。现金持有额越大，机会成本越高。企业为了经营业务，需要持有一定的现金，付出相应的机会成本代价是必要的，但现金持有量过多，机会成本代价大幅度上升，就不合算了。

(二) 管理成本

企业拥有现金，会发生管理费用，如管理人员工资、安全措施费用等。这些费用是现金的管理成本。管理成本是一种固定成本，与现金持有量之间无明显的比例关系。

(三) 短缺成本

现金短缺成本是因缺乏必要的现金，不能应付业务开支所需，而使企业蒙受损失或为此付出的代价。现金短缺成本随现金持有量的增加而下降，随现金持有量的减少而上升。

上述三项成本之和最小的现金持有量，就是最佳现金持有量。最佳现金持有量的计算，可以先分别计算出各种方案的机会成本、管理成本、短缺成本及三者之和，再从中选出总成本之和最低的方案。

【例 5-5】　某企业现有 A、B、C、D 四种现金持有方案，现金持有方案成本资料如图 5-9 所示。

	A	B	C	D	E
1	已知条件				
2	项　　目	A方案	B方案	C方案	D方案
3	平均现金持有量（元）	100000	200000	300000	400000
4	机会成本率	10%	10%	10%	10%
5	短缺成本	48000	25000	10000	6000
6	管理成本	40000	40000	40000	40000

图 5-9　现金持有成本

根据表资料，利用 Excel 工具，运用成本分析法编制该企业的最佳现金持有量测算表。

操作步骤如下:

(1) 建立相关 Excel 新工作表。在单元格 B13 中输入公式 "=B3*B4", C13 中输入公式 "=C3*C4", D13 中输入公式 "=D3*D4", E13 中输入公式 "=E3*E4"。

(2) 在总成本单元格 B14 中输入公式"=SUM(B11:B13)", C14 中输入公式"=SUM(C11:C13)", D14 中输入公式 "=SUM(D11:D13)", E14 中输入公式 "=SUM(E11:E13)"。

通过各方案的总成本对比可知, C 方案的相关总成本最低, 因此企业的现金持有量为 300 000.00 元时企业的现金持有成本最低。

计算与决策结果如图 5-10 所示。

	A	B	C	D	E
7					
8		计算与决策结果（元）			
9	备选方案	A方案	B方案	C方案	D方案
10	现金余额（元）	100000	200000	300000	400000
11	短缺成本（元）	48000	25000	10000	6000
12	管理成本	40000	40000	40000	40000
13	机会成本	10000	20000	30000	40000
14	总成本	98000	85000	80000	86000
15	最优方案	C方案	最佳现金余额（元）		300,000.00

图 5-10　计算与决策结果

二、鲍曼模型(存货模型)

鲍曼模型又称存货模型, 它是由美国经济学家威廉·鲍曼提出的。他认为企业现金持有量在许多方面与存货相似, 存货经济订货批量模型可用于确定目标现金持有量, 并以此为出发点, 提出了鲍曼模型。

鲍曼模型的着眼点也是现金相关成本之和最低, 并且以以下假设为前提:

(1) 企业所需要的现金可通过证券变现取得, 且证券变现的不确定性很小;

(2) 企业预算期内现金需要总量可以预测;

(3) 现金的支付过程比较稳定, 波动性较小, 而且每当现金余额为零时, 均可通过部分证券变现得以弥补;

(4) 证券的利率或报酬率以及每次固定性交易费用可以获悉。

鲍曼模型可用公式表示如下:

$$TC = (T/Q) \times F + (Q/2) \times K$$

式中, TC 为现金管理总成本; Q 为最佳现金持有量; K 为有价证券利息率(机会成本); T 为一个周期内现金总需求量; F 为每次转换有价证券的固定成本。

当持有成本(Q/2·K)与转换成本(T/Q·F)相等时, 现金管理总成本最低, 此时现金持有量为最佳现金持有量, $Q = \sqrt{2TF/K}$, 因此, 最佳现金管理总成本的公式变为

$$TC = \sqrt{2TFK}$$

【例 5-6】某企业现金收支状况比较稳定, 预计全年(按 360 天)需要现金 400 万元, 现金与有价证券的转换成本为每次 400 元, 有价证券的年利率为 8%, 则企业的最佳现金持有量为多少? 现金持有量资料如图 5-11 所示。

	A	B	C
1	已知条件		
2	全年现金需求量（元）	4000000	
3	有价证券转换成本（元/次）	400	
4	有价证券年利率	8%	
5	最佳现金余额确定方法	存货模式（鲍曼模型）	

图 5-11 现金持有量资料

操作步骤如下：

(1) 建立相关 Excel 工作表。

(2) 在 B10 单元格中输入公式"=SQRT(2*B2*B3/B4)"，在 B11 单元格中输入公式"=SQRT(2*B2*B3*B4)"，在 B12 单元格中输入公式"=B2/B10"，在 B13 单元格中输入公式"=360/B12"。

规划求解：

(1) 在 C10 单元格中输入一个大于 0 的数作为初值，例如输入"100 000"。

(2) 在 C11 单元格中输入公式"=(B2/C10)*B3+(C10/2)*B4"，在 C12 单元格中输入公式"=B2/C10"，在 C13 单元格中输入公式"=360/C12"。

(3) 选择【数据】选项卡中的【规划求解】命令，打开【规划求解参数】对话框，在其中的【设置目标】栏中输入"$C$11"，在【到】区域选择【最小值】单选按钮，在【通过更改可变单元格】栏中输入"$C$10"，然后单击【添加】按钮，在系统弹出的【遵守约束】对话框中添加约束条件"$C$10>0"，单击【求解】按钮，计算与决策结果如图 5-12 所示。

注意：【设置目标】单元格必须有公式。

	A	B	C
6			
7	计算与决策结果（元）		
8	计算方法	利用公式计算	规划求解结果
9			
10	最佳现金余额	200000	200000
11	最低持有现金相关总成本	16000	16000
12	有价证券交易次数	20	20
13	有价证券交易间隔天	18	18

图 5-12 计算与决策结果

任务四 经济订货批量

一、经济订货批量的一次到货模型

一定量的存货是企业正常生产所必需的。存货在流动资产中占据很大的比重，一般占比为 30%～40%。存货资金占用越低，存货资金的周转就越快。但是不能没有存货，到底存货多少为最好呢？因为存货的取得、保管都需要付出成本，同时缺少存货会影响生产，同样要付出成本，怎样才能确定最优的库存水平？一种比较普遍应用的方法是经济订货批量法。经济订货批量也称经济订货量，是指订购费用和保管费用的合计数为最低的订购批量。

经济订货量的基本模型是一种理想的市场状况，其基本假设如下：

(1) 企业能及时补充存货，即需要订货时即可立即取得存货；

(2) 能够集中到货，而不是陆续到货；

(3) 不允许缺货，即无缺货成本；

(4) 存货单价不因订货批量的变化而变化。

经济订货量的基本公式如下：

$$经济批量的相关总成本 = 订货成本 + 储存成本$$

即

$$TC = (T/Q) \times F + (Q/2) \times K = (T/Q) \times 一次订货成本 + (Q/2) \times 单位储存成本$$

式中：T 为一个周期内存货总需求量；Q 为存货的经济订货量；K 为该存货的单位储存成本；F 为存货的一次订货成本；Q/2 为经济批量平均储存量；T/Q 为一个周期内的订货次数。

上述公式中储存成本与订货批量成正比，订货成本与订货批量成反比，为求出 TC 的极小值，对 TC 公式求导数，即 $K/2 - TF/Q^2 = 0$，推导出 Q 的计算公式如下：

$$Q = \sqrt{2 \times T \times F / K} = \sqrt{2 \times T \times 一次订货成本 / 单位储存成本}$$

TC 的计算公式还可以变为如下形式：

$$TC = \sqrt{2 \times T \times F \times K} = \sqrt{2 \times T \times 一次订货成本 \times 单位储存成本}$$

【例 5-7】 某企业每年耗用甲材料 1600 吨，该材料的单价为 1000 元，单位储存成本为 800 元，一次订货成本为 3600 元，则存货的经济存货量为多少？

解　　　　$$Q = \sqrt{\frac{2 \times 3600 \times 1600}{800}} 吨 = 120 吨$$

二、经济订货批量的陆续到货模型

经济订货批量的基本公式是在前面的假设条件下建立的，但是现实生活中能够满足这些条件的情况很少，为使模型更接近于实际情况，应该放宽条件改进模型。如果考虑到存货不能一次到达，存货可能陆续入库，库存货物陆续增加。在这种情况下，对基本模型要做一些修改。其修改公式如下：

$$TC = 储存成本 + 订货成本 = T/Q \times F + (Q - Q/P \times D)/2 \times K$$

式中：T 为总需求量；Q 为经济订货量；F 为一次订货成本；K 为单位储存成本；P 为每日送货量；D 为每日消耗量；Q/P 为每批存货全部送达所需天数；Q/P × D 为送货期内全部耗用量。

通过推导可以得出：

(1) 经济订货批量 Q；

(2) 每年经济订货次数 N = T/Q；

(3) 经济订货周期 T = 1 年/N；

(4) 经济订货量占用资金 I = Q/2 × 单价。

以上的模型没有涉及数量折扣。数量折扣是指供应商对一次购买某货品的数量大或超过规定限度的客户，在价格上给予的优惠。如果供应商实行数量折扣，那么，除了订货成本和储存成本之外，采购成本也成了决策中的相关成本。这时，三种成本的年成本合计最低的方案才是最优方案。公式为

$$TC = 订货成本 + 储存成本 + 采购成本$$

$$= T/Q × F + (Q - Q/P × D)/2 × K + T × U × (1 - D_i)$$

式中，U 为采购单价；D_i 为数量折扣；T 为总需求量；Q 为经济订货量；F 为一次订货成本；K 为单位储存成本；P 为每日送货量；D 为每日消耗量；Q/P 为每批存货全部送达所需天数；Q/P × D 为送货期内全部耗用量。

【例 5-8】　某企业有四种货物要采购，供应商规定了数量折扣，其数量折扣条件为：甲材料＞400 kg，乙材料＞450 kg，丙材料＞500 kg，丁材料＞500 kg。企业存货数据如图 5-13 所示。

	A	B	C	D	E
1	经济订货批量决策模型				
2	存货基本数据				
3	存货名称	甲材料	乙材料	丙材料	丁材料
4	材料年需要量T	18000	20000	30000	25000
5	一次订货成本F	25	25	25	25
6	单位储存成本K	2	3	4	3
7	每日送货量P	100	200	300	250
8	每日耗用量d	20	30	40	25
9	数量折扣di	2%	2%	2%	2%
10	单价U	10	20	30	25

图 5-13　企业存货数据

根据经济订货批量原理，考虑存货的陆续供给和使用数量折扣，建立经济订货批量决策模型。

操作步骤如下：

(1) 编写相关项目公式。

假设：甲材料的经济批量 750，乙材料 626，丙材料 658，丁材料 680。

在 B15 单元格输入公式 "=B4*B10*(1-B9)"。

在 B16 单元格输入公式 "=(B14-B14/B7*B8)*B6/2"。

在 B17 单元格输入公式 "=B4/B14*B5"。

在 B18 单元格输入公式 "=B15+B16+B17"。

在 B19 单元格输入公式 "=B18+C18+D18+E18"。

在 B20 单元格输入公式 "=B4/B14"。

在 B21 单元格输入公式 "=12/B20"。

在 B22 单元格输入公式 "=B14/2*B10"。

(2) 将 B15:B22 区域的公式通过"填充"功能，填充到 C15:C22、D15:D22、E15:E22 区域中，从而得到甲材料、乙材料、丙材料和丁材料四种货物所有项目数据公式。

(3) 利用规划求解工具对甲、乙、丙、丁四种材料的订货批量求解。首先执行【数据】

→【规划求解】，弹出【规划求解参数】对话框。在【设置目标】编辑框中输入综合成本所在的单元格 "$B$19"，选择【最小值】，在【通过更改可变单元格】编辑框输入四种货物的最优批量订货所在单元格 "$B$14:$E$14"，选择【添加】按钮，【遵守约束】输入：

$B$14>400

$C$14>450

$D$14>500

$E$14>500

点击【选项】按钮，由于该模型属于非线性问题，所以在弹出的【选择求解方法】中，把【采用线形模型】选择框设置为不选。最后点击【求解】按钮，程序将自动得出每种货物的经济订货批量的结果值，同时自动计算出经济订货批量下的每年经济订货次数和经济订货周期。

规划求解如图 5-14 所示。

11	A	B	C	D	E
12	规划求解				
13	存货名称	甲材料	乙材料	丙材料	丁材料
14	经济订货批量	750	626	658	680
15	采购成本	176,400	392,000	882,000	612,500
16	储存成本	600	798	1,140	919
17	订货成本	600	798	1,140	919
18	总成本	177,600	393,597	884,280	614,337
19	综合成本				2,069,814
20	经济订货次数	24.00	31.94	45.61	36.74
21	经济订货周期(月)	0.50	0.38	0.26	0.33
22	经济订货量占用资金	3,750.00	6,262.24	9,866.91	8,505.16

图 5-14　规划求解

项 目 小 结

本项目主要讲解资金营运的相关知识，介绍应收账款管理的内容以及分析方法。通过学习本章内容，读者可学会用成本分析法和鲍曼模型做出最佳现金持有量的决策，可以运用不同的经济订货批量模型进行经济订货批量决策，还能熟练掌握在 Excel 下的规划求解方法，并学会利用 Excel 的数据计算和图表功能设计应收账款模型、经济现金持有量决策模型和订货批量决策模型。

课 后 习 题

1. 某公司目前采用的信用标准方案以及备选的信用标准方案的有关资料如表 5-1 所示。要求建立一个对该公司选择信用标准方案做出决策的模型。

表 5-1　信用标准方案资料

采用原来的信用标准方案的有关数据		采用备选信用标准方案的有关数据		
预计坏账损失率标准	10%	项　目	甲方案	乙方案
信用期限/天	30	预计坏账损失率标准	6%	12%
年赊销收入/万元	4 500	年赊销额增加/万元	−200	400
销售利润率	25%	增加销售额的平均收款期/天	30	60
平均实际发生的坏账损失率	10%	增加销售额的平均坏账损失率	8%	12%
平均收款期/天	40	增加销售额引起的管理费增加/万元	−3	5
应收账款的机会成本	12%	变动成本率	60%	一年计算天数/天　360
计算与决策结果				
项　目	甲方案		乙方案	
对销售利润的影响				
对机会成本的影响				
对坏账成本的影响				
对管理费用的影响				
对净收益的综合影响				
决策结论				

2. 某公司目前的收账政策和备选的收账政策的有关资料如表 5-2 所示。要求建立一个对该公司选择收账政策方案做出决策的模型。

表 5-2　收账政策方案资料

项　目	目前方案	备选方案
年收账费用/万元	10	20
平均收款天数/天	65	45
坏账损失率	5%	3%
年赊销额/万元	800	1 000
变动成本率	65%	65%
资金成本率	12%	
一年计算天数/天	360	
计算与决策结果		
项　目	目前方案	备选方案
应收账款机会成本/万元		
坏账损失/万元		
年收账费用/万元		
总成本/万元		
决策结论		

3. 某企业现金收支状况比较稳定,现金持有量资料如表 5-3 所示,预计全年(按 360 天计算)需要现金 500 万元,现金与有价证券的转换成本为每次 500 元,有价证券的年利率为 10%,则企业的最佳现金持有量为多少?

表 5-3　现金持有量资料

项　目	数　据
全年现金需求量/元	5 000 000
有价证券转换成本/(元/次)	500
有价证券年利率	10%
最佳现金余额确定方法	存货模式(鲍曼模型)
计算与决策结果	

项　目	利用公式计算	规划求解结果
最佳现金余额/元		
最低持有现金相关总成本/元		
有价证券交易次数/次		
有价证券交易间隔/天		

4. 某企业有四种货物要采购，供应商规定了数量折扣，其数量折扣条件为：甲材料≥450 kg，乙材料≥500 kg，丙材料≥400 kg，丁材料≥450 kg。订货模型决策资料如表 5-4 所示。

表 5-4　最优订货批量决策模型

项　目	甲材料	乙材料	丙材料	丁材料
材料年需要量/kg	20 000	25 000	28 000	30 000
一次订货成本	20	25	30	35
单位储存成本	3	4	5	4
每日送货量	200	250	280	300
每日耗用量	50	60	70	80
数量折扣	2%	2.5%	3%	3.5%
单价	20	25	32	24
规 划 求 解				
项　目	甲材料	乙材料	丙材料	丁材料
经济订货批量				
采购成本				
储存成本				
订货成本				
总成本				
综合成本				
经济订货次数				
经济订货周期/天				
经济订货量占用资金				

5. 某公司两个备选的信用条件方案，资料如表 5-5 所示。要求建立一个对该公司选择信用条件方案做出决策的模型。现有 A 和 B 两个方案，通过计算分析哪个方案更有利。

表 5-5　信用条件方案资料

项　目	数据	项　目	方案 A	方案 B
销售单价/(元/件)	120	信用期限/天	30	45
单位变动成本/(元/件)	72	预计销售量/件	60 000	70 000
应收账款的机会成本	12%	预计坏账损失率	2%	3%
一年计算天数/天	360	预计收账费用/元	3000	5 000

6. 某公司 3 个备选的信用条件方案，资料如表 5-6 所示；方案 A 信用条件(3/10，N/30)，方案 B 信用条件(2/30，N/60)，方案 C 信用条件(1/60，N/90)。要求建立一个对该公司选择信用条件方案做出决策的模型。

表 5-6　信用条件方案资料

项　目	方案 A	方案 B	方案 C
信用期限/天	30	60	90
第 1 档折扣期限/天	10	30	30
第 1 档现金折扣率	3%	2%	2%
取得第 1 档现金折扣销售比例	80%	70%	45%
第 2 档折扣期限/天	0	0	60
第 2 档现金折扣率	0	0	1%
取得第 2 档现金折扣销售比例	0	0	35%
年赊销额/万元	1 000	1 200	1 500
应收账款平均收款天数/天	40	68	92
坏账损失率	2%	3%	5%
年收账费用/万元	80	100	150
销售利润率	25%		
变动成本率	65%		
机会成本率	20%		
一年计算天数/天	360		

7. 某公司是一家商业企业，由于目前的信用政策过于严格，不利于扩大销售，且收账费用较高，故需要进行信用政策调整。调整前的销售额为 240 000 元，变动成本率为 80%，应收账款的机会成本率为 15%，利润以及销售利润率为 12 000 元和 24%，坏账损失率为 10%。现有甲和乙两个放宽信用政策方案，有关数据如表 5-7 所示。通过计算分析回答：是否改变现行的信用政策？如果要改变，应选择哪个方案？

表 5-7　信用政策方案数据

项　目	甲方案	乙方案
信用条件	1/30，n/90	2/60，n/180
信用政策改变后增加或减少的销售额/元	30 800	26 700
需付现金折扣的销售额占总销售额的百分比	2%	3%
平均收账期	3 个月	2 个月
增加销售额的平均坏账损失率	2.5%	3%
现金折扣率	0	2%

8. 某公司每个月需要支付现金约 800 000 元，公司在有价证券上投资的平均收益率为 6.5%，每笔证券的交易费用为 85 元，公司的现金支付固定且连续。

实训要求：

(1)　该公司最优现金转换规模(即最佳现金持有量)为多少？

(2)　转换和持有现金的总成本为多少？

(3)　每隔多少天进行一次现金转换(一个月按 30 天计算)？

9. 某公司每年消耗甲材料 14 400 千克，该材料的采购单价 10 元，每千克储存成本 2 元，每次进货成本 400 元。

实训要求：

(1) 该公司经济订货批量为多少？

(2) 经济批量的变动成本是多少？

(3) 经济进货次数是多少？

(4) 经济批量资金占用额是多少？

10. 甲、乙两家公司持有现金余额，资料如表 5-8 所示。

要求：建立一个确定两家公司最佳现金余额的模型(甲公司使用成本分析模式，乙公司使用存货模式)。

表 5-8　公司现金持有资料

甲公司					
项　目	A 方案	B 方案	C 方案	D 方案	E 方案
现金余额/元	20 000	40 000	60 000	80 000	100 000
短缺成本/元	12 000	8 000	4 000	2 000	0
机会成本	12%				
最佳现金余额确定方法	成本分析模式				
乙公司					
全年现金需求量/元	450 000				
有价证券转换成本/(元/次)	900				
有价证券年利率	10%				
最佳现金余额确定方法	存货模式(鲍曼模型)				

11. 甲企业现金收支情况平稳，预计全年(按 360 天计算)现金需要量为 500 000 元，现金与有价证券的转换成本为每次 800 元，有价证券年利率为 10%。

要求：利用 Excel 计算最佳现金持有量；计算最佳现金持有量下的全年有价证券交易次数和有价证券交易间隔期。

12. 某企业预测的 2020 年赊销额为 5 000 万元，其现行信用条件为：n/30，变动成本率为 60%，资金成本率为 10%。该企业拟改变信用条件，备选方案如下：① A 方案信用条件为 n/90；② B 方案信用条件为(2/10，1/20，n/60)，估计约有 60%的客户(按赊销额计算)将享有 2%的折扣，20%的客户将享有 1%的折扣。方案资料如表 5-9 所示。

要求：利用 Excel 决策是否需要改变现行方案，应该选择哪种方案。

表 5-9　赊销方案资料

项　目	现行方案	A 方案	B 方案
	n/30	n/90	2/10，1/20，n/60
年赊销额/万元	5 000	8 000	7 000
平均收款期/天	35	75	24
坏账损失率	2%	5%	2%
管理成本/万元	60	90	50

13. 某企业均衡生产某产品，每年需要耗用 A 型材料 5 000 千克，该材料单价为 300 元/千克，年度单位储存成本为 15 元/千克，平均每次进货费用为 25 元。

要求：利用 Excel 确定经济订货量、在经济订货量下的最低相关总成本和经济订货次数。

14. 某企业现金收支状况比较稳定，预计全年需要现金 500 000 元，现金与有价证券的转换成本为 360 元/次，有价证券的年利率为 15%。如何确定企业最佳现金持有量和一年内企业从有价证券转换为现金的次数？

项 目 实 训

运用 Excel 分析小规模企业营运资金管理，建立应收账款分析模型、最佳现金持有量模型、经济批量模型。

一、实训目的

了解营运资金管理的基本内容，掌握 Excel 下规划求解操作方法，运用鲍曼模型做出最佳现金持有量的决策，运用不同的经济订货批量模型选择经济订货批量决策。

二、实训任务

学会利用 Excel 的数据计算和图表功能设计应收账款赊销策略模型、最佳现金持有量决策模型和经济订货批量决策模型。

三、实训要求

(1) 要求以"营运资金管理＋班级＋小组名"进行命名；

(2) 按照应收账款信用标准、信用条件及收账政策建立应收账款分析模型；

(3) 掌握 Excel 下规划求解操作方法，建立最佳现金持有量模型，建立经济订货批量模型。

四、实训内容

实训资料(一)：某公司有两个备选的信用条件方案，资料如表 5-10 所示。要求建立一个对该公司选择信用条件方案做出决策的模型。

实训要求：通过计算分析回答应选择哪个方案。

表 5-10   公司信用条件方案资料

项　　目	数据	项　　目	甲方案	乙方案
销售单价/(元/件)	150	信用期限/天	45	60
单位变动成本/(元/件)	110	预计销售量/件	20 000	30 000
应收账款的机会成本	10%	预计坏账损失率	2%	3%
一年计算天数	360	预计收账费用/元	10 000	15 000

实训资料(二)：某企业现金收支状况比较稳定，预计全年(按 360 天)需要现金 1 000 万元，现金与有价证券的转换成本为每次 1 000 元，有价证券的年利率为 10%，则企业的最佳现金持有量为多少？资料如表 5-11 所示。

实训要求：通过公式计算和规划求解两种方法计算最佳现金持有量、最低持有现金成本、交易次数及交易周期。

表 5-11   现金持有量资料

全年现金需求量/元	10 000 000
有价证券转换成本/(元/次)	1 000
有价证券年利率	8%
最佳现金余额确定方法	存货模式(鲍曼模型)

实训资料(三)：甲公司持有现金余额的有关资料如表 5-12 所示。要求建立一个确定最佳现金余额的模型(使用成本分析法)。

实训要求：运用成本分析法计算现金最低成本，选择最优方案。

表 5-12   现金持有量资料

项　　目	A 方案	B 方案	C 方案	D 方案	E 方案
现金余额/元	20 000	40 000	60 000	80 000	100 000
短缺成本/元	12 000	8 000	4 000	2 000	0
机会成本	12%				
最佳现金余额确定方法	成本分析模式				

实训资料(四)：某公司(见表 5-13)每年消耗甲材料 28 800 千克，该材料的采购单价 10 元，每千克储存成本 5 元，每次进货成本 500 元。

表 5-13　甲材料消耗资料

某企业年消耗甲材料/kg	28 800
材料单价/元	10
单位储存成本/元	5
一次订货成本/元	500

实训要求：通过设计模型解答下列问题(分别利用公式和规划求解)。

(1) 该公司经济订货量为多少?

(2) 经济批量的变动成本是多少?

(3) 经济进货次数是多少?

(4) 经济批量资金占用额是多少?

项目六　Excel 2019 在利润管理中的应用

课前预习

(1) 预习本量利分析理论知识。

(2) 预习盈亏平衡点的知识。

怎样计算单一品种盈亏临界点销售量、销售额？

怎样计算多品种盈亏临界点销售量、销售额？

(3) 预习目标利润相关知识。

熟悉下列计算公式：

$$目标利润 = 销售量 \times (销售单价 - 单位变动成本) - 固定成本$$

实现目标利润的销售量 = (目标利润 + 固定成本)/(单价 - 单位变动成本) = (目标利润 + 固定成本)/单位边际贡献

$$实现目标利润的销售额 = (目标利润 + 固定成本)/边际贡献率$$

(4) 什么是利润敏感性分析？怎样计算敏感系数？

(5) 预习 Excel 2019 方案管理器的功能及其使用。

知识目标

(1) 了解利润管理的基本内容。

(2) 掌握单变量求解工具以及基本窗体控件的使用。

(3) 掌握方案管理器的使用方法。

技能目标

(1) 掌握本量利分析、盈亏临界点分析、目标利润分析的基本概念和公式运用；理解本量利之间的关系和相互作用，能够对企业数据进行盈亏临界点分析和目标利润分析。

(2) 掌握 IF 函数的使用方法；能够熟练使用不同状态下的模拟运算表功能；掌握单变量求解工具以及基本窗体控件的使用，掌握在不同的数据模型下相关图形的创建。

 **任务导入**

党的二十大报告提出"到 2035 年，我国发展的总体目标是：经济实力、科技实力、综合国力大幅跃升，人均国内生产总值迈上新的大台阶，达到中等发达国家水平"。作为企业来讲，提高企业的产值，做好利润管理，提高企业的盈利水平，是企业的根本任务。

假设 A 公司生产和销售一种产品。该公司要实现的目标利润为 100 000 元，在此目标利润下，销售单价为 12.5 元，销售数量为 60 000 件，固定成本为 200 000 元，单位变动成本为 7.5 元。由以上数据设置基本数据表格，如图 6-1 所示。

	A	B	C	D
1	本量利目标利润分析模型			
2	因素	基础数据	变化百分比	因数变动选择控件
3	销售量（件）	60000	0%	‹ █ ›
4	产品单价（元/件）	12.5	0%	‹ █ ›
5	单位变动成本（元/件）	7.5	0%	‹ █ ›
6	固定成本（元）	200000	0%	‹ █ ›
7	利润	100000		
8				
9	分析结果	预期利润	利润增减	保本销售量
10				

图 6-1　本量利基本数据

你能否在计算机环境中，运用 Excel 的窗体控件工具(滚动条、数值调节按钮等)来改变单元格的数据，直观进行多因素变动分析。

任务一　IF()函数的应用

IF 函数的格式如下：

IF(Logical-test, Value-if-true, Value-if-false)

此函数将根据对指定条件逻辑判断的真假而返回不同的结果。Logical-test 是一个判断真假的条件表达式。Value-if-true 是当 Logical-test 为真时此函数返回的值。Value-if-false 是当 Logical-test 为假时此函数返回的值。

此函数的功能为：计算机首先判断 Logical-test 的真假，如果为真，返回 Value-if-true，如果为假，返回 Value-if-false。

此函数可以嵌套 7 层，在英文状态下输入。

例如，某班级期末学习成绩单，如图 6-2 所示，利用 IF()函数对学生成绩分类，成绩超过 80 分(含 80)为优秀，低于 60 分为不及格，其他成绩为良好。

	A	B	C	D
1	学生成绩单			
2	序号	姓名	学生成绩	分类
3	1	学生01	80	优秀
4	2	学生02	60	良好
5	3	学生03	55	不及格
6	4	学生04	68	良好

图 6-2　学生成绩单

单元格 D3= "IF(C3>=80, "优秀", IF(C3>=60, "良好", "不及格"))"，参数如图 6-3、6-4 所示。

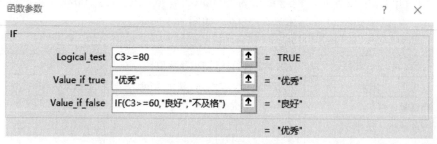

图 6-3　函数参数设置

图 6-4　函数参数设置

　　例如，使用 IF()函数输入个人所得税计算公式。个人所得税起税点为 5 000 元，个人所得税税率及速算扣除数如图 6-5 所示。

　　单元格 D9= "IF(C9-5000>=12 000, (C9-5000)*0.2-1410, IF(C9-5000>=3000, (C9-5000)*0.1-210, IF(C9-5000>=0, (C9-5000)*0.03, 0)))"。

	A	B	C	D
1	个人所得税税率			
2	序号	个人应纳税所得额	税率(%)	速算扣除数
3	1	不超过3000元的	3	0
4	2	超过3000元至12000元的部分	10	210
5	3	超过12000元的部分	20	1410
6		...		
7				
8	计算分析	起征点5000	工资额	公式
9		个人薪酬	12000	490

图 6-5　函数参数设置

　　根据个人所得税七级累进税率计算公式，单元格 C12= "IF(B12-5000>=80000, (B12-5000)* 0.45-15160, IF(B12-5000>=55000, (B12-5000)*0.35-7160, IF(B12-5000>=35000, (B12-5000)* 0.3-4410, IF(B12-5000>=25000, (B12-5000)*0.25-2660, IF(B12-5000>=12000,

(B12-5000)*0.2-1410,IF(B12-5000>=3000,(B12-5000)*0.1-210,IF(B12-5000>=0,(B12-5000)*
0.03, 0)))))))", 如图 6-6 所示。

	A	B	C	D
1		个人所得税税率		
2	序号	个人应纳税所得额	税率(%)	速算扣除数
3	1	不超过3000元的	3	0
4	2	超过3000元至12000元的部分	10	210
5	3	超过12000元至25000元的部分	20	1410
6	4	超过25000元至35000元的部分	25	2660
7	5	超过35000元至55000元的部分	30	4410
8	6	超过55000元至80000元的部分	35	7160
9	7	超过80000元的部分	45	15160
10				
11		工资额	个人所得税计算	
12		80000	19090	

图 6-6 函数参数设置

任务二 本量利基本理论

一、基本理论

利润是企业在一定时期内生产经营活动的最终财务成果，是企业生产经营活动的效率和效益的最终体现。它不仅是反映企业经营状况的一个基本指标，也是考核、衡量企业经营成果与经济效益最重要的标准。企业生产经营活动的主要目标就是要不断提高盈利水平，增强获利能力。

(一) 本量利分析法的含义

本量利分析即成本-数量-利润分析，是通过数学分析和图示分析等形式对销售数量、销售单价、变动成本、固定成本等因素与利润指标的内在联系进行研究，以协助管理者进行项目规划和期间计划的预测分析方法。

(二) 本量利分析法的基本假设

(1) 假设能够将企业的所有成本都按照成本习性精确地划分为变动成本和固定成本。
(2) 假设销售单价和销售结构在相关范围内保持不变。
(3) 假设企业的生产能力和生产效率在相关范围内保持不变。
(4) 假设企业当期的产销量基本平衡，存货水平保持不变。

以上基本假设对企业进行日常的本量利分析是十分必要的。在一般情况下，企业所发生的生产经营活动偏离这些假设不会很远。但是当客观情况使这些假设难以成立时，就必须根据实际情况对本量利分析的模型和结果进行修正调整。

(三) 本量利分析法的基本公式

本量利分析法的基本公式如下：

利润 = 销售收入 − 总成本

　　 = 销售收入 − 变动成本 − 固定成本

　　 = 销售量 ×(销售单价 − 单位变动成本) − 固定成本

　　上述基本关系中含有五个相互联系的变量，只要其中四个变量的值被确定，就可以推算出另一个变量的数值，这就是本量利分析的原理。

　　本量利分析作为一整套方法体系，它的各种具体方法主要应用于企业经营管理预测和决策两大环节。在预测分析中，它可以预测企业的目标利润，也可以预测实现目标利润而相应发生的成本或业务量，还可以预测某些因素发生变化对其他因素的影响。在决策分析中，可以采用本量利分析中的某些具体技术或原理来计算、分析各个经营方案，以便管理者选择最佳方案。

二、盈亏临界点

　　盈亏临界点，也称损益平衡点、保本点，它是指企业当期销售收入与当期成本刚好相等、不亏不盈，即达到盈亏平衡的状态。

　　基本公式如下：

利润 = 销售收入 − 变动成本 − 固定成本

　　 = 销售量 ×(销售单价 − 单位变动成本) − 固定成本

用符号可表示为

$$R = Q(p − v) − F$$

其中，R 为利润，Q 为销量，p 为单价，v 为单位变动成本，F 为固定成本。

　　这里再引进边际贡献的概念。边际贡献指产品销售收入超过变动成本的余额，它反映了产品的初步盈利能力和数额，其基本关系式如下：

边际贡献 = 收入总额 − 变动成本总额

单位边际贡献 = 单价 − 单位变动成本

边际贡献率 = (收入总额 − 变动成本总额)/收入总额

　　　　 = (单价 − 单位变动成本)/单价

变动成本率 = 变动成本/销售收入 = 单位变动成本/单价

边际贡献率 + 变动成本率 = 1

　　由于边际贡献是用来补偿固定成本的，补偿后的余额为最终利润，因此在盈亏平衡即利润为零时，可得到另一个保本公式：

边际贡献 = 固定成本

由此得到公式：

销售量 ×(销售单价 − 单位变动成本) = 固定成本

　　盈亏平衡分析用于研究企业销售收入与当期成本费用相等时的平衡关系，对达到盈亏平衡状态时的业务量进行计算，也就是计算盈亏平衡时的销售数量或销售金额。

(一) 单一品种盈亏临界分析计算

　　单一品种盈亏临界分析的计算公式如下：

保本点销售量 = 固定成本/(单价 − 单位变动成本) = 固定成本/单位边际贡献

保本点销售额 = 保本点销售量 × 销售单价 = 固定成本/边际贡献率

【例6-1】　某公司生产销售 A 产品，预计的销售量、单价和成本等数据如表 6-1 所示，要求利用单变量求解，建立一个计算分别用销售量、单价、单位变动成本和固定成本表示的保本点模型。

表 6-1　A 产品销售资料

项　目	预　测　值
销售量/件	6 400
单价/(元/件)	150
单位变动成本/(元/件)	70
固定成本/元	400 000

建立模型的具体步骤如下：

(1) 设计模型的结构。

(2) 在 H3 单元格中输入公式 "=G3*(C4-C5)-C6"。

点击菜单栏的【数据】，选择【预测】，选择【模拟分析】，打开【单变量求解】对话框，点击【目标单元格】，然后点 H3 单元格，在【目标值】输入 "0"，在【可变单元格】点击 "G3"，单击【确定】，如图 6-7 所示，求得 G3 = 5 000。

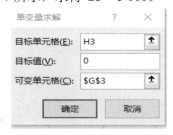

图 6-7　参数设置

(3) 在 H4 单元格中输入公式 "=C3*(G4-C5)-C6"，求解同上，G4 = 132.50。

(4) 在 H5 单元格中输入公式 "=C3*(C4-G5)-C6"，求解同上，G5 = 87.50。

(5) 在 H6 单元格中输入公式 "=C3*(C4-C5)-G6"，求解同上，G6 = 512 000。

保本点模型计算与结果，如图 6-8 所示。

		销售资料			计算与结果		
		项　目	预测值		项　目	目标数值	目标函数
参数预测值		销售量（件）	6400		保本点时的销售量（元）	5,000.00	–
		单价（元/件）	150		保本点时的单价（元/件）	132.50	–
		单位变动成本（元/件）	70		保本点时的单位变动成本（元/件）	87.50	–
		固定成本（元）	400000		保本点时的固定成本（元）	512,000	–

图 6-8　保本点模型计算结果

(二) 多品种盈亏临界分析计算公式

计算原理：根据每种产品的销售额和边际贡献率计算综合边际贡献率；然后再计算综合保本点销售额；最后计算每种产品的保本点销售额和销售量。

多品种盈亏临界分析的计算公式如下：

综合边际贡献率 = 多种产品边际贡献总额 / 多种产品销售收入总额

综合保本点销售额 = 固定成本 / 综合边际贡献率

某产品的保本点销售额 = 某产品收入占销售收入总额的比重 × 综合保本点销售额

【例6-2】 某公司生产和销售甲、乙、丙三种产品，预计销售量、单价和成本等数据如图 6-9 所示，要求建立一个计算综合保本点销售额以及每种产品保本点销售额和销量的模型。

	A	B	C	D
1	已知条件			
2	产品名称	甲产品	乙产品	丙产品
3	预计销售量（件）	10,000.00	12,000.00	15,000.00
4	单位产品售价（元/件）	28.00	32.00	40.00
5	单位变动成本（元/件）	14.00	18.00	25.00
6	固定成本（元）			600,000.00

图 6-9　甲、乙、丙产品资料

建立模型的具体步骤如下：

(1) 设计模型的结构。

(2) 在 B10 单元格中输入公式 "=B3*B4"，C10、D10 单元格输入类似的公式，在单元格 E10 中输入 "=SUM(B10:D10)"。

(3) 在 B11 单元格中输入公式 "=B10/E10"，向右填充至 C11、D11 单元格，百分数保留两位小数。

(4) 在 B12 单元格中输入公式 "=B3*B5"，向右填充至 C12、D12 单元格。

(5) 在 B13 单元格中输入公式 "=B10-B12" 向右填充至 C13、D13 单元格，在 E13 单元格输入公式 "=SUM(B13:D13)"。

(6) 在 B14 单元格中输入公式 "=E13/E10"，百分数保留两位小数。

(7) 综合保本点销售额 "=B15/B14"。

(8) 甲产品保本点销售额= "B15*B11"。

(9) 甲产品保本点销售量= "B16/B4"，乙、丙产品保本点销售额、销售量采用类似公式。

计算过程与结果如图 6-10 所示。

	A	B	C	D	E
7					
8	计算过程与结果				
9	产品名称	甲产品	乙产品	丙产品	合计
10	销售收入（元）	280,000.00	384,000.00	600,000.00	1,264,000.00
11	每种产品销售收入的比重	22.15%	30.38%	47.47%	
12	变动成本	140,000.00	216,000.00	375,000.00	
13	边际贡献	140,000.00	168,000.00	225,000.00	533,000.00
14	综合边际贡献率	42.17%			
15	综合保本点销售额	1422812.43			
16	每种产品保本点销售额	315,152.95	432,250.41	675,409.06	
17	每种产品保本点销售量	11,255.46	13,507.83	16,885.23	

图 6-10　计算过程与结果

三、盈亏临界分析模型

盈亏平衡分析的原理就是根据本量利之间的关系，计算项目的盈亏平衡点的销售量，从而分析市场需求变化的适应能力。一般来说，盈亏平衡点是指企业既不亏又不盈或营业利润为零时的销售量。

【例 6-3】 A 公司生产一种新产品。公司最大销售量为 1 500 件，固定成本为 37 800 元，单位可变成本为 60 元，当前的销量为 900 件，单位售价为 90 元，利用滚动条(窗体控件)建立一个决策模型用于盈亏平衡分析，模型应包含以下功能：

(1) 计算销售收入、总成本及利润。

(2) 计算盈亏临界点销售量及盈亏临界点销售额。

(3) 提供反映公司的销售收入、总成本、利润等数据的本量利图形，通过图形动态反映出销量从 900 件按增量 1 件变化到 1 500 件时，利润的变化情况及"盈利""亏损""保本点"的决策信息，如图 6-11 所示。

	已知条件		预测值的变动情况	
项目	基础数据	销售量变化	参数变动选择控件	
销售量（件）	900	1260	‹	›
产品单价（元/件）	90			
单位变动成本（元/件）	60			
固定成本（元）	37800			

图 6-11　本量利模型资料

操作步骤如下：

根据以上资料，将案例中的相关资料逐一输入 Excel 工作表。在 Excel 工作表中输入创建本量利分析基本模型如图 6-12 所示。

点击【开发工具】→【插入】→【表单控件】→【滚动条】，用鼠标左键在 D3 单元格画出滚动条图示，然后用鼠标右键选中【设置控件格式】，将当前值设为 900，最小值设为 900，最大值设为 1 500，步长设为 1，页步长设为 10，单元格链接选择 C3，参数设置如图 6-13 所示。

(1) 在 B9 单元格中输入公式"=C3*B4"。

(2) 在 B10 单元格中输入公式"=C3*B5+C6"。

(3) 在 B11 单元格中输入公式"=B9-B10"。

(4) 在 D9 单元格中输入公式"=B6/(B4-B5)"。

(5) 在 D10 单元格中输入公式"=D9*B4"。

(6) 在 C11 单元格中输入公式"=IF(B11>0,"盈利"，IF(B11=0，"保本点"，"亏损"))"，计算结果如图 6-12 所示。

A	B	C	D
	计算过程与结果		
销售收入	113400	保本点销售量（件）	1260
总成本	113400	保本点销售额（元）	113400
利润	0	保本点	

图 6-12　计算过程与结果

图 6-13   参数设置

至此，通过模型来进行本量利盈亏分析的基本模型已经创建完成，利用这个模型就可以根据案例所给的资料计算出该公司的销售额、成本、利润总额和保本点等指标。

四、目标利润分析模型

实现保本仅仅是企业经营的基础，企业经营的最终目的在于为社会提供优质产品和服务的同时获取最大限度的利润。如果企业在经营活动开始之前就根据有关收支状况确定了目标利润，那么，就可以计算确定为实现目标利润而必须达到的销售数量和销售额，即测算保本点，公式如下：

目标利润 = 销售量 × (销售单价 − 单位变动成本) − 固定成本

实现目标利润的销售量 = (目标利润 + 固定成本)/(销售单价 − 单位变动成本)

= (目标利润 + 固定成本)/单位边际贡献

实现目标利润的销售额 = (目标利润 + 固定成本)/边际贡献率

【例 6-4】 某 A 公司生产和销售一种新产品，该公司原来的目标利润为 100 000 元，在此利润下，销售单价为 12.5 元，销售数量为 50 000 件，固定成本 200 000 元，单位变动成本 7.5 元。假定公司将目标利润设定为 150 000 元。从单个因素来看，影响目标利润的四个基本要素应作怎样的调整？

建立模型的具体步骤如下：

(1) 设计模型的结构。

(2) 在 B7 单元格中输入公式 "=B3*(B4-B5)-B6"。

(3) 在 E3 单元格中输入 "=D3*(B4-B5)-B6"。点击菜单栏的【数据】，选择【预测】→【模拟分析】→【单变量求解】对话框，点击【目标单元格】，然后点 E3 单元格，在【目标值】输入 "150 000"，在【可变单元格】点击 "D3"，单击【确定】，参数设置如图 6-14 所示，当目标利润为 150 000 元时，销售数量应提高到 70 000 件。

图 6-14   参数设置

(4) 在 E4 单元格中输入公式 "=B3*(D4-B5)-B6"，求解同上。当目标利润为 150 000 元时，销售单价应提高到 14.50 元。

(5) 在 E5 单元格中输入公式 "=B3*(B4-D5)-B6"，求解同上。当目标利润为 150 000 元时，单位变动成本应降低到 5.50 元。

(6) 在 E6 单元格中输入公式 "=B3*(B4-B5)-D6"，求解同上。当目标利润为 150 000 元时，固定成本应降低到 100 000 元，计算结果如图 6-15 所示。

	A	B	C	D	E
1	销售资料		计算与结果		
2	项目	预测值	项目	目标数值	目标利润（元）
3	销售量（件）	50,000.00	预计目标利润时的销售量（件）	70,000.00	150,000.00
4	单价（元/件）	12.50	预计目标利润时的单价（元/件）	14.50	150,000.00
5	单位变动成本（元/件）	7.50	预计目标利润时的单位变动成本（元/件）	5.50	150,000.00
6	固定成本（元）	200,000.00	预计目标利润时的固定成本（元）	100,000.00	150,000.00
7	利润（元）	50,000.00			

图 6-15　计算结果

在现实的经济生活中，企业往往需要采取综合措施来实现目标利润，而不是仅依靠采取单项措施提高利润，这就需要反复运用单变量求解进行分析和反复平衡。

在本量利分析的各个相关联要素中，核心要素是目标利润，它既是企业经营活动的动力和目标，也是本量利分析的中心。如果企业在经营中根据实际情况规划了目标利润后，那么对其他因素的调整就是实现目标利润的条件。Excel 提供的单变量求解工具能够帮助我们方便地完成此项分析工作。

【例 6-5】　假设 A 公司生产和销售一种产品，该公司原来的目标利润为 100 000 元，在此目标利润下，销售单价为 12.5 元，销售数量为 60 000 件，固定成本为 200 000 元，单位变动成本为 7.5 元，由以上数据设置基本数据表格。利用滚动条(窗体控件)按钮，改变单元格的数据直观分析销售量、单价、单位变动成本、固定成本等各因数的变化对企业利润的影响，每个参数的变化区间为 -10%～10%。

操作步骤如下：

(1) 打开【开发工具】→【插入】，然后打开【表单控件】窗口，选择【滚动条】对象，在工作表的合适位置(这里为 D3 单元格)拖曳出一个矩形的【滚动条】控件。

(2) 给销售单价【滚动条】控件设置参数，将鼠标指针移到新建立的"滚动条"控件上，单击右键，出现快捷菜单，选【设置控件格式】命令，出现【设置控件格式】对话框。选择【控制】选项卡所示。

(3) 在【控制】选项卡各选项中输入数值。其中："最大值""最小值"定义由滚动条控件表示的值的范围。此例中，在【最大值】框输入 20；在【最小值】框输入 0；【步长】表示当用户单击滚动栏一端箭头时滚动的单位数，输入 1；【页步长】输入 1。

(4) 建立因数变动与"滚动条"控件的关联，D3 单元格存放"滚动条"控件的参数值(最大值 = 20，最小值 = 0)。

为使 C3 单元格与"滚动条"控件建立联系，并使其值从 -10%变化到 +10%，应进行以下操作：单击 C3 单元格，输入公式 = D3/100-10%；选择【格式】→【单元格】菜单，选择【百分比】，单击【确定】按钮，将 C4 单元格变为百分比格式。

(5) 建立如下计算公式：

① 根据公式"收入 = 销售量×(1 + 变化率)×单价(1 + 变化率)"在 B8 单元格中输入"=B3*(1+C3)*B4*(1+C4)"。

② 根据公式"总成本 = 销售量×(1 + 变化率)×单位变动成本(1 + 变化率) + 固定成本(1 + 变化率)"在 D8 单元格输入"=B3*(1+C3)*B5*(1+C5)+B6*(1+C6)"。

③ 在利润增减额 B9 单元格输入"=B8-D8"。

在模型中，用鼠标在滚动条上左右拖动，使销售量、单价、单位变动成本、固定成本的百分比在 -10%～10%移动，企业的收入、成本、利润随之发生变化模型设计如图 6-16 所示。

	A	B	C	D
1	已知条件		预测值的变动情况	
2	项目	基础数据	预测值变动率	因数变动选择控件
3	销售量（件）	60000	0%	< >
4	产品单价（元/件）	12.5	0%	< >
5	单位变动成本（元/件）	7.5	0%	< >
6	固定成本（元）	200000	0%	< >
7	计算过程与结果			
8	销售收入	750000	总成本	650000
9	利润	100000		

图 6-16   模型设计

【例 6-6】以上题为例，方案资料如图 6-17 所示。假设该公司按照规定整体提高工资，使单位变动成本增加 6%，固定成本增加 2%，这样将会导致利润下降。为了抵消这种影响，公司拟采取两种方案：方案 A 提高销售单价 5%，因提高价格，使销售数量降低 10%；方案 B 降低销售单价 4%，则增加销售数量 20%。试分析采用哪一种方案更有利。

	A	B	C	D	E
1	已知条件			措施方案	
2	项目	基础数据	工资调整	方案A	方案B
3	销售量（件）	60000		-10%	20%
4	产品单价（元/件）	12.5		5%	-4%
5	单位变动成本（元/件）	7.5	6%		
6	固定成本（元）	200000	2%		

图 6-17   方案资料

操作步骤如下：

(1) 在 A10 单元格中输入公式"=B3*(B4-B5)-B6"。

(2) 在 B10 单元格中输入公式"=B3*(B4-B5*(1+C5))-B6*(1+C6)"。

(3) 在 C10 单元格中输入公式"=B10-A10"。

调整工资以后，如果不采取其它措施，则利润为 69 000 元，利润增减额为 −31 000 元。

采取方案 A：

(1) 在 A12 单元格中输入公式"=B3*(1+D3)*(B4*(1+D4)-B5*(1+C5))-B6*(1+C6)"。

(2) 在 B12 单元格中输入公式"=A12-A10"。

调整工资采取方案 A 以后，利润变为 75 450 元，利润增减额为-24 555 元。

采取方案 B：

(1) 在 A14 单元格中输入公式"=B3*(1+E3)*(B4*(1+E4)-B5*(1+C5))-B6*(1+C6)"。

(2) 在 B14 单元格中输入公式"=A14-A10"。

调整工资并采取方案 B 以后，利润变为 87 600 元，利润增减额为 −12 400 元。因此，应该采取方案 B 更有利于公司发展，计算结果如图 6-18 所示。

	A	B	C
7			
8	计算过程与结果		
9	原企业利润	工资调整后企业利润	利润变化
10	100000	69000	−31000
11	工资调整后方案A利润	利润变化A	
12	75450	−24550	
13	工资调整后方案B利润	利润变化B	选择方案
14	87600	−12400	方案B

图 6-18　计算结果

任务三　利润敏感分析

企业一定时期的利润受到销售量、单价、单位变动成本和固定成本 4 个因素的影响。为了随时分析各种因素的变化对利润指标的影响，可以通过建立利润敏感性分析模型来对利润变化的情况进行动态分析。

利润敏感性分析基本公式如下：

利润 = 销售量 × (销售单价 − 单位变动成本) − 固定成本

敏感系数 = 利润变动率/某因素的变动率

利润敏感性分析法是研究制约利润的有关因素发生某种变化时，利润变化程度的一种分析方法。影响利润的因素很多，如销售单价、单位变动成本、销售量、固定成本等。利润敏感性分析就是衡量这些因素变化对结果的影响程度的分析。营业利润的敏感性分析就是计算当销售量(单价、单位变动成本、固定成本)变动 1%时，利润变动的百分比(即敏感系数)，从而分析各因素对营业利润的影响程度。

【例 6-7】　基础数据如图 6-19 所示，某公司只生产和销售一种产品，其销售量为 35 000 件，单价为 9 元，单位成本为 5 元，固定成本为 38 000 元。要求建立一个带有可以选择各因素变动率的数值调节钮(窗体控件)的本量利分析模型：

(1) 计算产品的保本点销售量及销售额。

(2) 假如销售量、价格、单位成本及固定成本的变化区间为 0~20%，计算销售量、价格、单位成本及固定成本各因素的敏感系数。

	A	B
1	本量利分析模型	
2	已知条件	
3	销售量（件）	35,000.00
4	销售单价（元/件）	9.00
5	单位变动成本（元/件）	5.00
6	固定成本（元）	38,000.00
7	基础数据计算	
8	盈亏临界销售量	9,500.00
9	盈亏临界销售量销售额	85,500.00
10	利润	102,000.00

图 6-19 基础数据

建立模型步骤如下：

(1) 在 B8 单元格中输入公式 "=B6/(B4-B5)"。

(2) 在 B9 单元格中输入公式 "=B8*B4"。

(3) 在 B10 单元格中输入公式 "=B3*(B4-B5)-B6"。

(4) 打开【开发工具】→【插入】，然后打开【表单控件】窗口，选择里面的【数值调节钮】对象，在工作表的合适位置(这里为 C13 单元格)拖曳出一个矩形的【数值调节钮】控件。

(5) 给销售单价【数值调节钮】控件设置参数：将鼠标指针移到新建立的【数值调节钮】控件上，单击右键，出现快捷菜单，选择【设置控件格式】命令，出现【设置控件格式】对话框。选择【控制】选项卡所示。

(6) 在【控制】选项卡各选项中输入数值。此例中【最大值】框输入 20，【最小值】框输入 0。

(7) 建立变动百分比与【数值调节钮】控件的关联，D13=C13/100，D14=C14/100，D15=C15/100，D16=C16/100，选择【格式】→【单元格】菜单，选择【百分比】，单击【确定】按钮。

(8) 变动后的利润 E13=B13*(1+D13)*(B14-B15)-B16。E14、E15、E16 采用同样设置。

(9) 利润变动百分比 F13=(E13-B10)/B10。F14、F15、F16 采用同样设置，结果保留两位小数。

(10) 敏感系数 G13=F13/D13。G14、G15、G16 采用同样设置。

模型设计如图 6-20 所示。

	A	B	C	D	E	F	G
12	因素	基本值	变动按钮	变动百分比	变动后利润	利润变动百分比	敏感系数
13	销售量	35,000.00		1.00%	103400	1.37%	1.37
14	销售价	9.00		1.00%	105150	3.09%	3.09
15	单位变动成本	5.00		10.00%	84500	-17.16%	-1.72
16	固定成本	38,000.00		8.00%	98960	-2.98%	-0.37

图 6-20 模型设计

任务四　本量利动态分析模型

本量利分析即成本-数量-利润分析，是通过数学分析和图示分析等形式对销售数量、销售单价、变动成本、固定成本等因素与利润指标的内在联系进行研究建立本量利分析模型。

本量利分析基本公式如下：

$$利润 = 销售收入 - 总成本 = 销售收入 - 变动成本 - 固定成本$$
$$= 销售量 \times (销售单价 - 单位变动成本) - 固定成本$$

上述公式中含有五个相互联系的变量，只要其中四个变量的值被确定，就可以利用公式推算出另一个变量的数值，这就是本量利分析的原理。

企业在进行利润分析时往往还要考虑各因数的变动，如在销售单价、单位变动成本、固定成本、销售量单独发生变化或几个因素同时发生变化时，进行保本点的具体情况分析。这种分析又称为本量利的敏感分析。当影响利润额的各因素(销售量、固定成本、单位变动成本和单价)单独发生变化或同时发生变化时，观察对利润额的影响。

【例6-8】　某公司在 2018 年 9 月份生产和销售了产品一批，销售单价 1 000 元，单位变动成本 600 元，固定成本 800 000 元，企业正常产品销售量 3000 件。根据以上资料，在 Excel 2019 中创建动态本量利分析模型。(销量为 1 900~3 500，步长为 200；单价为 950~1 100 元，步长为 10)。

1. 创建本量利分析模型

(1) 收入总额单元格 C8 = C4*C7。

(2) 成本总额单元格 C9 = C4*C6+C5。

(3) 利润总额单元格 C10 = C8 - C9。

(4) 保本点销售量单元格 C12 = INT(C5/(C7 - C6)),INT()向下取整数。

2. 创建动态图标本量利分析模型

(1) E4=C4，F4=C9，G4=C8，H4=C10。

(2) 选中单元格 E4:H14 区域，使用模拟运算表功能计算。

(3) B16=$C$12，向下拖曳至 B18，C16=0，C17=C7*C12，C18=3 500 000。

(4) E16=$C$4，向下拖曳至 E19，F16=0，F17=C8，F18=C9，F19=3 500 000，如图 6-21 所示。

(5) 选择数据 E3:F14，选择【插入】→【图表】→【散点图】→【带直线的散点图】，生成成本总额图。

	基础数据		销售量（件）	成本总额（元）	销售总额（元）	利润总额（元）
销售量（件）		3000	3000	2600000	3000000	400000
固定成本（元）		800000	0	800000	0	-800000
单位变动成本（元/件）		600	1900	1940000	1900000	-40000
销售单价（元/件）		1000	2100	2060000	2100000	40000
收入总额（元）		3000000	2300	2180000	2300000	120000
成本总额（元）		2600000	2500	2300000	2500000	200000
利润总额（元）		400000	2700	2420000	2700000	280000
			2900	2540000	2900000	360000
保本点销售量（件）		2000	3100	2660000	3100000	440000
			3300	2780000	3300000	520000
			3500	2900000	3500000	600000
保本点指示线数据			利润指示线数据			
	2000	0	3000	0		
	2000	2000000	3000	3000000		
	2000	3500000	3000	2600000		
			3000	3500000		

图 6-21   本量利动态模型数据

(6) 点击图表，用鼠标右键选择数据，添加系列名称"销售总额线"，X 轴为 E5:E14，Y 轴为 G5:G14。

(7) 点击图表，用鼠标右键选择数据，添加系列名称"利润总额线"，X 轴为 E5:E14，Y 轴为 H5:H14。

(8) 点击图表，用鼠标右键选择数据，添加系列名称"保本点指示线"，X 轴为 B16:B18，Y 轴为 C16:C18。

(9) 点击图表，用鼠标右键选择数据，添加系列名称"利润指示线"，X 轴为 E16:E19，Y 轴为 F16:F19。

(10) 选择【图表设计】→【添加图表元素】→【图表标题】→【图表上方】，生成本量利分析图，坐标轴标题-主要横坐标-图标下方-业务量；主要纵坐标-图标左排-成本利润。

(11) 选择【图表设计】→【移动图表】→【新工作表】→【chart1】，更名为"动态图标本量利分析图"。

3. 添加窗体完善动态本量利分析模型

(1) 在图标下方点击【插入】→【形状】→【矩形图】，点击鼠标右键在【编辑文字】输入"销售量="；再插入一个矩形图，在【编辑】栏输入"="选择"动态图标本量利分析模型"C4。

(2) 用同样的方法完成"利润总额"C10，"单价"-C7。

(3) 在【开发工具】→【插入】→【表单控件】→【数值调节钮】，在"销售量"点击鼠标右键(3 000，1 900，3 500，100)即链接"动态图标本量利动态分析模型"C4；在【开发工具】→【插入】→【表单控件】→【数值调节钮】，在"单价"点击鼠标右键(1 000，950，1100，10)链接"动态图标本量利动态分析模型"C7。动态曲线如图 6-22 所示。

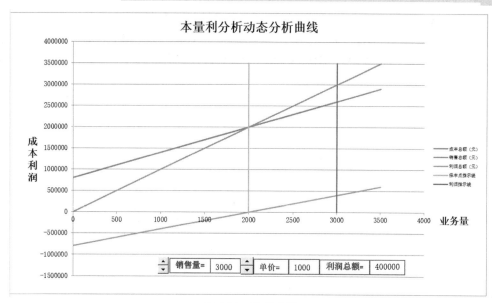

图 6-22 动态曲线

任务五 方案管理器模型

Excel 中的方案管理器能够帮助用户创建和管理方案。使用方案，用户能够方便地进行假设，为多个变量存储输入值的不同组合，同时为这些组合命名。下面以使用方案管理器对销售利润进行预测为例介绍 Excel 方案管理器的使用方法。

(1) 启动 Excel 2019 并创建工作表，在工作表中输入基础数据。在单元格 B9 中输入"=B6*(B7-B5-$B$2-$B$3)"，得到结果后向右填充公式到单元格 C9、D9，得到各个商品的利润值。

(2) 在单元格 B10 中输入"=SUM(B9:D9)"商品总利润的计算公式。计算结果和基础数据如图 6-23 所示。

	A	B	C	D
1		单位成本		
2	人力成本	120		
3	运输成本	70		
4		商品1	商品2	商品3
5	商品成本	1000	1200	1500
6	商品产量	100	121	144
7	销售价	3000	2500	2800
8				
9	商品利润	181000	134310	159840
10	总利润	475150		

图 6-23 计算结果和基础数据

(3) 在【数据】选项卡的【预测】组中单击【模拟分析】按钮，在打开的下拉列表中选择【方案管理器】。

(4) 打开【方案管理器】对话框，单击【添加】，进入【编辑方案】对话框，如图 6-24 所示。在【方案名】文本框中输入当前方案名称，在【可变单元格】文本框中输入可变单元格地址，这里以人力成本和运输成本值作为预测时的可变值。

图 6-24　【编辑方案】对话框

(5) 打开【方案变量值】对话框，如图 6-25 所示，在文本框中输入此方案的人力成本和运输成本值。单击【确定】，当前方案被添加到了"方案"列表框中。

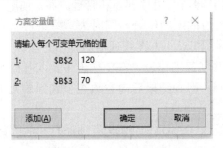

图 6-25　【方案变量值】对话框

(6) 在【方案管理器】中单击【摘要】按钮，将打开【方案摘要】对话框，如图 6-26 所示，选择创建摘要报表的类型，如这里选择默认的【方案摘要】单选按钮，完成设置后单击"确定"按钮。

图 6-26　【方案摘要】对话框

(7) 此时工作簿中将创建一个名为"方案摘要"的工作表，方案摘要如图 6-27 所示。

方案创建后可以对方案名称、可变单元格和方案变量值进行修改，在【方案管理器】对话框的【方案】列表中选择某个方案后单击【编辑】，打开【编辑方案】对话框，使用与创建方案相同的步骤进行操作即可。

方案摘要	当前值：	利润方案一	利润方案二	利润方案三
可变单元格：				
$B$2	100	120	110	100
$B$3	50	70	60	50
结果单元格：				
$B$10	489750	475150	482450	489750

注释："当前值"这一列表示的是在建立方案汇总时，可变单元格的值。
每组方案的可变单元格均以灰色底纹突出显示。

图 6-27　"方案摘要"工作表

项 目 小 结

本项目主要利用 Excel 表计算保本点销售量、销售额、设计保本点分析模型、目标利润分析模型、使用基本窗体控件设计因素变动分析模型、利润敏感分析模型及动态本量利分析模型等。介绍了 IF 函数的应用、单变量求解及方案管理器的使用方法。

课 后 习 题

1. 某公司生产销售 A 产品，预计的销售量为 8 500 件，单价为 75 元，变动成本为 45 元，固定成本为 200 000 元，企业目标利润为 80 000 元。要求建立目标利润分析模型，利用单变量求解计算企业达到目标利润时的销售量、单价、单位变动成本和固定成本。

2. 某公司生产和销售甲、乙、丙三种产品，预计销售量、单价和成本等数据如表 6-2 所示，要求建立一个计算综合保本点销售额以及保本点每种产品销售额和销售量的模型。

表 6-2　甲、乙、丙产品基础数据

项　　目	甲产品	乙产品	丙产品
预计销售量/件	1 800	2 000	2 400
单位产品售价/(元/件)	115	120	140
单位变动成本/(元/件)	83	85	100
固定成本/元	120 000		

3. 某公司生产和销售一种产品，企业的销售量为 2 400 件，单价为 135 元，单位变动成本为 85 元，固定成本为 100 000 元，预计企业的销售量、单价、单位变动成本、固定成本都变化，各因数变化区间 -10%～10%，公司管理层需要建立利润的敏感分析模型(如表 6-3 所示)。

(1) 计算变化前的利润。

(2) 计算保本点销售量及销售额。

(3) 利用滚动条(窗体控件)按钮设置各因素的变动，以及各因素的敏感系数。

表 6-3　产品基础数据

已知条件		预测值的变动情况	
项　目	基础数据	因素变化率	因素变动选择控件
销售量/件	2 400		
产品单价/(元/件)	135		
单位变动成本/(元/件)	85		
固定成本/元	100 000		
利润/元			

4. 某公司生产销售 A 产品，预计销售量为 7 000 件，单价为 90 元，变动成本为 60 元，固定成本为 300 000 元。要求建立一个分别用销售量、单价、单位变动成本和固定成本表示的保本点模型。

5. 某公司生产和销售甲、乙、丙三种产品，预计销售量、单价和成本等数据如表 6-4 所示，要求建立一个计算综合保本点销售额以及每种产品保本点销售额和销售量的模型。

表 6-4　甲、乙、丙产品基础数据

项　目	甲产品	乙产品	丙产品
预计销售量/件	1 500	1 600	1 700
单位产品售价/(元/件)	120	125	130
单位变动成本/(元/件)	88	90	95
固定成本/元	120 000		

6. 某公司生产和销售一种产品，企业的销售量为 1 600 件，单价为 120 元，单位变动成本为 80 元，固定成本为 60 000 元，预计企业的销售量、单价、单位变动成本、固定成本都发生变化，各因数变化区间 -10%～10%。利用滚动条(窗体控件)建立一个决策模型用于盈亏平衡分析，模型应包含以下功能：

(1) 计算销售收入、总成本及利润。

(2) 计算盈亏临界点销售量及销售额。

(3) 提供反映公司的销售收入、总成本、利润等数据的本量利图形，通过图形动态反映出销量各因素变化对企业利润的变化情况及盈利、亏损、保本点的决策信息。

7. 某公司生产和销售一种产品，企业的销售量为 80 000 件，单价为 18 元，单位变动成本为 12 元，固定成本为 300 000 元。计算企业的利润。假如企业的目标利润为 250 000 元，利用单变量求解，目标利润的销售量、单价、单位变动成本及固定成本。

8. 某公司只生产和销售三种产品，其销售量、单价和成本数据的初始预测值如表 6-5 所示，三种产品的各因素变化区间 -10%～10%，要求利用滚动条(窗体控件)按钮建立一个可以选择各因素变动率的多因素敏感性分析模型。通过利用滚动条(窗体控件)按钮指出对利润影响最敏感的因素是什么。

表 6-5　产品初始预测值

项　　目		初始预测值
A 产品	销售量/件	8 000
	产品单价/(元/件)	95
	单位变动成本/(元/件)	60
B 产品	销售量/件	6 000
	产品单价/(元/件)	55
	单位变动成本/(元/件)	20
C 产品	销售量/件	7 000
	产品单价/(元/件)	120
	单位变动成本/(元/件)	80
固定成本/元		200 000

9. 乙企业生产一种产品 A，已知单价为 100 元/件，固定成本为 35 000 元，变动成本为 50 元件，销售量为 1 000 件。要求：

(1) 运用本量利分析模型计算该企业的利润。

(2) 当该企业的目标利润为 30 000 元时，试分析该产品的单价、固定成本、变动成本、销售量应如何变动。

(3) 运用敏感性分析方法对影响企业利润的因素进行敏感性分析。

10. 某企业生产和销售单一产品，2020 年的有关经营资料如下：销售量 50 000 件，单价 50 元，变动成本 30 元，固定成本 200 000 元。要求：

(1) 采用本量利分析模型计算该企业的利润。

(2) 2021 年的目标利润为 1 000 000 元，分析相关因素该如何变动以实现目标利润。

(3) 用利润敏感性分析法对影响利润的因素进行敏感性分析。

项 目 实 训

运用 Excel 分析事业单位财务活动处理，建立目标利润分析模型、保本点分析模型、敏感系数分析模型。

一、实训目的

了解利润管理的基本内容；掌握单变量求解工具以及基本窗体控件的使用；掌握方案管理器的使用方法。

二、实训任务

掌握本量利分析、盈亏临界点分析、目标利润分析的基本概念和公式运用；理解本量利之间的关系和相互作用，能够对企业数据进行盈亏临界点分析和目标利润分析；掌握 IF 函数的使用方法；能够熟练使用不同状态下的模拟运算表功能；掌握单变量求解工具以及基本窗体控件的使用，建立本量利基本的分析模型。

三、实训要求

(1) 要求以"利润管理＋班级＋小组名"进行命名。

(2) 按实训资料要求建立盈亏临界点、目标利润模型及各因素变化对利润的影响并计算各因素的敏感系数。

(3) 掌握 Excel 表格中单变量求解操作、滚动条的使用，建立本量利基本分析模型的方法。

四、实训内容

实训资料(一)：某公司生产和销售一种产品，其销售量、单价和成本数据的初始预测如表 6-6 所示，销售量的变化区间为 −10%～10%，单价、单位变动成本和固定成本的变化区间为 −5%～5%。

实训要求：利用 Excel 滚动条(窗体控件)的功能，建立一个带有可以选择各因素变动率的滚动条控件按钮的利润单因素和多因素敏感分析模型。

表 6-6　产品初始预测数据

已知条件		各参数预测值的变动情况		
项　目	初始预测值	变动后数值	因素变动率	因素变动率选择控件
销售量/件	8 000			
单价/(元/件)	95			
单位变动成本	60			
固定成本	60 000			
计算过程与结果				
保本点销售量		基础情况的预计利润		
单因素变化对保本点销售量和利润的影响				
项　目	因素变动率	变动后保本点销售量	对利润的影响	
			变动后利润 / 利润变动额 / 利润变动率		
销售量/件				
单价/(元/件)				
单位变动成本				
固定成本				
多因素同时变化对保本点销售量和利润的影响				
变动后保本点销售量		变动后的利润		
利润变动额		利润变动率		

实训资料(二)：某公司生产和销售一种产品，产品的销售量 2 100 件，单价 1 100 元，单位成本 500 元，固定成本 600 000 元，如表 6-7 所示。

实训要求：

(1) 利用 Excel 表格，以产品的已知条件计算收入总额、成本总额和利润总额，计算产品的保本点销售量。

(2) 假设销售量为 0，300，500，700，900，1 100，1 300，1 500，1 700，1 900，2 100，2 300，2 500，2 700，3 000 件，利用模拟运算功能计算该公司的成本总额、销售总额和利润总额。

(3) 利用散点图功能，制作成本总额、销售总额、利润总额、保本点指示线和利润指示线，完善本量利分析模型图。

(4) 假设销售单价在 800，850，900，950，1 000，1 050，1 100，1 050，1 200 元间变动，利用数值调节按钮(窗体控件)分别设置销售量和价格按钮进行调节。

(5) 通过以上条件，利用 Excel 表建立产品动态图标本量利分析模型。

表 6-7　本量利分析模型

销售量/件	2 100	销售量/件	成本总额/元	销售总额/元	利润总额/元
固定成本/元	600 000	2 100			
单位变动成本/元	500	0			
销售单价/元	1 100	300			
收入总额		500			
成本总额		700			
利润总额		900			
保本点销售量		1 100			
保本点指示线数据		1 300			
		1 500			
		1 700			
		1 900			
利润指示线数据		2 100			
		2 300			
		2 500			
		2 700			
		3 000			

项目七　Excel 2019 在财务预测中的应用

课前预习

1. 资金需要量预测的意义

资金需要量的预测的方法有销售百分比法、高低点法和回归分析法等。

2. 资金需要量预测方法

(1) 销售百分比法。

(2) 高低点法。

(3) 回归分析法。

回归方程为 y=mx+b。

3. 利用函数进行预测分析

(1) LINEST 函数：对已知的数据进行最佳直线拟合。

(2) TREND 函数：构造线性回归直线方程。

(3) LOGEST 函数：回归拟合曲线返回该曲线的值。

(4) GROWTH 函数；根据现有的数据预测指数增长值。

知识目标

(1) 了解财务预测的基本内容。

(2) 了解销售百分比法的计算原理。

(3) 掌握财务预测常用函数的使用方法。

技能目标

(1) 掌握资金需要量预测的销售百分比法、高低点法和回归分析法。

(2) 能够运用销售百分比法设计资金需要量模型，能设计高低点分析模型和回归分析模型。

 **任务导入**

党的二十大报告提出"未来五年是全面建设社会主义现代化国家开局起步的关键时期，主要目标任务是：经济高质量发展取得新突破，科技自立自强能力显著提升，构建新发展格局和建设现代化经济体系取得重大进展"。我们要按照全面建成社会主义现代化强国的要求，加快建设现代化经济体系，确保社会主义现代化强国目标如期实现，这是遵循经济发展规律、适应我国社会主要矛盾变化、保持经济持续健康发展的必然要求。宏观上国家做好经济发展预测，微观上企业做好年度财务预测。财务预测结合企业的实际情况，客观地、实事求是预测未来的发展目标，确保企业实现可持续发展。

某公司生产销售某种零件，2020 年 1—6 月份该零件的销售量数据如表 7-1 所示，要求：根据表 7-1 预测 2020 年 7—12 月份该零件的销售数据。

表 7-1　某公司 1—6 月份销售量数据

月份	销售量/件
1	25 000
2	24 900
3	24 000
4	23 800
5	23 000
6	22 900

任务一　资金需要量的基本理论

一、资金需要量预测的意义

财务预测作为财务管理的一个重要环节，其内容主要包括资金需要量预测、成本费用预测、收入利润预测等。其中，资金需要量预测是财务预测的重要内容。

资金需要量预测是指企业根据生产经营的需求，对未来所需资金进行估计和推测。它是企业制订融资计划的基础。企业持续的生产经营活动不断地产生对资金的需求，同时，企业进行对外投资和调整资本结构，也需要筹措资金。企业所需要的这些资金，一部分来自企业内部，另一部分通过外部融资取得。由于对外融资时企业不但需要寻找资金提供者，而且还需要作出还本付息的承诺或提供企业盈利前景，使资金提供者确信其投资是安全的并可获利，这个过程往往需要花费较长的时间，因此，企业需要预先知道自身的财务需求，确定资金的需要量，提前安排融资计划，以免影响资金周转。

资金需要量的预测的方法有销售百分比法、高低点法和回归分析法等。

二、资金需要量预测的步骤

资金需要量预测一般按以下几个步骤进行：

(1) 进行销售预测。

销售预测是企业财务预测的起点。销售预测本身不是财务管理的职能，但它是财务预测的基础，销售预测完成后才能开始财务预测。因此，企业资金需要量的预测也应当以销售预测为基础。

(2) 估计需要的资产。

资产通常是销售量的函数，根据历史数据可以分析出该函数关系。根据预计销售量和资产销售函数，可以预测所需资产的总量。某些流动负债也是销售量的函数，相应地，也可以预测负债的自发增长，这种增长可以减少企业外部融资的数额。

(3) 估计收入、费用和留存收益。

收入和费用与销售额之间也存在一定的函数关系，因此，可以根据销售额估计收入和费用，并确定净利润。净利润和股利支付率共同决定了留存收益所能提供的资金数额。

(4) 估计追加资金需要量，确定外部融资数额。

将预计资产总量减去已有的资金来源、负债的自发增长和内部提供的留存收益，得出应追加的资金需要量，以此为基础进一步确定所需的外部融资数额。

任务二　资金需要量预测方法

一、销售百分比法

销售百分比法是根据销售额与资产负债表中有关项目间的比例关系，预测各项目短期资金需要量的方法。该方法有两个基本假定：其一，假定某项目与销售额的比例已知并不变；其二，假定未来的销售额已知。销售百分比法一般通过编制预测资产负债表来确定企业的资金需要量。

预测资产负债表是利用销售百分比法预测外部筹资需要量的报表，其基本格式与实际资产负债表大致相同。企业通过编制预测资产负债表，可以预测资产、负债及留存收益等有关项目的数额，从而确定企业需要从外部筹资的数额。

预测的步骤如下：

(1) 确定资产、负债中与销售额有固定比率关系的项目，这种项目称为敏感项目。敏感项目有：敏感资产项目，如货币资金、应收账款、存货等需要扩充的固定资产；敏感负债项目，如应付票据、应付账款、应付费用、其他应付款、预付费用等。对外投资、固定资产净值、短期借款、非流动负债、实收资本等项目，其金额一般不会随销售额的增长而增加，因此将其称为非敏感项目。在生产能力范围之内，增加销售量一般不需增加固定资产，如果在生产能力已经饱和的情况下继续增加产销量，则可能需增加固定资产投资额，因此固定资产项目既可能是非敏感项目，也可能是敏感项目。

(2) 对各个敏感项目，计算其基期的金额占基期销售收入的百分比，并计算出敏感资产项目占基期销售收入的百分比的合计数和敏感负债项目占基期销售收入的百分比的合计数。

(3) 根据计划期的销售收入和销售净利润率，结合计划期支付股利的比率，确定计划期内部留存收益的增加额。

(4) 根据销售收入的增长额确定企业计划期需要从外部筹措的资金需要量。

计算公式如下：

$$M = \frac{A}{S_1} \times \Delta S - \frac{B}{S_1} \times \Delta S - P \times E \times S_2$$

式中：M 为外部融资需求量，A 为随销售变化的资产；B 为随销售变化的负债；S_1 为基期销售额；S_2 为预测期销售额；ΔS 为销售变动额；P 为销售净利润率；E 为保留盈余比率；$\frac{A}{S_1}$ 为变动资产占基期销售额的百分比；$\frac{B}{S_1}$ 为变动负债占基期销售额的百分比。

【例 7-1】 某公司 2020 年末资产负债表如图 7-1 所示。公司当年的销售额为 1 100 万元，销售净利润率为 10%，企业生产能力尚有剩余。预计 2021 年销售额增长 20%，获利能力保持前一年水平，2020 年股利分配率为 60%。试预测 2021 年的筹资需求量。

	A	B	C	D
1			资产负债表	
2			2020年12月31日	单位：万元
3	资产	金额	负债及所有者权益	金额
4	现金	200.00	应付账款	150.00
5	应收账款	60.00	应付票据	20.00
6	存货	265.00	短期借款	9.00
7	固定资产净值	475.00	应付债券	–
8			实收资本	600.00
9			资本公积	140.00
10			留存收益	81.00
11	资产合计	1,000.00	负债及所有者权益合计	1,000.00

图 7-1　资产负债表

预测 2021 年筹资需求量的步骤如下：

(1) 根据某公司 2020 年末的资料，在同一张工作表中，创建"资产负债表""销售百分比计算表""资金预测计算表"。

(2) 将 B16:B22 和 D16:D22 区域单元格属性设置为"百分比"，将 B29:D29 区域单元格属性设置为"百分比"，在 A29:D29 区域单元格依次输入销售额、销售净利率、销售额增长率、股利分配率的有关数据。

(3) 各单元格的操作如下：B16=B4/A29，B17=B5/A29，B18=B6/A29，B19 单元格输入"N"，D16=D4/A29，D17=D5/A29，在 D18 至 D22 单元格输入"N"，B23=SUM(B16:B18)，D23=SUM(D16:D17)，如图 7-2 所示。

	A	B	C	D
13				
14			销售百分比计算表	
15	资产	金额	负债及所有者权益	金额
16	现金	18.18%	应付账款	13.64%
17	应收账款	5.45%	应付票据	1.82%
18	存货	24.09%	短期借款	N
19	固定资产净值	N	应付债券	N
20			实收资本	N
21			资本公积	N
22			留存收益	N
23	资产合计	47.73%	负债及所有者权益合计	15.45%

图 7-2　销售百分比计算

(4) 在 E29 单元格输入公式"(B23-D23)*A29*C29-A29*(1+C29)*B29*(1-D29)",即可计算出 2021 年的筹资需求量为 18.20 万元,如图 7-3 所示。

	A	B	C	D	E
25					
26	资金预测计算表				
27	**2020**	**2021**			
28	销售额	销售净利率	销售额增长率	股利分配率	筹资需求
29	1,100	10%	20%	60%	18.20

图 7-3　资金预测结果

【例 7-2】 某公司 2020 年末资产负债表、2020 年销售收入和 2021 年的预计收入资料如图 7-4 所示。要求创建 2021 年外部追加资金需要量预测及预计资产负债表。

	A	B	C	D	E	F	G	H	I
1	已知条件(单位:万元)								
2	2020年末简要资产负债表						其他数据		
3	资产项目	金额	敏感性	负债及所有者权益项目	金额	敏感性	2020年销售收入		2,000.00
4	货币资金	200.00	Y	应付票据	250.00	Y	2020年销售净利率		15.00%
5	应收账款	300.00	Y	应付账款	300.00	Y	2020年股利支付率		65.00%
6	存货	600.00	Y	应交税金	110.00	Y	2021年预计销售收入		2,500.00
7	长期投资	400.00	N	长期负债	640.00	N	2021年预计销售净利率		15.00%
8	固定资产净值	1,800.00	N	实收资本	1,500.00	N	2021年预计股利支付率		65.00%
9	无形资产	200.00	N	留存收益	700.00	N	2021年其他需求资金		100.00
10	资产合计	3,500.00		负债及所有权益合计	3,500.00		追加资金的筹集方式		长期负债

图 7-4　资产负债表及销售数据

筹资需求量的步骤如下:

(1) 确定资产的敏感性。敏感性资产包括货币资金、应收账款、存货。敏感性负债包括应付票据、应付账款、应交税金。

留存收益属于特殊性资产。

(2) 计算敏感性资产(负债)占基期销售收入的百分比:

B14=B4/I3

B15=B5/I3

B16=B6/I3

E14=E4/I3

E15=E5/I3

E16=E6/I3

(3) 预计资金:

C14=I6*B14+I9

C15=I6*B15

C16=I6*B16

(4) 追加筹资前预计资金:

F14=I6*E14

F15=I6*E15

F16=I6*E16

F19=E9+I6*I7*(1-I8)

(5) 按资产负债表计算的资金缺口：

F21=C20-F20

按公式计算的资金缺口：

F22=(B20-E20)*(I6-I3)-I6*I7*(1-I8)+I9

计算出 2021 年资金缺口为 78.75 万元，计算结果如图 7-5 所示。

	A	B	C	D	E	F	G	H	I
12				2021年追加外部资金需要量预测及预计资产负债表					
13	资产项目	占基期销售收入百分比	2021预计资金	负债及所有者权益项目	占基期销售收入百分比	2021追加筹资前预计资金			2021追加筹资后预计资金
14	货币资金	10.00%	350.00	应付票据	12.50%	312.50			312.5
15	应收账款	15.00%	375.00	应付账款	15.00%	375.00			375
16	存货	30.00%	750.00	应交税金	5.50%	137.50			137.5
17	长期投资	N	400.00	长期负债	N	640.00			718.75
18	固定资产净值	N	1800.00	实收资本	N	1500.00			1500
19	无形资产	N	200.00	留存收益	N	831.25			831.25
20	资产合计	55.00%	3875.00	负债及所有者权益合计	33.00%	3796.25			3875.00
21	按资产负债表计算的资金缺口					78.75			
22	按公式计算的资金缺口					78.75			

图 7-5　资金缺口计算结果

二、高低点法

高低点法是根据资金习性预测未来资金需要量的一种方法。高低点法又称两点法，指通过观察一定相关范围内各期的产销量(或销售额)与资金占用量所构成的坐标点，从中选出销量最高和最低的两点坐标建立线性预测方程，据此推算不变资金总额和单位变动资金，从而预测资金需要量。

资金习性是指资金的变动与产销量(或销售额)变动之间的依存关系。按照资金与产销量之间的依存关系，可以将全部资金划分为不变资金、变动资金和半变动资金。

不变资金是指在一定的产销量范围内，不受产销量变动的影响而保持固定不变的那部分资金。这部分资金主要包括为维持营业而占用的最低数额的现金储备，必要的成品储备，原材料的保险储备，厂房、机器设备等固定资产占用的资金。

变动资金是指随产销量的变动而成比例变动的那部分资金。这部分资金主要包括直接构成产品实体的原材料、外购件等占用的资金，在最低储备以外的现金、应收账款、存货等占用的资金。

半变动资金是指虽然受产销量变化的影响但不成比例变动的那部分资金。半变动资金可以采用一定的方法分解为不变资金和变动资金。

高低点法的具体操作步骤如下：

(1) 找出产销量的最高点和最低点。

(2) 计算单位变动资金：

单位变动资金 = 高低点资金占用量之差/高低点产量之差

(3) 计算不变资金总额：

不变资金总额 = 高点占用资金 − 单位变动资金 × 高点产销量

(4) 预测某一时期的资金需求量：

预测的资金需求量 = 不变的资金总额 + 单位变动资金 × 预测期产销量

【例 7-3】 某公司 2016—2020 年的产销量和资金占用量及 2021 年预测的产销量如图 7-6 所示。要求采用高低点法建立预测该公司 2021 年资金需要量的模型。

	A	B	C
1	**2016-2020产销量与资金占用量**		
2	年度	产销量（万件）	资金占用量（万元）
3	2016	80	1,097.00
4	2017	110	1,325.00
5	2018	160	1,836.00
6	2019	220	2,462.00
7	2020	230	2,690.00
8	2021（预计）	300	预测资金占用量

图 7-6　预测产销量

某公司 2021 年筹资需求量的步骤如下：

(1) 找出产销量的最高点和最低点，在 B12 单元格输入 "=MAX(B3:B7)"；在 B13 单元格输入 "=MIN(B3:B7)"；找出对应的资金占用量。

(2) 在 C14 单元格输入 "= (C12-C13)/(B12-B13)"。

(3) 在 C15 单元格输入 "=C12-C14*B12"。

(4) 在 C16 单元格输入 "=C15+C14*B8"，得出 2021 年预计资金需用量 3433.40 万元。预测结果如图 7-7 所示。

	A	B	C
9			
10	**计算结果**		
11		产销量	资金占用量
12	高点	230.00	2,690.00
13	低点	80.00	1,097.00
14	单位变动资金（元/件）		10.62
15	不变资金总额（万元）		247.40
16	2021年预计资金需用量（万元）		3,433.40

图 7-7　资金需要量预测

三、回归分析法

回归分析法是利用数理统计中回归分析来确定两种或两种以上的变量间相互依赖的定量关系的一种统计分析方法。

【例 7-4】 某公司 2015—2020 年销售量及对应的资金需要量如图 7-8 所示。预计 2021 年的销售量 12 万件，请预测 2021 年的资金需要量。

	A	B	C
1	年度	销售量（万件）	资金需要量（万元）
2	2015	9	10.00
3	2016	8	9.50
4	2017	7	8.00
5	2018	9	10.00
6	2019	10	10.50
7	2020	11	12.00
8	2021（预计）	12	预测资金需要量

图 7-8　销售量数据

预测 2021 年筹资需求量的步骤如下：

(1) 根据某公司 2020 年末资料，工作表中将 sheet2 更名为"回归分析法"。

(2) 选中 B1:C7 插入折线图。在【图表工具】→【图表设计】→【添加图表元素】，添加横坐标标题、纵坐标标题及图标标题，如图 7-9 所示。

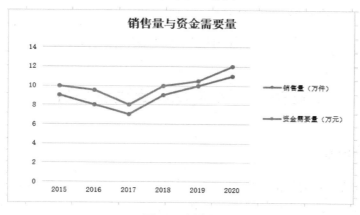

图 7-9　折线图

(3) 加载回归分析工具：【文件】→【选项】→【加载项】→【管理】→【Excel 加载项】→【转到】→【分析工具库】→【确定】。

(4)【数据】→【数据分析】→【回归】→【确定】，输入"Y 值区域"和"X 值区域"，选择输出区域【确定】，回归参数如图 7-10 所示。

图 7-10　回归分析参数

(5) 得出回归分析方程 Y = 1.9 + 0.9X，计算当 X = 12 万件，得出 Y = 12.7 万元，分析数据如图 7-11 所示。

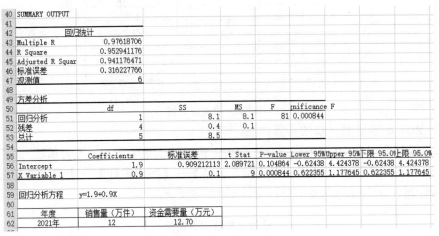

图 7-11   回归分析数据

任务三   资金需要量预测函数

一、LINEST()函数

LINEST 函数的用途是使用最小二乘法对已知数据进行最佳直线拟合，并返回描述此直线的数组，对已知的数据进行最佳直线拟合。

语法：LINEST(Known_y's,Known_x's,Const,Stats)

参数：

Known_y's：表达式 y = mx + b 中已知的 y 值集合。

Known_x's：关系表达式 y = mx + b 中已知的可选 x 值集合。

Const：逻辑值，指明是否强制使常数 b 为 0。如果 Const 为 TRUE 或省略，b 将参与正常计算；如果 Const 为 FALSE，b 将被设为 0，并同时调整 m 值使得 y=mx。

Stats：逻辑值，指明是否返回附加回归统计值。如果 Stats 为 TRUE，函数 LINEST 返回附加回归统计值；如果 Stats 为 FALSE 或省略，函数 LINEST 只返回系数 m 和常数项 b。

【例 7-5】 某企业 2016—2020 年的销售收入与资金需要量关系如图 7-12 所示，试预测 2021 年销售收入为 3 000 000 元时的资金需要量。

	A	B	C	D	E	F
1	销售收入与资金需要量					
2						
3	年度	2016	2017	2018	2019	2020
4	资金需要量（元）	1,220,000.00	1,440,000.00	1,580,000.00	1,720,000.00	1,800,000.00
5	销售收入（元）	1,800,000.00	2,025,000.00	2,200,000.00	2,440,000.00	2,610,000.00

图 7-12   销售收入与资金需要量

(1) 在 D8 单元格中输入函数 LINEST()，Known_y's 为 B4:F4，Known_x's 为 B5:B5，

Const 为默认，Stats 为默认。

(2) 求出 m = 0.71，函数参数设置如图 7-13 所示。

(3) 利用组合键求 b。选中 D8:E8，按 F2 键，显示函数参数。按【Ctrl + Shift + Enter】键得出 b = −18 558.77。

(4) 表达式 y = 0.71x − 18 558.77，如图 7-14 所示。

(5) 在 D11 单元格中输入公式 "=D8*C11+E8"。

预测当收入为 3 000 000.00 元时，资金需要量为 2 108 608.86 元。计算结果如图 7-15 所示。

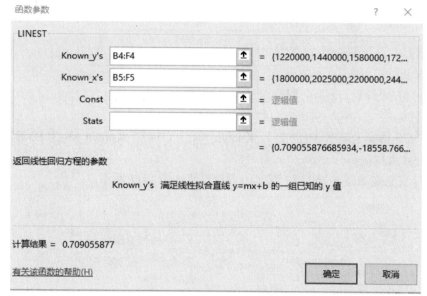

图 7-13　函数参数设置

6	A	B	C	D	E
7	直线方程	y=mx+b		m的值	b的值
8		y=0.71x−18558.77		0.71	−18,558.77

图 7-14　方程表达式

9	A	B	C	D	E
10	2021年资金需要量		预计销售收入（元）	预测资金需要量（元）	
11			3,000,000.00	2,108,608.86	

图 7-15　资金需要量

二、TREND()函数

TREND 函数的功能是返回一条线性回归拟合线的值。

语法：TREND(Known_y's,Known_x's,New_x's,Const)

参数：

Known_y's：已知 y = mx + b 中 y 值的集合。

Known_x's：已知 y = mx + b 中可选 x 值的集合。

New_x's：新的 x 值，需要通过 TREND 函数返回对应的 y 值。

Const：逻辑值，指明是否将常数 b 强制为 0。

【例 7-6】 某公司 2014—2018 年的收入和资金占用量及 2019 年预计收入如图 7-16 所示。要求利用回归分析法建立预测该公司 2019 年资金需要量的模型。

年度	销售收入（万元）	资金需要量（万元）
	销售收入与资金需要量	
2014	850.00	635.00
2015	1,160.00	857.00
2016	1,750.00	1,123.00
2017	2,370.00	1,324.00
2018	2,910.00	1,507.00
2019(预测)	3,050.00	

图 7-16 资金占用量与销售收入

在 C8 单元格输入函数 TREND()，Known_y's 为 C3:C7，Known_x's 为 B3:B7，New_x's 为 B8，Const 为默认。

2019 年资金需要量 = 1597.89 万元，参数设置如图 7-17 所示。

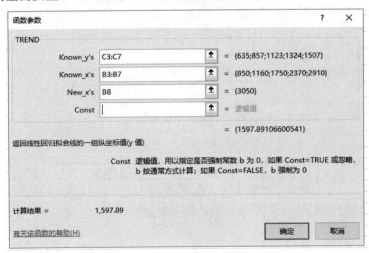

图 7-17 函数参数设置

三、LOGEST()函数

LOGEST 函数用于在回归分析中计算最符合观测数据组的指数回归拟合曲线，并返回描述该曲线的数值数组。

语法：LOGEST(Known_y's, Known_x's, Const, Stats)

参数：

Known_y's：一组符合 y = b*m^x 函数关系式的 y 值的集合。

Known_x's：一组符合 y = b*m^x 函数关系式的可选 x 值集合。

Const：一逻辑值，指明是否强制使常数 b 为 0。如果 Const 为 TRUE 或省略，b 将参与正常计算；如果 Const 为 FALSE，b 将被设为 0，并同时调整 m 值使得 y = m^x。

Stats：一逻辑值，指明是否返回附加回归统计值。如果 Stats 为 TRUE，函数返回附加回归统计值；如果 Stats 为 FALSE 或省略，函数只返回系数 m 和常数项 b。

【例 7-7】某企业 2016—2020 年销售收入与资金需要量关系如图 7-18 所示，预测 2021年销售收入为 3 000 000 元时的资金需要量。

	A	B	C	D	E	F
1 2	销售收入与资金需要量					
3	年度	2016	2017	2018	2019	2020
4	资金需要量（元）	2,450,000.00	2,650,000.00	2,850,000.00	3,230,000.00	3,360,000.00
5	销售收入（元）	1,800,000.00	2,025,000.00	2,200,000.00	2,440,000.00	2,610,000.00

图 7-18　资金需要量与销售收入

(1) 在 D8 单元格输入函数 LOGEST()，Known_y's 为 B4:F4，Known_x's 为 B5:F5，Const 为默认，Stats 为默认。

(2) 求出 m=1.000 000 4。

(3) 利用组合键求 b。选中 D8:E8，按 F2，显示函数参数。按 Ctrl + Shift + Enter 键求出 b=1 167 400.152。

(4) 输入表达式 y=1 167 400.8*1^x，如图 7-19 所示。

	A	B	C	D	E
6					
7	直线方程	y=b*m^x		m的值	b的值
8		y=1167400.8*1^x		1.0000004	1167400.152

图 7-19　方程表达式

(5) 在 E11 单元格输入"POWER(D8,C11)*E8"。

(6) 预测当收入为 3 000 000 元时，资金需要量为 3 980 706.17 元，计算结果如图 7-20 所示。

	A	B	C	D	E	F
9						
10	2021年资金需要量		预计销售收入（元）		预测资金需要量（元）	
11			3,000,000.00		3,980,706.17	

图 7-20　资金需要量

四、GROWTH()函数

GROWTH 函数用于给定数据预测指数增长值。根据现有的 x 值和 y 值，GROWTH 函数返回一组新的 x 值和 y 值，可以使用 GROWTH 函数来拟合满足现有的 x 值和 y 值的指数曲线。

语法：GROWTH(Known_y's, Known_x's, New_x's, Const)

参数：

Known_y's：满足指数回归拟合曲线的一组已知的 y 值。

Known_x's：满足指数回归拟合曲线的一组已知的 x 值。

New_x's：一组新的 x 值，可以通过 GROWTH 函数返回的对应的 y 值。

Const：逻辑值，指明是否将系数 b 强制为 1。如果 Const 为 TRUE 或省略，b 将参与正常计算；如果 Const 为 FALSE，b 将被设为 1。

【例 7-8】 某公司 2020 年 1—9 月份的资金需求量如图 7-21 所示，预测 10、11、12 月份的资金需求量。

	A	B
1	月份	资金需要量（万元）
2	1	12895
3	2	13287
4	3	13366
5	4	16899
6	5	13600
7	6	13697
8	7	15123
9	8	12956
10	9	13135
11	预测10-12月份资金需要量（万元）	
12	10	
13	11	
14	12	

图 7-21　资金需要量

(1) 在 B12 单元格输入函数 GROWTH()，Known_y's 为 B2:B10，Known_x's 为 A2:A10，New_x's 为 A12:A14，Const 省略。

(2) 选中 B12:B14，按 F2 键，显示函数参数。

(3) 按 Ctrl+Shift+Enter 键，返回 10 月份的资金预测量为 13 874 万元，返回 11 月份的资金预测值为 13 882 万元，返回 12 月份的资金预测值为 13 890 万元。

【例 7-9】 某公司 2020 年销售资料如图 7-22 所示，已知该公司的生产销售趋于平稳，预测 2020 年 12 月份的销售额。要求利用 LNEST()函数、TREND()函数、LOGEST()函数和 GROWTH()函数进行预测。

	A	B	C	D	E	F	G	H	I	J	K	L	M
1						2020年度							
2						1-11月份销售额							预测
3	月份	1	2	3	4	5	6	7	8	9	10	11	12
4	销售额（万元）	350	320	320	340	370	400	450	500	550	650	750	

图 7-22　销售资料

步骤如下：

(1) 在 B13 单元格输入=LINEST(B4:L4,B3:L3)，求出 m=40.09。

(2) 选中 B13:C13，按 F2 键，显示函数参数，按 Ctrl + Shift + Enter 键，求出 b=214。

(3) 在 D12 单元格输入线性方程 y=40.09x+214，求出 12 月份的销售额=695.09。

(4) 在 D15 单元格输入 "=TREND(B4:L4,B3:L3,M3)"，求出 12 月份的销售额=695.09。

(5) 在 G13 单元格插入函数 LOGEST()，参数 Known_y's 输入 "B4:L4"，参数 Known_x's 输入 "B3:L3"，参数 Const 为默认，参数 Stats 为默认，点击【确定】，则 G13 单元格对应的 m 值为 1.09。

(6) 选中 G13:H13 单元格按 F2 键，显示函数参数，按 Ctrl+Shift+Enter 键，求出 b=263.56。

(7) 在 I12 单元格输入 "=POWER(G13, M3)*H13"，求出 12 月份的销售额=721.96。

(8) 在 I15 单元格输入 "GOWTH(B4:L4, B3:L3, M3)"，求出 12 月份的销售额=721.96。
计算结果如图 7-23 所示。

	A	B	C	D	E	F	G	H	I	J	K	L	M
8													
9						选择与计算区域							
10	线性趋势(y=m*x+b)					指数趋势(y=b*m^x)							
11	利用LINEST函数计算			2020年12月份销售额		利用LOGEST函数计算			2020年12月销售额				
12	y=m*x+b	系数m	系数b	y=40.09x+214		y=b*m^x	系数m	系数b					721.96
13		40.09	214.00	695.09			1.09	263.56					
14	利用TREND函数计算			2020年12月份销售额		利用GROWTH函数计算			2020年12月销售额				
15	y=m*x+b			695.09		指数曲线			721.96				

图 7-23　计算结果

项 目 小 结

本项目主要介绍资金需要量预测的定义及步骤，重点介绍了销售百分比法、高低点法和回归分析法进行财务预测的方法及预测模型，最后介绍了资金需要量预测函数(LINEST()、TREND()、LOGEST()、GROWTH()函数)的基本功能及使用方法。

课 后 习 题

1. 某公司 2020 年销售收入为 20 000 万元，销售净利率为 10%，利润分配率为 60%，资产负债表如表 7-2 所示。

表 7-2　某公司 2020 年资产负债表

资产项目	期末余额/万元	是否敏感项目	负债及所有者权益项目	期末余额/万元	是否敏感项目
货币资金	2 000		短期借款	3 300	
应收账款	3 000		应付账款	4 000	
存货	8 000		应交税费	1 000	
固定资产	1 000		长期负债	3 000	
无形资产	300		所有者权益	3 000	
资产合计	14 300		负债及所有者权益合计	14 300	

该公司 2021 年预计销售收入增长率为 20%，销售净利率与利润分配政策与 2020 年保持一致。预测该公司 2021 年的外部筹资额。

2. 某企业产销量和资金需要量资料如表 7-3 所示。假设该企业 2021 年产量为 150 万件，要求用高低点法预测 2021 年的资金需求量。

表 7-3 　产量与资金需要量

年　度	产销量/万件	资金占用量/万元
2015	70	800
2016	85	780
2017	90	820
2018	85	790
2019	100	900
2020	110	1000
2021 预计产销量/万件	150	

3. 某公司 2020 年下半年销售量和资金占用量如表 7-4 所示，预计该公司 2021 年 1 份销售量为 400 万件，要求用回归分析法预测 2021 年 1 月份的资金需求量。

表 7-4 　某公司 2020 年下半年销售量与资金占用量

月　份	7	8	9	10	11	12
销售量/万件	280	305	290	400	310	350
资金占用量/万元	410	452	438	510	448	480

4. 某公司 2020 年销售收入为 300 万元，销售净利率为 10%，利润分配率为 60%，资产负债表如表 7-5 所示。

表 7-5 　某公司 2020 年简要资产负债表

资产项目	期初余额/万元	期末余额/万元	负债及所有者权益项目	期初余额/万元	期末余额/万元
货币资金	100	150	短期借款	220	300
应收账款	350	400	应付账款	150	190
存货	300	600	应交税费	230	300
固定资产	300	400	长期负债	180	310
无形资产	50	100	负债合计	780	1 100
资产合计	1 100	1 650	所有者权益	320	550
			负债及所有者权益合计	1 100	1 650

预计该公司 2021 年销售收入增长率为 20%，销售净利率与利润分配政策与 2020 年保持一致。预测该公司 2021 年的外部筹资额。

5. 某企业产量和资金需要量如表 7-6 所示。假设该企业 2020 年产销量为 12 万件，要求用高低点法预测 2020 年的资金需求量。

表 7-6   产量与资金需要量

年度	产销量/万件	资金占用量/万元
2015	7.5	800
2016	8	780
2017	9	820
2018	8.5	790
2019	9.5	900
2020 预计产销量/万件	12	

6. 某公司 2020 年下半年销售量和资金占用量如表 7-7 所示，预计该公司 2021 年 1 月份的销售量为 150 万件，要求用高低点法预测 2021 年 1 月份的资金需求量。

表 7-7   某公司 2020 年下半年销售量与资金占用量

月 份	7	8	9	10	11	12
销售量/万件	100	105	90	95	110	120
资金占用量/万元	140	152	138	140	148	158

7. 某公司 2010—2020 年销售资料如表 7-8 所示，已知该公司的生产销售趋于平稳，预测 2021 销售量为 800 万件。要求分别利用 LNEST()函数、TREND()函数、LOGEST()函数和 GROWTH()函数预测 2021 年的资金需要量。

表 7-8   某公司 2010—2020 年销售量与资金需要量

年份	2010	2011	2012	2013	2014	2015	2016	2017	2018	2019	2020	2021 (预测)
销售量/万件	250	210	220	225	260	285	320	380	480	500	650	800
资金需要量/万元	360	320	320	340	380	400	450	500	600	650	790	

项 目 实 训

运用 Excel 分析事业单位财务活动的处理，建立资金预测分析模型。

一、实训目的

了解财务预测的基本内容，掌握销售百分比法的计算原理及财务预测常用函数的使用方法。

二、实训任务

掌握资金需要量预测的销售百分比法和回归分析法，能够运用销售百分比法设计资金需要量模型，能够设计资金需要量回归分析模型。

三、实训要求

(1) 要求以"财务预测+班级+小组名"进行命名。

(2) 按实训资料要求掌握销售百分比法、高低点法和回归分析法的分析模型。

(3) 掌握 Excel 中财务预测常用函数的应用。

四、实训内容

实训资料(一):某公司 2020 年销售收入为 10 000 万元,销售净利率为 15%,利润分配率为 50%,资产负债表如表 7-9 所示。预计该公司 2021 年销售收入增长率为 25%,销售净利率与利润分配政策与 2020 年保持一致,预测该公司 2021 年的外部筹资额。

实训要求:利用销售百分比法建立企业资金需要量的分析模型。

表 7-9 某公司 2020 年资产负债表

资产项目	期初余额/万元	期末余额/万元	负债及所有者权益项目	期初余额/万元	期末余额/万元
货币资金	800	1 000	短期借款	1 200	1 000
应收账款	1 300	2 000	应付账款	500	900
存货	2 200	3 000	应交税费	2 300	3 000
固定资产	3 000	4 000	长期负债	1 800	2 100
无形资产	500	1 000	所有者权益	2 000	4 000
资产合计	7 800	11 000	负债及所有者权益合计	7 800	11 000

实训资料(二):某公司 2014—2020 年的产销量和资金占用量及 2021 年预测的产销量如表 7-10 所示。

实训要求:

(1) 采用高低点法建立一个预测该公司 2021 年资金需要量的模型。

(2) 写出采用高低点法时企业资金占用量与产销量之间的直线方程式。

表 7-10 某公司 2014—2020 年的产销量与资金占用量

年 度	产销量/万件	资金占用量/万元
2014	20	97
2015	24	135
2016	27	168
2017	32	162
2018	37	205
2019	43	245
2020	45	265
2021 预计产销量/万件	53	

实训资料(三):某公司 2015—2020 年的销售收入及资金占用量如表 7-11 所示。

实训要求:

(1) 利用回归分析法，完成回归方程的表达式。

(2) 预计 2021 年销售收入为 305 万元，利用回归方程预测 2021 年的资金需求量。

表 7-11　某公司 2015—2020 年销售收入与资金占用量

年　度	2015	2016	2017	2018	2019	2020	2021(预测)
销售收入/万元	85	116	175	237	291	325	305
资金占用量/万元	62	85	109	128	139	157	

实训资料(四)：某公司 2014—2020 年销售额与资金需求量如表 7-12 所示，已知该公司的生产销售趋于平稳，预计 2021 年公司的销售额为 800 万元。

实训要求：建立一个多函数分析模型，分别使用 LNEST()函数、TREND()函数、LOGEST()函数和 GROWTH()函数预测 2021 年公司的资金需求量。

表 7-12　某公司 2014—2020 年销售额与资金需求量

年度	2014	2015	2016	2017	2018	2019	2020	2021(预测)
销售额/万元	245	240	230	285	420	510	700	800
资金需求量/万元	350	330	340	400	550	650	850	

项目八 Excel 2019 在财务分析中的应用

 课前预习

1. 财务分析的主要方法

(1) 财务比率分析法。

(2) 财务比较分析法。

(3) 财务图解分析法。

(4) 财务综合分析法。

2. 财务比率分析法

1) 变现能力比率

(1) 流动比率。

(2) 速动比率。

2) 资产管理比率

(1) 存货周转率。

(2) 应收账款周转率。

(3) 流动资产周转率。

(4) 固定资产周转率。

(5) 总资产周转率。

3) 负债比率

(1) 资产负债率。

(2) 股东权益比率。

(3) 利息保障倍数。

4) 盈利能力比率

(1) 总资产报酬率。

(2) 股东权益报酬率。

(3) 营业利润率。

(4) 销售毛利率和销售净利率：销售毛利率 =(营业收入 − 营业成本) / 营业收入 ×
100%；销售净利率 = 净利润 / 营业收入 ×100%。

3. 综合分析法——杜邦分析法概述

(1) 净资产收益率 = 资产净利率 × 权益乘数；

(2) 资产净利率 = 销售净利率 × 总资产周转率；

(3) 净资产收益率 = 销售净利率 × 总资产周转率 × 权益乘数。

其中，权益乘数 = 资产总额/所有者权益 = 1/(1 - 资产负债率)。

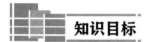

知识目标

(1) 理解财务比率的计算公式，并能熟练进行计算和分析。

(2) 掌握应用 Excel 2019 建立财务比率分析模型的方法。

(3) 掌握财务图表的创建方法。

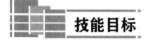

技能目标

(1) 掌握用电子表格来建立数据模型的方法和技巧，并能够将此应用于会计业务实践中去。

(2) 熟练掌握用 Excel 2019 中的财务报表进行财务分析，并应用公式和函数处理各种数据。

任务导入

党的二十大报告提出"完善中国特色现代企业制度，弘扬企业家精神，加快建设世界一流企业"。现代企业制度的特征之一是"管理科学"，而"管理科学"最终还要从管理的经济效率上(即管理成本和管理收益的比较上)做出评判，这就是常说的财务分析，而财务分析往往是从财务报表分析开始的。

财务报表能够反映企业在一定时期内的财务状况、经营业绩和经营成果。通过 Excel 2019 可以对企业的偿债能力、获利能力和营运能力进行计算和分析，从而进一步全面合理地评估公司的财务表现，完整揭示公司财务内部的各项因素及其相互之间的关系。

通过本项目的学习，学会使用财务比率分析法、财务比较分析法、财务图解分析法和财务综合分析法全面揭示企业的财务状况。

任务一　财务分析的基本理论

一、财务分析的意义

(1) 财务分析是评价财务状况、衡量经营业绩的重要依据。

通过对企业会计核算和报表资料及其他相关资料进行财务分析，可以了解企业的偿债能力、营运能力和盈利能力，便于企业管理者及报表使用人了解企业财务状况、经营成果和现金流量，并通过分析，将影响财务状况和经营成果的主客观因素、宏微观因素区分开来，以划清经济责任、合理评价经营者的工作业绩，并据以奖优罚劣，以促进经营者不断提高工作效率。

(2) 财务分析可以识别会计报表的粉饰及动机。

会计报表的粉饰是指企业管理者采用编造、变造和伪造等手法编制会计报表及其附注，以掩饰企业真实的财务状况、经营成果和现金流量。目前，我国大部分企业的会计报表及其相关附注并没有经过注册会计师审计，因此企业对外报表难免会有缺乏真实性的情况。

(3) 财务分析是合理实施投资决策的重要步骤。

投资者及潜在投资者是企业外部重要的报表使用人，而企业会计核算和报表资料及其他相关资料都有局限性，使其必须借助财务分析来评价一个企业，以决定投资方向及投资额度，并决定付款条件。

(4) 财务分析是挖掘潜力、改进工作、实现理财目标的重要手段。

企业理财的根本目标是努力实现企业价值最大化(股东财富最大化)，通过财务指标的计算和分析能了解企业的盈利状况和资金周转状况。通过不断地挖掘企业改善财务状况和扩大财务成果的内部潜力等，以便从各方面揭露矛盾、找出差距、寻找措施促进企业生产经营活动，以企业价值最大化(股东财富最大化)为目标实现良性循环。

二、财务分析的目的

(一) 评价过去的经营业绩

为了能正确地确定投资方向，决定信用发放，提高企业的获利能力，不管是企业的投资者、债权人还是企业管理者，都必须了解企业过去的经营情况，比如企业的净收益，投资报酬率如何等。财务分析有助于与企业有利害关系的个人、集团以及企业管理当局能正确地评价企业过去的经营业绩，并与同行的企业相比较，检验其经营的成败得失。

(二) 衡量当前财务状况

财务报表只能概括地反映企业财务现状，如果不将报表上的数据加以分析，就不能充分地理解数据的含义，无法对企业财务状况是否良好做出有事实根据的富有说服力的结论。只有通过财务分析，发掘各数据的经济含义，才能揭示出企业的营运绩效和获利能力，从而为投资者、债权人和企业管理当局正确衡量企业当前的财务状况提供依据。

(三) 预计未来的发展前景

财务分析主体需要拟订数项供未来发展方案选择，然后，针对目前的情形预测未来的发展趋势，以便做出最佳的抉择。方案一经选定将影响企业未来的发展，尤其对财务方面的影响更为深刻。因此，财务分析主体通过对企业的财务状况和经营成果进行深入细致的分析和研究，可科学地预测未来的发展趋势，并据以做出经营决策。

三、财务分析的方法

(一) 财务分析的程序

财务分析的程序是指进行财务分析所应遵循的一般规程。研究财务分析的程序是进行财务分析的基础也是关键，它为开展财务分析工作和掌握财务分析技术指明了方向。

从财务分析的目标与作用出发，财务分析的程序可以归纳为以下四个阶段：

1. 财务分析信息搜集整理阶段

财务分析信息搜集整理阶段主要由以下三个步骤组成。

1) 明确财务分析目的

要进行财务分析，必须明确为什么要进行财务分析，是要评价企业经营业绩，进行投资决策，还是要制订未来经营策略。只有明确了财务分析的目的，才能正确地搜集和整理信息，选择正确的分析方法，从而得出正确的结论。

2) 制订财务分析计划

在明确财务分析目的的基础上，应制订财务分析的计划，包括财务分析的人员及其分工，时间进度安排，财务分析内容和拟采用的分析方法等。财务分析计划是财务分析顺利进行的保证。当然，分析计划并不一定要形成文件，可能只是一个草案，也可能是口头的，但没有这个计划是不行的。

3) 搜集和整理财务分析信息

财务分析信息是财务分析的基础，信息搜集和整理的及时性、完整性和准确性对分析的正确性有着直接的影响。信息的搜集和整理应根据分析的目的和计划进行，但这并不是说不需要经常性和一般性的信息搜集和整理。其实，只有在平时多积累各种信息，才能根据不同的分析目的及时提供所需信息。

2. 战略分析与会计分析阶段

战略分析与会计分析阶段主要由以下两个步骤组成。

1) 企业战略分析

企业战略分析是通过对企业所在行业或企业拟进入的行业进行分析，明确企业自身地位及应采取的竞争战略。企业战略分析通常包括行业分析和企业竞争策略分析。行业分析的目的在于分析行业的盈利水平与盈利潜力，因为不同行业的盈利能力和潜力大小是不同的。

影响行业盈利能力因素有许多，归纳起来主要可分为两类：一是行业的竞争程度；二是市场谈判或议价能力。企业战略分析的关键在于企业如何根据行业分析的结果，正确地选择企业的竞争策略，使企业保持持久的竞争优势和高盈利能力。企业进行竞争的策略有许许多多，其中最重要的主要有两种，即低成本竞争策略和产品差异策略。

企业战略分析是会计分析和财务分析的基础和导向。通过企业战略分析，分析人员能深入了解企业的经济状况和经济环境，从而能进行客观和正确的会计分析与财务分析。

2) 财务报表会计分析

会计分析的目的在于评价企业会计所反映的财务状况与经营成果的真实程度。会计分析的作用，一方面通过对会计政策、会计方法和会计披露的评价，揭示会计信息的质量；另一方面通过对会计灵活性、会计估价的调整和修正会计数据为财务分析奠定基础，并保证财务分析结论的可靠性。

进行会计分析一般可按以下步骤进行：第一，阅读会计报告；第二，比较会计报表；第三，解释会计报表；第四，修正会计报表信息。

会计分析是财务分析的基础，通过会计分析对发现的由于会计原则和会计政策等原因引起的会计信息差异，通过一定的方式加以说明或调整，以消除会计信息的失真问题。

3. 财务分析实施阶段

财务分析的实施阶段是在战略分析与会计分析的基础上进行的，它主要由以下两个步骤组成。

1) 财务指标分析

财务指标包括绝对数指标和相对数指标两种。对财务指标进行分析，特别是对财务比率指标分析，是财务分析的一种重要方法或形式。财务指标能准确地反映财务的某方面状况。进行财务分析，应根据分析的目的和要求选择正确的分析指标。债权人要进行企业偿债能力分析，则应选择能反映企业偿债能力的指标或反映流动性情况的指标进行分析，如流动比率指标、速动比率指标、资产负债率指标等；而一个潜在投资者要进行对企业投资的决策分析，则应选择反映企业盈利能力的指标进行分析，如总资产报酬率、资本收益率，股利报酬率和股利发放率等。正确选择与分析财务指标是正确判断与评价企业财务状况的关键所在。

2) 基本因素分析

财务分析不仅要解释现象，而且应分析其产生的原因。因素分析法就是要在报表整体分析和财务指标分析的基础上，对一些主要指标的完成情况，对影响其结果的因素进行深入的定量分析，并确定各因素对结果的影响方向和程度，为企业正确进行财务评价提供最基本的依据。

4. 财务分析综合评价阶段

财务分析综合评价阶段是财务分析实施阶段的继续，主要由以下三个步骤组成。

1) 财务综合分析与评价

财务综合分析与评价是在用各种财务分析方法分析的基础上，将定量分析结果、定性分析判断及实际调查情况相结合，得出财务分析结论的过程。财务分析结论是财务分析的关键步骤，结论的正确与否是判断财务分析质量的唯一标准。一个正确分析结论的得出，往往需要经过几次反复的财务分析。

2) 财务预测与价值评估

财务分析既是一个财务管理循环的结束，又是另一财务管理循环的开始。应用历史或现实财务分析结果预测未来的财务状况与企业价值，是现代财务分析的重要任务之一。因此，财务分析不能仅满足于事后分析原因和得出结论，而且也要对企业未来发展及价值状况进行分析和评价。

3) 财务分析报告

财务分析报告是财务分析的最后步骤。它将财务分析的基本问题，财务分析结论和针对问题提出的措施建议以书面的形式表示出来，为财务分析主体及财务分析报告的其他受益者提供决策依据。财务分析报告作为对财务分析工作的总结，还可作为历史信息，为以后的财务分析提供参考，保证财务分析的连续性。

(二) 财务分析的主要方法

1. 财务比率分析法

财务比率分析法是解释财务报表的一种基本分析工具。对财务报表中的相关项目进行比较，将分析对比的绝对数变成相对数，以说明财务报表上所列项目之间的相互关系，并做出解释和评价。

财务比率分析法是财务分析中常用的一种分析方法，用财务比率分析法可以分析并评价变现能力比率、资产管理比率、负债比率和盈利能力比率等内容。

2. 财务比较分析法

财务比较分析法也叫趋势分析法，它主要是通过对财务报表中各类相关的数字进行分析比较，尤其是将一个时期的报表同另一个或几个时期的比较，以判断一个公司的财务状况和经营业绩的演变趋势以及在同行业中地位的变化情况。

比较分析法的目的是确定引起公司财务状况和经营成果变动的主要原因；确定公司财务状况和经营成果的发展趋势对投资者是否有利；预测公司未来的发展趋势。财务比较分析法从总体上看属于动态分析，以差额分析法和比率分析法为基础，又能有效地弥补其不足，所以比较分析法是财务分析的重要手段。

3. 财务图解分析法

财务图解分析法是将企业连续几个会计期间的财务数据或财务指标绘制成图表，并根据图形走势来判断企业财务状况和经营成果的变化趋势。

财务图解分析法能较简单、直观地反映出企业财务状况的发展趋势，使分析者能够发现一些通过比较法所不易发现的问题。

4. 财务综合分析法

财务综合分析法就是将各项财务指标作为一个整体，系统、全面、综合地对企业财务状况和经营成果进行剖析和评价，说明企业整体财务状况和效益的好坏。

财务综合分析法实质是以上各种方法的综合运用，并考虑了部分非报表因素，一般采用的综合分析评价方法有杜邦分析体系、标准财务比率分析和财务状况综合评分分析等。

(三) 财务分析的数据来源

财务分析有以下两种主要的数据来源。

1. 会计核算数据源

会计核算数据源是指使用 Excel 生成的资产负债表、利润表和现金流量表。财务分析以本单位资产负债表和利润表为基础，通过提取、加工和整理会计核算数据产生所需的数据报表，然后再对其进行加工处理，便可得到一系列的财务指标。

2. 外部数据源

在 Excel 中获取外部数据库的方式之一是利用 Microsoft Query 获取外部数据库。首先建立 Excel 与 Query 之间的通信，然后使 Query 与 ODBC 驱动程序之间建立通信，通过 ODBC 可以与数据库进行通信，这样通过一系列的通信交换过程便可实现数据库的读取。方式之二是利用 VBA 直接与 ODBC 通信并获取外部数据库。Excel 中可通过宏调用 VBA，VBA 又可以直接与 ODBC 通信，从而获取外部数据库。

任务二　财务比率分析指标及应用

财务比率分析是以某一基准进行比较的分析方法。单纯的财务比率是没有意义的。财务比率是通过财务报表中的财务数据的关联性计算得到的，显示了财务报表科目之间的关系。财务比率分析是指将财务报表中的有关项目进行对比，得出一系列的财务比率，以此来揭示企业财务状况的一种方法。

财务比率分析有外部比较和内部比较两种。外部比较是企业之间的比较，它以同行业或同类型企业的平均值为基础进行比较。内部比较是将企业近几年的财务比率进行比较分析，考察本企业的财务状况和变化趋势。

常用的财务比率可分为变现能力比率、资产管理比率、负债比率和盈利能力比率等几大类。

本部分以 ABC 股份有限公司为例，对财务比率分析加以说明。

一、变现能力比率

变现能力比率又称短期偿债能力比率，是衡量企业产生现金能力大小的比率，它取决于可以在近期转变为现金的流动资产的多少。反映变现能力的财务比率主要有流动比率和速动比率。

(一) 流动比率

流动比率是企业流动资产与流动负债之比，其计算公式如下：

$$流动比率 = 流动资产/流动负债$$

流动资产一般包括现金、有价证券、应收账款及存货。流动负债一般包括应付账款、应付票据、本年到期的债务、应付未付的所得税及其他未付开支。

流动比率是衡量企业短期偿债能力的一个重要财务指标。流动比率越高，说明企业偿还流动负债的能力越强，则流动负债得到偿还的保障就越大。如果流动负债上升的速度过快，流动比率过低，则公司近期可能会有财务方面的困难。但过高的流动比率并非好现象，应注意分析公司的具体情况，检查是不是因为资产结构不合理造成的，或者是募集的长期资金没有尽快投入使用，或者是其他原因。根据西方企业的经验，流动比率在 2 左右比较合适。

【例 8-1】根据资料如图 8-1、8-2 所示，ABC 公司的期末流动比率 = 资产负债表 !B22/ 资产负债表 !E22=1.24。

	A	B	C	D	E	F
1	ABC公司资产负债表					
2						单位：万元
3	2016年12月31日					
4	资产	期末余额	年初余额	负债和所有者权益	期末余额	年初余额
5	流动资产：			流动负债：		
6	货币资金	8,703,211.82	5,318,038.10	短期借款	1,657,658.92	190,008.80
7	交易性金融资产			交易性金融负债		
8	衍生金融资产	45,867.12	12,219.53	应付票据	360,383.91	1,674,473.29
9	应收票据			应付账款	13,804,756.25	9,144,645.84
10	应收账款	207,525.68	251,065.33	预收款项	27,464,555.45	21,262,570.56
11	预付款项	5,026,254.06	3,964,697.28	应付手续费及佣金		
12	应收利息			应付职工薪酬	383,992.66	264,265.72
13	应收股利			应交税费	955,308.41	737,398.05
14	其他应收款	10,543,500.49	7,548,564.30	应付利息	37,837.49	23,157.59
15	买入返售金融资产			应付股利		
16	存货	46,736,133.61	36,812,193.05	其他应付款	10,658,025.72	6,235,022.43
17	划分为持有待售资产			预提费用		
18	一年内到期的非流动资产			一年内的递延收益		
19	待摊费用			应付短期债券		
20	待处理流动资产损益			一年内到期的非流动负债	2,677,329.73	2,474,640.41
21	其他流动资产	867,050.00	795,660.00	其他流动负债		
22	流动资产合计	72,129,542.78	54,702,437.59	流动负债合计	57,999,848.54	42,006,182.69
23	非流动资产：			非流动负债：		
24	发放贷款及垫款			长期借款	5,640,606.13	3,382,858.42
25	可供出售金融资产	132,801.43	113,881.27	应付债券	2,910,837.58	1,901,581.23
26	持有至到期投资			长期应付款		
27	长期应收款			长期应付职工薪酬		
28	长期股权投资	6,170,198.84	3,350,342.35	预计非流动负债	11,867.24	14,322.06
29	投资性房地产	2,187,442.43	1,076,505.11	递延所得税负债	50,404.82	55,843.08
30	固定资产	681,079.31	491,747.92	其他非流动负债	286,199.95	137,807.56
31	在建工程	76,531.26	59,835.89	非流动负债合计	8,899,915.72	5,492,412.35
32	工程物资			负债合计	66,899,764.26	47,498,595.04
33	固定资产清理			所有者权益：		
34	生产性生物资产			实收资本（或股本）	1,103,915.20	1,105,161.23
35	公益性生物资产			资本公积	826,826.78	817,481.26
36	无形资产	126,036.37	104,499.11	减：库存股		16,016.31
37	开发支出			其他综合收益	39,630.93	45,063.52
38	商誉	20,168.98	20,168.98	盈余公积	3,254,076.78	2,806,876.67
39	长期待摊费用	96,022.63	44,788.34	未分配利润	6,120,026.98	5,259,785.41
40	递延所得税资产	719,853.30	516,654.08	归属母公司的股东权益	0.00	
41	其他非流动资产	727,744.06	648,696.13	少数股东权益	4,823,180.46	3,612,609.95
42	非流动资产合计	10,937,878.61	6,427,119.18	所有者权益合计	16,167,657.13	13,630,961.73
43	资产总计	83,067,421.39	61,129,556.77	负债和所有者权益总计	83,067,421.39	61,129,556.77

图 8-1　资产负债表

	A	B	C
1	ABC公司利润表		
2			单位：万元
3	2016年度		
4	**项目**	**上期金额**	**本期金额**
5	**一、营业收入**	19,554,913.00	24,047,723.69
6	减:营业成本	13,864,657.48	17,093,519.36
7	税金及附加	1,798,042.68	2,197,875.46
8	销售费用	413,827.36	516,071.59
9	管理费用	474,524.98	680,056.19
10	财务费用	47,773.58	159,206.80
11	加:投资收益(损失以"-"号填列)	356,190.81	501,383.59
12	**二、营业利润(亏损以"-"号填列)**	3,312,277.73	3,902,377.88
13	加:营业外收入	85,543.15	39,831.16
14	减:营业外支出	17,559.12	16,847.87
15	其中：非流动资产处置损失	184.05	354.47
16	**三、利润总额(亏损总额以"-"号填列)**	3,380,261.76	3,925,361.17
17	减:所得税费用	785,317.96	1,090,335.62
18	**四、净利润(净亏损以"-"号填列)**	2,594,943.80	2,835,025.55

图 8-2　利润表

(二) 速动比率

速动比率也称酸碱度测试比率，是速动资产和流动负债之比。速动资产是流动资产减去变现能力较差且不稳定的存货、预付账款、一年内到期的非流动资产和其他流动资产等后的余额。其计算公式如下：

$$速动比率 = \frac{速动资产}{流动负债}$$

$$= \frac{流动资产 - 存货 - 预付账款 - 一年内到期的非流动资产 - 其他流动资产}{流动负债}$$

一般情况下，速动比率越高，则说明企业偿还流动负债的能力就越强。但速动比率过高，则表明企业会因现金及应收账款占用过多而增加企业的机会成本。通常认为正常的速动比率为 1，低于 1 的速动比率则被认为是短期偿债能力偏低。

【例 8-2】根据图 8-1、图 8-2 的资料，ABC 公司的期末速动比率 =(ABC 公司资产负债表!B22-ABC 公司资产负债表!B16-ABC 公司资产负债表!B11-ABC 公司资产负债表!B21)/ABC 公司资产负债表!E22=0.34。

二、资产管理比率

资产管理比率，又称运营效率比率，是用来衡量公司在资产管理方面效率高低的财务比率。资产管理比率包括存货周转率、应收账款周转率、流动资产周转率、固定资产周转率和总资产周转率。通过对这些指标的高低及其成因的考察，决策者能够对资产是否在有效运转、资产结构是否合理、所有的资产是否能有效利用以及资产总量是否合理等问题做出较为客观的认识。

(一) 存货周转率

存货周转率是衡量和评价企业购入存货、投入生产、销售收回等各环节管理状况的综合性指标。存货周转率是销售成本被平均存货所除而得到的比率,又称存货的周转次数。用时间表示的存货周转率就是存货周转天数。其计算公式如下:

$$存货周转率(周转次数) = 营业成本/平均存货余额$$

$$存货周转天数 = 360/存货周转率$$

$$平均存货 = (期初存货余额 + 期末存货余额)/2$$

存货周转速度的快慢,对企业的偿债能力及其获利能力产生决定性的影响。一般来讲,存货周转率越高就越好。存货周转率越高,表明存货变现的速度越快,周转额越大,资金占用水平越低。

【例 8-3】 根据图 8-1、图 8-2 的资料,ABC 公司的存货周转率 = 利润表!C6/((资产负债表!B16 + 资产负债表!C16)/2) = 0.41。

(二) 应收账款周转率

应收账款周转率是反映年度内应收账款转换为现金的平均次数的指标。用时间表示的应收账款周转速度是应收账款周转天数,也称为平均应收款回收期。它表示企业从取得应收账款的权利到收回款项所需要的时间。其计算公式为

$$应收账款周转率 = 营业收入/平均应收账款余额$$

$$应收账款周转天数 = 360/应收账款周转率$$

式中:应收账款包括会计核算中"应收账款"和"应收票据"等全部赊销账款。

$$平均应收款 = (期初应收款余额 + 期末应收款余额)/2$$

一般而言,应收账款周转率越高,则应收账款周转天数越短,说明应收账款的收回越快,可以减少坏账损失。但应收账款周转率指标不适合季节性经营的企业。应收账款周转天数同时还考察了企业的信用管理能力。如果应收账款周转率与行业平均值偏离过大,应考虑公司的信用政策是否合理,或是否还有其他原因。

【例 8-4】 根据图 8-1、图 8-2 的资料,ABC 公司的应收账款周转率 = 利润表!C5/((资产负债表!B10 + 资产负债表!C10)/2) = 104.88。

(三) 流动资产周转率

流动资产周转率是销售收入与流动资产平均余额之比,它反映的是全部流动资产的利用效率。其计算公式如下:

$$流动资产周转率 = 营业收入/平均流动资产$$

$$平均流动资产 = (期初流动资产余额 + 期末流动资产余额)/2$$

【例 8-5】 根据图 8-1、图 8-2 的资料,ABC 公司的流动资产周转率 = 利润表!C5/((资产负债表!B22 + 资产负债表!C22)/2) = 0.38。

(四) 固定资产周转率

固定资产周转率是企业销售收入与平均固定资产净值之比。固定资产周转率越高,则

说明固定资产的利用率越高，管理水平越高。其计算公式如下：

$$固定资产周转率 = 营业收入/平均固定资产净值$$
$$平均固定资产净值 = (期初固定资产净值 + 期末固定资产净值)/2$$

固定资产周转率是用来考察设备厂房利用情况的。当固定资产周转率处于较低水平时，则反映固定资产利用不够，需要分析固定资产没有充分利用的原因。通常计划新的固定资产投资时，财务管理人员需要分析现有固定资产是否已被充分利用。如果公司的固定资产周转率远高于行业平均值，有可能是需要增加固定资产投资的信号。

一般情况下，固定资产周转率越高，表明企业固定资产利用越充分。

【例 8-6】 根据图 8-1、图 8-2 的资料，ABC 公司的固定资产周转率 = 利润表!C5/((资产负债表!B30 + 资产负债表!C30)/2) = 41.01。

(五) 总资产周转率

总资产周转率是企业销售收入与平均资产总额之比，可以用来分析企业全部资产的使用效率。如果该比率较低，企业应采取措施提高销售收入或处置资产，以提高总资产利用率。其计算公式如下：

$$总资产周转率(周转次数) = 营业收入/平均资产总额$$
$$平均资产总额 = (期初资产总额 + 期末资产总额)/2$$

如果公司的总资产利用率较低，说明企业的资产利用不充分。若公司有闲置资产，则应设法变卖；若公司在建工程未完工，则占用的资产暂时不能带来效益，这一点在分析时应注意。

【例 8-7】 根据图 8-1、图 8-2 的资料，ABC 公司的总资产周转率 = 利润表!C5/((资产负债表!B43+资产负债表!C43)/2) = 0.33。

三、负债比率

负债比率是说明债务和资产、净资产间关系的比率。负债比率反映企业偿付到期长期债务的能力。通过对负债比率的分析，可以看出企业的资本结构是否健全合理，从而评价企业的长期偿债能力。负债比率主要有资产负债率、股东权益比率、产权比率和利息保障倍数等。

(一) 资产负债率

资产负债率是企业负债总额与资产总额之比，也称负债比率，它反映企业的资产总额中有多少是通过举债而得到的。资产负债率反映企业偿还债务的综合能力，该比率越高，企业偿还债务的能力就越差。反之，偿还债务的能力越强。其计算公式如下：

$$资产负债率 = 负债总额/资产总额 × 100\%$$

注意：在对资产负债率进行分析时，不能简单地从指标数值的高低进行考察。不同的人对资产负债比率取值的要求不同。如新的贷款人喜欢公司有较低的负债率，当企业发生清偿事件时，贷款人的保障就多一些；而股东一般喜欢较高的负债率，这样可以利用财务杠杆效应增加收益。当然负债率越高，企业财务风险也越大。

【例 8-8】　根据图 8-1、图 8-2 的资料，ABC 公司的资产负债率 = 资产负债表!E32/资产负债表!B43 × 100% = 80.54%。

(二) 股东权益比率

股东权益比率是股东权益总额与资产总额之比。该比率反映企业资产中有多少属于所有者。其计算公式如下：

$$股东权益比率 = 股东权益总额 / 资产总额 × 100\%$$

【例 8-9】　根据图 8-1、图 8-2 的资料，ABC 公司的股东权益比率 = 资产负债表!E42/资产负债表!B43 × 100% = 19.46%。

(三) 产权比率

产权比率又称负债权益比率，是负债总额与股东权益总额之比。该比率反映了债权人所提供的资金与股东所提供资金的对比关系，从而揭示企业的财务风险以及股东权益对债务的保障程度。该比率越低，说明企业长期财务状况越好，债权人贷款的安全越有保障，企业风险越小。其计算公式如下：

$$产权比率 = 负债总额/股东权益总额 × 100\%$$

【例 8-10】　根据图 8-1、图 8-2 的资料，ABC 公司的产权比率 = 资产负债表!E32/资产负债表!E42 = 4.14。

(四) 利息保障倍数

利息保障倍数是税前利润加利息支出之和(即息税前利润)与利息支出的比值，反映了企业用经营所得支付债务利息的能力。该比率越高，说明企业用经营所得支付债务利息的能力就越强，它会增强贷款人对公司支付能力的信任程度。其计算公式如下：

$$利息保障倍数 = (税前利润 + 利息支出)/利息支出 = 息税前利润/利息支出$$

国际上通常认为，利息保障倍数为 3 时较为适当，从长期来看至少应大于 1。

【例 8-11】　根据图 8-1、图 8-2 的资料，ABC 公司的利息保障倍数 = (利润表!C16 + 利润表!C10)/ABC 公司利润表!C10 = 25.66。

四、盈利能力比率

盈利能力比率是考察企业赚取利润能力高低的比率。不论是投资人、债权人还是企业经理人员都重视和关心企业的盈利能力。反映企业盈利能力的主要指标有资产报酬率、股东权益报酬率、营业利润率、毛利率和净利率等。

(一) 资产报酬率

资产报酬率也称资产利润率或资产收益率，是企业在一定时期内的净利润与平均资产总额之比。该比率用来衡量企业利用资产获取利润的能力，反映了企业总资产的利用效率。如果企业的资产报酬率较低，则说明该企业资产利用效率较低，经营管理存在问题。其计算公式如下：

$$资产报酬率 = 净利润/平均资产总额 \times 100\%$$
$$平均资产总额 = (期初资产总额 + 期末资产总额)/2$$

【例 8-12】 根据图 8-1、图 8-2 的资料，ABC 公司的资产报酬率 = 利润表!C18/((资产负债表!B43 + 资产负债表!C43)/2) × 100% = 3.93%。

(二) 股东权益报酬率

股东权益报酬率也称净资产收益率，是在一定时期内企业的净利润与平均股东权益总额之比。该比率是评价企业获利能力的一个重要财务指标，反映了企业股东获取投资报酬的高低。该比率越高，则说明企业的获利能力越强。其计算公式如下：

$$股东权益报酬率 = 净利润/平均股东权益总额 \times 100\%$$
$$平均股东权益总额 = (期初股东权益总额 + 期末股东权益总额)/2$$

【例 8-13】 根据图 8-1、图 8-2 的资料，ABC 公司的股东权益报酬率 = 利润表!C18/((资产负债表!E42 + 资产负债表!F42)/2) = 19.03%。

(三) 营业利润率

营业利润率反映了企业的营业利润与营业收入的比例关系。其计算公式如下：

$$营业利润率 = 营业利润/营业收入 \times 100\%$$

营业利润率越高，表明企业市场竞争力越强，发展潜力越大，获利能力越强。

【例 8-14】 根据图 8-1、图 8-2 的资料，ABC 公司的营业利润率 = 利润表!C12/利润表!C5 × 100% = 16.23%。

(四) 毛利率和净利率

$$毛利率 = (营业收入 - 营业成本)/营业收入 \times 100\%$$
$$净利率 = 净利润/营业收入 \times 100\%$$

任务三　运用 Excel 构建财务分析模型

一、财务比率分析模型

Excel 是一个应用普遍、功能强大和使用方便的数据表处理软件，它在财务管理上的应用能有效地提高财务管理效率，及时地向决策者提供准确的财务信息。财务人员如能正确、灵活地使用 Excel 进行财务管理，则可以使原本复杂的数据计算问题变得简易快捷。在财务管理中，财务比率分析是运用最广泛的一种方法，运用 Excel 对财务比率分析就显得十分必要。

财务比率分析模型是以财务比率分析为基础，运用 Excel 的强大功能，建立一个基本模式，使管理者能准确、简单、快捷地把握企业财务状况，从而有效地统一了指标的数据源，加快了数据的处理能力，提高了数据计算的准确性，为评价和改进财务管理工作提供了可靠依据。

下面以 ABC 股份有限公司为例，讲解财务比率分析模型的建立方法。ABC 股份有限公司 2016 年的资产负债表、利润表如图 8-3 所示。

(一) 构建财务比率分析工作表

1. 新建工作表

在原来的工作簿中，插入 2 张工作表，重命名为"资产负债表"和"利润表"。

2. 引入报表格式

在财务软件中，将 ABC 股份有限公司 Excel 格式的会计报表引入到该工作簿相应的工作表中，如图 8-3 所示。

	A	B	C
1		财务比率分析	
2	财务比率	数值	计算公式
3	一、变现能力比率		
4	流动比率	1.2436	流动比率=流动资产／流动负债
5	速动比率	0.3362	速动比率=速动资产／流动负债
6	二、资产管理比率		
7	存货周转率	0.4092	存货周转率=营业成本／平均存货余额
8	应收账款周转率	104.8766	应收账款周转率=营业收入／平均应收账款余额
9	流动资产周转率	0.3792	流动资产周转率=营业收入／平均流动资产
10	固定资产周转率	41.0081	固定资产周转率=营业收入／平均固定资产净值
11	总资产周转率	0.3335	总资产周转率=营业收入／平均资产总额
12	三、负债比率		
13	资产负债率	0.8054	资产负债率=负债总额／资产总额×100%
14	股东权益比率	0.1946	股东权益比率=股东权益总额／资产总额×100%
15	产权比率	4.1379	产权比率=负债总额／股东权益总额×100%
16	已获利息倍数	25.6557	息保障倍数=（税前利润+利息支出）／利息支出
17	四、盈利能力比率		
18	资产报酬率	0.0393	资产报酬率=净利润／平均资产总额×100%
19	股东权益报酬率	0.1903	股东权益报酬率=净利润／平均股东权益总额×100%
20	营业利润率	0.1623	营业利润率=营业利润／营业收入×100%

图 8-3 财务比率指标

3. 建立模型表

在工作簿中，利用【插入】菜单下的【工作表】子菜单，再新建一个新工作表并命名为"财务比率分析模型"。按照图 8-3 的模式设置好财务分析模型表的格式。

(二) 构建财务比率分析模型

不同企业所需的财务比率分析指标不尽相同，现用主要的财务比率指标来说明财务比率分析模型的建立。

假设需要计算的财务比率指标如图 8-3 所示。下面说明用 Excel 计算各财务比率指标的方法。

1. 变现能力比率

(1) 流动比率。在"财务比率分析模型"的 B4 单元格中输入"=资产负债表!B22/资产负债表!E22"。

(2) 速动比率。在 B5 单元格中输入"=(资产负债表!B22－资产负债表!B16－资产负债表!B11－资产负债表! B21)/资产负债表!E22"。

2. 资产管理比率

(1) 存货周转率。在 B7 单元格中输入"=利润表!C6/((资产负债表!B16+资产负债表!C16)/2)"。

(2) 应收账款周转率。在 B8 单元格中输入"=利润表!C5/((资产负债表!B10+资产负债表!C10)/2)"。

(3) 流动资产周转率。在 B9 单元格中输入"=利润表!C5/((资产负债表!B22+资产负债表!C22)/2)"。

(4) 固定资产周转率。在 B10 单元格中输入"=利润表!C5/((资产负债表!B30+资产负债表!C30)/2)"。

(5) 总资产周转率。在 B11 单元格中输入"=利润表!C5/((资产负债表!B43+资产负债表!C43)/2)"。

3. 负债比率

(1) 资产负债率。在 B13 单元格中输入"=资产负债表!E32 / 资产负债表!B43"。

(2) 股东权益比率。在 B14 单元格中输入"=资产负债表!E42/资产负债表!B43"。

(3) 产权比率。在 B15 单元格中输入"=资产负债表!E32/资产负债表!E42"。

(4) 利息保障倍数。在 B16 单元格中输入"=(利润表!C16+利润表! C10))/利润表!C10"。

4. 盈利能力比率

(1) 总资产报酬率。在 B18 单元格中输入"=利润表!C18/((资产负债表!B43+资产负债表!C43)/2)"。

(2) 股东权益报酬率。在 B19 单元格中输入"=利润表!C18/((资产负债表!E42+资产负债表!F42)/2)"。

(3) 营业利润率。在 B20 单元格中输入"=利润表!C12 / 利润表!C5"。

以上指标设置完成后，则财务比率分析模型建成。

财务比率分析模型更适合企业管理的实际需要，因为模型中的项目选用可由企业根据经营管理的需求自行调整。建立起的财务比率分析模型，不仅适用于建立时的会计期间，而且适用于以后的会计期间。财务比率分析模型中的数值随着企业会计报表中数据的变化自动更新，从而使得财务比率分析数据更具有及时性、高效性和直观性，有效地实现了 Excel 对财务数据的管理，为企业管理提供了高质量的数据依据。

(三) 财务比率比较分析法

财务比较分析是通过主要项目或者指标数值变化的对比确定差异，从而分析和判断企业及财务状况的分析方法,财务比较分析是将企业的财务比率和标准财务比率(企业历年的财务比率,或者同行业、同规模的其他企业的财务比率)进行比较,从中发现差距,从而为查找差距提供线索。

构建财务比率比较分析工作表。

(1) 打开工作簿,插入一张新工作表,重命名为"财务比率比较分析",并移动到工作表的最后位置,然后在该工作表中输入财务比较分析的相关项目,并对整个表格进行格式设置。

(2) 查找统计年鉴或类似《中国证券报》等相关报刊所提供的某些有代表性的上市公司的财务比率,将其作为财务比较分析中的标准财务比率,输入标准财务比率。

(3) 引用前面计算的企业财务比率。

(4) 计算出企业财务比率与标准财务比率的差额。在 D3 单元格中输入"=C3-B3",按【Enter】键确认。将 D3 单元格的公式复制到 D4 至 D13 单元格中。

(5) 设置棋盘式格式。选中单元格区域"A2:D13",然后选择【开始】选项卡中的【样式】分组中的【条件格式】按钮,选择【突出显示单元格规则】中的【其他规则】,弹出【新建格式规则】对话框。在【选择规则类型】中选择【使用公式确定要设置格式的单元格】,然后在其下侧的文本框中输入公式"=MOD(ROW()+COLUMN(), 2)"。

单击【格式】按钮,弹出【单元格格式】对话框,切换到【填充】选项卡,然后在【图案颜色】列表框中选择一种合适的颜色和图案样式。单击【确定】按钮返回【条件格式】对话框,此时即可预览设置的效果。单击【确定】按钮返回工作表,此时选中的单元格区域中就被设置了棋盘式底纹,如图 8-4 所示。

	A	B	C	D
1	ABC公司财务比率比较分析			
2	项目	标准财务比率	企业财务比率	差异
3	流动比率	2.20	1.24	-0.96
4	速动比率	1.35	0.34	-1.01
5	应收账款周转率	2.00	104.88	102.88
6	总资产周转率	0.30	0.33	0.03
7	资产负债率	0.20	0.81	0.61
8	股东权益比率	0.80	0.19	-0.61
9	产权比率	1.00	4.14	3.14
10	已获利息倍数	200.00	25.66	-174.34
11	资产报酬率	0.24	0.04	-0.20
12	股东权益报酬率	0.15	0.19	0.04
13	营业利润率	0.50	0.16	-0.34

图 8-4 财务比率比较模型

(四) 财务比率综合评分法

财务比率综合评分法是用反映企业财务报表中各个项目之间的对比关系,来揭示企业的财务状况和经营成果。由于一项财务比率只能反映企业某一个方面的财务状况，为了能够进行综合的财务分析，财务人员可以编制各种财务比率分析指标来对企业的财务状况和经营成果进行评分，用计算出的综合分数就可以全面地评价企业的财务状况和经营成果。

财务人员要利用财务比率综合评分法来分析企业财务信息，应建立财务比率分析表，这就需要财务人员正确把握企业中各项财务比率的重要性系数和标准值。财务人员需要查阅大量信息并分析企业的现实状况和以往的历史材料，合理地进行判断，得出各项财务比率的重要程度，即为重要性系数，以及各项财务比率在现有条件下的最优值，即财务比率的标准值。所以该方法能否有效使用，关键在于财务人员的准确判断。

1. 财务比率综合评分分析的一般程序

(1) 选定评价企业财务状况的比率。通常是选择能够说明问题的，具有代表性的重要比率。

(2) 根据各项比率的重要程度，确定重要性系数。各项比率的系数之和应等于 1。重要程度的判断，需要根据企业经营财务状况，发展趋势及企业所有者、债权人和管理人员的态度等具体情况而定。

(3) 确立各项比率的标准值。财务比率的标准值是指各项财务比率在本企业现实条件下，最理想的数值，即最优值。

(4) 计算企业在一定时期各项比率的实际值。

(5) 求出各项比率实际值与标准值的比率，称为关系比率。

(6) 求出各项财务比率的综合指数及其合计数。各项比率的综合指标是关系比率和重要性系数的乘积，其合计数可以作为综合评价企业财务状况的一个依据。综合指数合计数的一般标准为 1 或接近 1。

2. 财务比率综合评分模型的建立

财务比率综合评分模型可以按照下列步骤建立。

(1) 建立一个工作表，命名为"财务比率综合评分表"，在表中输入各个财务比率指标，本例选定了 10 个指标。建好的财务比率综合评分表如图 8-5 所示。

(2) 在财务比率综合评分表中输入各个财务指标的重要性系数，并利用 SUM 函数计算其合计项目。输入各个财务比率的标准值。各财务比率的标准值就是现阶段各财务比率的最优值。

(3) 各个财务指标的实际值是根据计算所得的。

取数公式如下：

E4 = 资产负债表!B22/资产负债表!E22

E5 = (资产负债表!B22-资产负债表!B16-资产负债表!B11-资产负债表!B21)/资产负债表!E22

E6 = 利润表!C6/((资产负债表!B16 + 资产负债表!C16)/2)

E7 = 利润表!C5/((资产负债表!B10 + 资产负债表!C10)/2)

E8 = 利润表!C5/((资产负债表!B43 + 资产负债表!C43)/2)

E9 = 资产负债表!E32/资产负债表!B43

E10 = 资产负债表!E42/资产负债表!B43

E11 = 利润表!C18/((资产负债表!B43 + 资产负债表!C43)/2)

E12 = 利润表!C18/((资产负债表!E42 + 资产负债表!F42)/2)

E13 = 利润表!C12/利润表!C5

(4) 计算关系比率。关系比率就是实际值与标准值之比。综合指数就是各个财务比率的综合评分,等于其重要性系数乘以关系比率。F4=E4/D4×C4,拖曳公式至 F13 单元格。

(5) 计算综合指数的合计项目。单击单元格 F14,在 F14 单元格输入公式 "=SUM(F4: F13)",结果如图 8-5 所示。计算的综合指数合计数为 105.94,接近 100。

(6) 在 C15 单元格输入 "=IF(F14>100,"比行业水平较好",IF(F14=100,"与行业水平一致","比行业水平较差"))"。

该公司的财务状况和经营成果较好,如图 8-5 所示。

	A	B	C	D	E	F
1	财务比率综合评分模型					
2	已知条件				计算结果	
3	指标类别	项目	标准评分值	行业标准值	实际值	实际得分
4	变现能力比率	流动比率	10	2	1.24	6.22
5		速动比率	10	1	0.34	3.36
6	资产管理比率	存货周转率	10	4.4	0.41	0.93
7		应收账款周转率	8	16	104.88	52.44
8		总资产周转率	10	1	0.33	3.34
9	负债比率	资产负债率	8	60%	80.54%	10.74
10		股东权益比率	8	40%	19.46%	3.89
11	盈利能力比率	资产报酬率	14	8%	3.93%	6.88
12		股东权益报酬率	12	25%	19.03%	9.13
13		营业利润率	10	18%	16.23%	9.02
14	合计		100			105.94
15	财务状况综合评价结论		比行业水平较好			

图 8-5　财务比率综合评分模型

二、趋势图解分析法

在运用图表功能进行图解分析时,数据的来源是基础。要想让产生的图表准确、直观、形象地反映出事件变化规律及趋势,就要把握好采集数据时的有效性和准确性。在进行财务图解分析时,首先要对财务报表中的大量数据进行归集、分类、筛选及分析,从大量复杂的数据中得到最想要的数据,然后再利用 Excel 的图表功能生成所需要的数据图表。在 Excel 中,图表类型有很多种,对带有时间序列的数据进行分析,通常采用折线趋势图表的形式。尤其是在进行财务分析时,财务数据都是在不同时间产生的,通过折线趋势分析,可以很好地反映出在不同时期公司财务数据的变化趋势。

【例 8-15】　请用 A 公司 2015—2019 年的营业收入资料分析其变化趋势。

操作步骤如下：

(1) 数据的收集及整理。收集该公司近 5 年来的利润表，按照时间的先后顺序整理出 5 年来的营业收入数据，如图 8-6 所示。

	A	B	C	D	E	F
1	A公司2015-2019年营业数据					
2	年度	2015	2016	2017	2018	2019
3	营业收入（万元）	1,000.00	1,351.00	1,521.00	1,620.00	1,845.00

图 8-6　公司 2015—2019 年营业收入

(2) 打开 Excel 2019 工作表。

(3) 选中 A3:F3 的数据区域。

(4) 点击【插入】→【图表】→【折线图】，点击【折线图】的下拉菜单，选择【二维折线图】→【带数据标记的折线图】，生成图表。

(5) 点击【图表工具】→【图表设计】→【数据】→【选择数据】→【水平（分类）轴标签】→【编辑】，在轴标签区域选中 B2:F2 的数据区域，点击【确定】，再次点击【确定】，完成水平（分类）轴的设置。

(6) 点击图表中的"图表标题"，输入"营业收入趋势图"。

(7) 点击【图表工具】→【图表设计】，点击【添加图表元素】的下拉菜单，选择【数据标签】→【上方】，完成折线图上的数据标签设置，如图 8-7 所示。

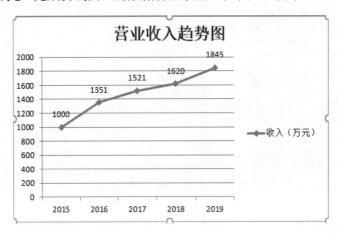

图 8-7　营业收入趋势图

通过该趋势图可以很清楚地看出，该公司近 5 年的业绩较好，从 2015—2019 年公司营业收入增长迅速，公司业绩呈增长趋势。

三、结构图解分析法

在财务分析中，数据结构比率也是财务分析的主要方法之一。数据结构比率是指在财务报表中某项目的数值与各相关项目合计值的比率。这类比率揭示了部分与整体的关系，体现每一部分占整体的比例情况。在图形化的表示中，通常用饼图来表明此类状态，整体圆饼代表数据的总和，每一个部分数据用扇形表示。在 Excel 中，进行图表显示时，通常用饼图进行财务结构图表分析。

【例 8-16】 CDE 公司 2017 年的资产负债表的部分数据如图 8-8 所示，试分析该公司流动资产的结构状况。

操作步骤如下：

(1) 数据的收集及整理。打开 Excel 2019 工作表，输入图 8-8 所示的相关数据。

CDE公司2017年流动资产	
流动资产	期末余额（元）
货币资金	2,514,834.00
应收票据	246,000.00
应收账款	598,200.00
预付账款	100,000.00
其他应收款	4,000.00
存　货	2,657,750.00

图 8-8　流动资产数据

(2) 选中表中的 A3:B7 数据区域。

(3) 点击【插入】→【图表】→【饼图】，点击【饼图】的下拉菜单，点击【三维饼图】，生成三维饼状图。

(4) 点击【图表工具】→【图表设计】，点击【添加图表元素】的下拉菜单，选择【数据标签】→【最佳匹配】，完成图表的数据标签设置，完成流动资产结构图设置，见图 8-9。

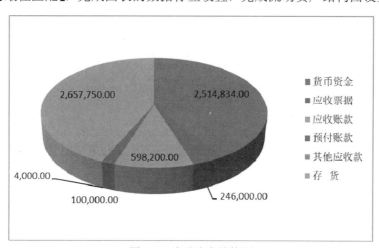

图 8-9　流动资产结构图

任务四　杜邦分析体系设计

一、杜邦分析的基本理论

利用财务比率来进行综合分析时，可以了解企业各方面的财务状况，但不能反映企业各方面财务状况之间的关系。

　　实际上，各种财务比率之间都存在一定的相互关系，各种因素都是相互依存、相互作用的。财务分析必须对整个系统进行综合分析，只有这样，才能全面地了解一个企业的财务状况。杜邦分析法就是利用各种主要的财务比率之间的关系来综合分析企业财务状况的。

　　杜邦分析法(又称杜邦财务分析体系)，简称杜邦体系，是利用各主要财务比率指标间的内在联系，对企业财务状况及经济效益进行综合分析系统评价的方法。杜邦分析法的关键是建立杜邦系统图。杜邦系统图是由一个个分析框和连线构成的，其中每个分析框中标出了分析项目的名称、比率公式和相应的计算结果，因此用 Excel 设计杜邦系统图的主要步骤就是设计分析框。

　　杜邦分析中的几种主要的财务指标关系如下：

净资产收益率 = 净利润/净资产

　　　　　　 = (净利润/资产总额) × (资产总额/净资产)

　　　　　　 = (净利润/销售收入) × (销售收入/资产总额) × (资产总额/净资产)

　　　　　　 = 销售净利率 × 总资产周转率 × 权益乘数

资产净利率 = 销售净利率 × 总资产周转率

净资产收益率 = 资产净利率 × 权益乘数

权益乘数 = 资产总额/所有者权益 = 1 ÷ (1 − 资产负债率)

二、杜邦系统分析图的建立

　　【例 8-17】　某公司 2018 年的利润表、资产负债表如图 8-10、图 8-11 所示，建立该企业的杜邦分析系统图。

		利润表		
		编制单位：　某公司	2018年12月	单位：元
		项目	行次	本期金额
	一、营业收入		1	3,537,500.00
	减：营业成本		2	2,052,000.00
	营业税金及附加		3	
	销售费用		4	575,000.00
	管理费用		5	458,000.00
	财务费用		6	222,500.00
	二、营业利润		7	230,000.00
	加：营业外收入		8	
	减：营业外支出		9	
	三、利润总额		10	230,000.00
	减：所得税费用		11	112,000.00
	四、净利润		12	118,000.00

图 8-10　利润表

				资产负债表				
编制单位：某公司				2018年12月 31 日			单位：元	
资产	行次	期末数	期初数	负债及所有者权	行次	期末数	期初数	
流动资产				流动负债				
货币资金	1	22,050.00	18,500.00	短期借款	51			
短期投资	2			应付票据	52	205,000.00	125,500.00	
应收票据	3			应付账款	53	250,250.00	175,625.00	
应收账款	4	481,950.00	452,778.00	预收帐款	54			
减：坏账准备	5			其他应付款	55			
应收账款净额	6			应付工资	56	20,000.00	15,000.00	
预付账款	7			应付福利费	57			
应收补贴款	8			应付股利	58			
其他应收款	9			未交税金	59	30,000.00	20,000.00	
存货	10	531,722.50	350,312.50	未付利润	60			
待摊费用	11			其他未交款	61			
处理流动资产净损失	12			预提费用	62	80,451.00	50,500.00	
流动资产合计	20	1,035,722.50	821,590.50	流动负债合计	70	585,701.00	386,625.00	
长期投资				长期负债	72			
长期股权投资	24			长期借款	73	500,000.00	580,000.00	
固定资产				应付债券	80			
固定资产原价	24	805,853.50	1,006,909.50	长期应付款	81			
减：累计折旧	25	174,000.00	250,000.00	其他长期负债	85			
固定资产净值	26	631,853.50	756,909.50					
固定资产清理	27			长期负债合计	90	500,000.00	580,000.00	
固定资产合计	35	631,853.50	756,909.50					
无形资产及递延资产				负债合计	92	1,085,701.00	966,625.00	
无形资产	36	80,000.00	60,000.00	所有者权益	93			
递延资产	37			实收资本	94	75,000.00	75,000.00	
				资本公积	95	96,875.00	96,875.00	
无形资产及递	40	80,000.00	60,000.00	留存收益	96	490,000.00	500,000.00	
				所有者权益合计	98	661,875.00	671,875.00	
资产合计	50	1,747,576.00	1,638,500.00	负债及所有者权	100	1,747,576.00	1,638,500.00	

图 8-11　资产负债表

运用杜邦分析法进行财务分析的具体步骤如下：

(1) 建立一个工作表，命名为"杜邦系统分析图"。输入指标名称，用绘图工具把线条连接起来。

(2) 按照下列取数公式计算指标的数值。输入公式应当从杜邦系统分析图的底行开始，从下往上逐行输入，如图 8-12 所示。

A18=利润表!C5+利润表!C6

C18=利润表!C7+利润表!C8+利润表!C9

E18=利润表!C12

G18=AVERAGE('资产负债表'!C5:D5)

I18=AVERAGE('资产负债表'!C8:D8)

K18=AVERAGE('资产负债表'!C14:D14)

Q18=AVERAGE('资产负债表'!C23:D23)

S18=AVERAGE('资产负债表'!C30:D30)

A15=利润表!C4

C15=A18+C18+E18

E15=利润表!C14

I15=G18+I18+K18+M18

Q15=Q18+S18+U18+O18

C12=A15-C15-E15

E12=A15

M12=I15+Q15

Q12=AVERAGE('资产负债表'!G31:H31)

E9=C12/E12

I9=E12/M12

O6=M12/Q12

G6=E9*I9

H3=G6*O6

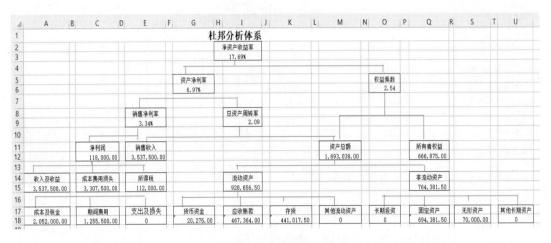

图 8-12   杜邦分析体系

项 目 小 结

本项目主要介绍财务分析的基本理论和财务比率的分析及应用，利用 Excel 表建立财务比率分析模型、财务比率比较模型和财务比率综合分析模型，利用 Excel 表的制图功能，制作趋势图表、结构图表及杜邦系统分析结构图。

课 后 习 题

(1) M 公司 2020 年资产负债表和利润表如图 8-13、8-14 所示。

	A	B	C	D	E	F	G	H	I
1					资产负债表				
2									会企01表
3	编制单位：M公司				2020年　12月 31 日				单位：万元
4	行次	资产类科目	期末数	期初数	行次	负债及所有者权益科目	期末数	期初数	
5	001	**流动资产**			001	**流动负债**			
6	002	货币资金	4,821	2,932	002	短期借款	5,540	840	
7	005	应收账款	22,357	987	005	应付票据	2,600	500	
8	006	存货	8,487	6,291	006	应付账款	22,070	10,160	
9	021	**流动资产合计**	35,665	10,210	020	**流动负债合计**	30,210	11,500	
10	022	非流动资产			022	长期借款	7,300	8,200	
11	027	长期股权投资	5,930	630	023	应付债券	9,700		
12	030	在建工程	8,732	8,732	032	**非流动负债合计**	17,000	8,200	
13	033	固定资产净额	23,566	21,866	033	**负债合计**	47,210	19,700	
14	035	生产性生物资产			035	实收资本(或股本)	9,000	8,000	
15	036	公益性生物资产			036	资本公积	5,867	5,167	
16	039	无形资产	355	200	040	盈余公积	3,389	3,089	
17	040	开发支出			042	未分配利润	8,782	5,682	
18	045	**非流动资产合计**	38,583	31,428	045	**所有者权益合计**	27,038	21,938	
19	046	**资产总计**	74,248	41,638	046	**负债和所有者权益总计**	74,248	41,638	

图 8-13　资产负债表

	A	B	C	D
1		**利润表**		
2				会企02表
3	编制单位：M公司	2020 年 12月		单位：万元
4	行次	科　目	本期数	上期数
5	001	一、营业收入	55,232	44,241
6	002	减:营业成本	42,311	33,705
7	003	税金及附加	502	334
8	004	销售费用	312	407
9	005	管理费用	1,198	1,021
10	006	财务费用	324	232
11	013	二、营业利润(亏损以"-"号填列)	10,585	8,542
12	014	加:营业外收入	365	245
13	015	减:营业外支出	258	167
14	016	三、利润总额(亏损总额以"-"号填列)	10,692	8,620
15	017	减:所得税费用	3,123	2,487
16	018	四、净利润(净亏损以"-"号填列)	7,569	6,133

图 8-14　利润表

① 根据资产负债表和利润表的数据计算财务比率数据(如图 8-15 所示)，完成"财务比率计算模型"。

财务比率计算模型

一、变现能力比率	
流动比率	
速动比率	
二、资产管理比率	
存货周转率	
应收账款周转率	
流动资产周转率	
三、负债比率	
资产负债率	
股东权益比率	
产权比率	
利息保障倍数	
四、盈利能力比率	
股东权益报酬率	
营业利润率	

图 8-15　财务比率

② 对 M 公司的财务比率进行比较分析(如图 8-16 所示)，并设置棋盘格式，颜色为黄色。

财务比率比较分析

项目	标准财务比率	M公司财务比率	差异
流动比率	2.00		
速动比率	1.35		
应收账款周转率	18.00		
资产负债率	0.40		
股东权益比率	0.60		
产权比率	1.00		
已获利息倍数	50.00		
股东权益报酬率	0.23		
营业利润率	0.50		

图 8-16　财务比率比较

③ 根据 M 公司近 5 年的销售收入数据(如图 8-17 所示)，绘制 M 公司销售收入的"趋势图解分析图"(曲线上方显示数据)。

	A	B	C	D	E	F
1	M公司近5年的销售收入					
2	年份	2016	2017	2018	2019	2020
3	销售收入（万元）	300	380	400	440	550

图 8-17　2016—2019 年销售收入

④ 根据 M 公司 2020 年年末所有者权益的构成结构，制作"所有者权益结构图解分析图"(三维饼图，显示数据)。

⑤ 完成杜邦体系系统图数据计算(如图 8-18 所示)。

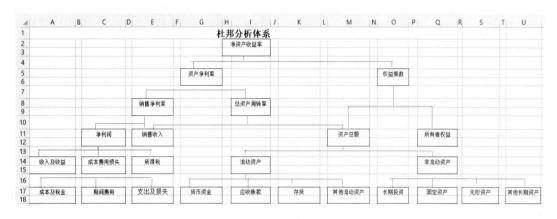

图 8-18 杜邦分析体系

(2) CDE 股份有限公司资产负债表和利润表如图 8-19、8-20 所示。根据资产负债表和利润表中的数据，计算财务分析指标，并建立 CDE 公司的财务比率分析模。

	A	B	C	D
1	**CDE公司资产负债表**			
2	编制单位：CDE股份有限公司		2020年12月31日	单位：元
3	资产类科目	期末数	负债及所有者权益科目	期末数
4	流动资产：		流动负债：	
5	货币资金	3,116,879,678.00	应付票据	2,378,250,000.00
6	应收账款	114,964,912.00	应付账款	2,031,321,497.00
7	应收票据	3,655,031,660.00	应付职工薪酬	370,937,019.00
8	存货	3,872,554,775.00	应交税费	127,573,453.00
9	流动资产合计	10,759,431,025.00	流动负债合计	4,908,081,969.00
10	非流动资产：		非流动负债：	
11	长期股权投资	342,534,200.00	长期借款	3,980,403,780.00
12	固定资产	12,075,304,733.00	应付债券	86,955,007.00
13	无形资产	56,535,664.00	非流动负债合计	4,067,358,787.00
14	非流动资产合计	12,474,374,597.00	负债合计	8,975,440,756.00
15			所有者权益	
16			股本	10,661,669,471.00
17			盈余公积	1,717,619,491.00
18			未分配利润	1,879,075,904.00
19			所有者权益合计	14,258,364,866.00
20	资产总计	23,233,805,622.00	负债及所有者权益总计	23,233,805,622.00
21				
22	补充资料：			
23	期初数据	金额	期初数据	金额
24	存货	2,465,776,889.00	流动资产	9,956,743,321.00
25	应收账款	81,275,644.00	所有者权益	10,653,856,453.00

图 8-19 资产负债表

	A	B
1	CDE公司利润表	
2	编制单位：CDE股份有限公司 2020年	单位：元
3	项　　目	本 期 金 额
4	一、营业收入	22, 200, 884, 215
5	减：营业成本	19, 476, 068, 662
6	营业税金及附加	118, 487, 262
7	销售费用	166, 974, 224
8	管理费用	905, 238, 491
9	财务费用	282, 880, 371
10	二、营业利润	1, 251, 235, 205
11	加：营业外收入	591, 136
12	减：营业外支出	109, 039, 378
13	三、利润总额	1, 142, 786, 963
14	减：所得税费用	395, 964, 865
15	四、净利润	746, 822, 098

图 8-20　利润表

(3) 某公司 2016—2020 年负债总额、所有者权益总额及资产总额数据如表 8-1 所示。

表 8-1　某公司 2016—2020 年负债总额、所有者权益总额及资产总额

项　　目	2016 年	2017 年	2018 年	2019 年	2020 年
负债总额/元	543 000	678 000	596 000	660 000	724 000
所有者权益/元	459 000	500 000	680 000	707 000	781 000
资产总额/元	1 002 000	1 178 000	1 276 000	1 367 000	1 505 000

要求：根据表格数据，使用 Excel 表的图标功能，制作折线图完成公司财务趋势图解分析。

(4) N 公司 2020 年 12 月 31 日资产负债表(简表)如表 8-2 所示。

表 8-2　资产负债表(简表)

编制单位：N 公司　　　　　　　　2020 年 12 月 31 日　　　　　　　　单位：元

资产类科目	期末数	负债及所有者权益科目	期末数
流动资产：		**流动负债：**	
货币资金	12 352 049	短期借款	274 000 000
持有到期投资	687 497	应付票据	90 582 683
其他科目流动资产	50 057 760	其他科目流动负债	1 319 005 227
流动资产合计	63 097 306	**流动负债合计**	1 683 587 910
非流动资产：		**非流动负债：**	
固定资产合计	5 333 876 705	长期负债合计	1 607 627 600
无形资产及其他资产合计	2 213 159 130	**所有者权益合计**	4 318 917 631
资产总计	7 610 133 141	**负债及所有者权益总计**	7 610 133 141

要求：根据上述公司资产负债表(简表)，利用所学的财务结构图解分析法，对企业的

财务状况进行如下分析。

① 对公司资产中的流动资产、固定资产和无形资产及其他资产占资产总额的结构进行图解分析。

② 对公司负债中的流动负债和长期负债占负债总额的负债构成情况进行图解分析。

(5) A 企业 2020 年 12 月 31 日，资产负债表(简表)与损益类账户全年累计发生额，如表 8-3 和表 8-4 所示。要求：

① 根据实际需要，用财务比率综合评分法分析该企业的财务情况。

② 建立该企业的杜邦分析系统图。

表 8-3　资产负债表(简表)

编制单位：A 企业　　　　　　　　　　2020 年 12 月 31 日　　　　　　　　　　单位：元

资　　产	金　　额	负债和所有者权益	金　　额
货币资金	1 660 000.00	短期借款	300 000.00
交易性金融资产	25 000.00	应付票据	250 000.00
应收票据	206 000.00	应付账款	957 800.00
应收账款	290 100.00	应付职工薪酬	111 000.00
其他应收款	5000.00	应交税费	37 300.00
预付账款	100 000.00	长期借款	1 400 000.00
存货	2 680 000.00	实收资本	5 390 000.00
持有到期投资	250 000.00	盈余公积	120 000.00
固定资产	3 400 000.00	未分配利润	50 000.00
无形资产	800 000.00	—	
合　计	8 616 100.00	合　计	8 616 100.00

表 8-4　损益类账户累计发生额

编制单位：A 企业　　　　　　　　　　2020 年 12 月 31 日　　　　　　　　　　单位：元

会计科目	借方发生额	贷方发生额
主营业务收入	2 694 500.00	2 694 500.00
主营业务成本	1 060 000.00	1060 000.00
销售费用	160 000.00	160 000.00
主营业务税金及附加	100 000.00	100 000.00
其他业务收入	100 000.00	100 000.00
其他业务支出	60 000.00	60 000.00
管理费用	500 000.00	500 000.00
财务费用	36 500.00	36 500.00
营业外收入	6 000.00	6 000.00
营业外支出	4 000.00	4 000.00
所得税费用	290 400.00	290 400.00

项 目 实 训

运用 Excel 分析事业单位财务活动处理，建立财务分析模型

一、实训目的

(1) 了解财务分析的基本内容。

(2) 熟练运用财务分析的基本方法以及 AVERAGE 函数的使用方法。

二、实训任务

掌握财务比率分析法、财务图解分析法和财务综合分析法。

三、实训要求

(1) 要求以"财务分析+班级+小组名"进行命名。

(2) 按实训资料要求掌握财务比率分析法、财务图解分析法和财务综合分析法模型。

(3) 掌握 Excel 表下财务分析中 AVERAGE 函数的应用。

四、实训内容

实训资料：CDE 股份有限公司资产负债表和利润表如表 8-5、表 8-6 所示。

表 8-5　资产负债表(简表)

编制单位：CDE 股份有限公司　　　　　　　2020 年 12 月 31 日　　　　　　　单位：元

资产类科目	期末数	期初数
流动资产：		
货币资金	3 116 879 678.00	2 867 711 632.00
应收账款	114 964 912.00	281 275 644.00
应收票据	3 655 031 660.00	3 835 031 661.00
存货	3 872 554 775.00	2 465 776 889.00
流动资产合计	10 759 431 025.00	9 449 795 826.00
非流动资产：		
长期股权投资	342 534 200.00	227 558 341.00
固定资产	12 075 304 733.00	11 798 255 440.00
无形资产	56 535 664.00	45 535 665.00
非流动资产合计	12 474 374 597.00	12 071 349 446.00
资产总计	23 233 805 622.00	21 521 145 272.00
负债及所有者权益科目	期末数	期初数
流动负债：		
应付票据	2 378 250 000.00	2 834 806 656.00
应付账款	2 031 321 497.00	2 470 115 953.00

续表

负债及所有者权益科目	期末数	期初数
应付职工薪酬	370 937 019.00	399 813 756.00
应交税费	127 573 453.00	187 429 598.00
流动负债合计	4 908 081 969.00	5 892 165 963.00
非流动负债：		
长期借款	3 980 403 780.00	4 829 616 303.00
应付债券	86 955 007.00	145 506 553.00
非流动负债合计	4 067 358 787.00	4 975 122 856.00
负债合计	8 975 440 756.00	10 867 288 819.00
所有者权益		
股本	10 661 669 471.00	7 809 019 450.00
盈余公积	1 717 619 491.00	1 258 684 542.00
未分配利润	1 879 075 904.00	1 586 152 461.00
所有者权益合计：	14 258 364 866.00	10 653 856 453.00
负债及所有者权益总计	23 233 805 622.00	21 521 145 272.00

表 8-6　利润表(简表)

编制单位：CDE 股份有限公司　　　　2020 年 12 月 31 日　　　　单位：元

项　　　　目	本　期　金　额
一、营业收入	22 200 884 215.00
减：营业成本	19 476 068 662.00
营业税金及附加	118 487 262.00
销售费用	166 974 224.00
管理费用	905 238 491.00
财务费用	282 880 371.00
二、营业利润	1 251 235 205.00
加：营业外收入	591 136.00
减：营业外支出	109 039 378.00
三、利润总额	1 142 786 963.00
减：所得税费用	395 964 865.00
四、净利润	746 822 098.00

实训要求：

(1) 根据上述资产负债表(简表)和利润表(简表)的数据，计算表 8-7 所示的财务比率指标，并建立 CDE 公司的财务比率分析模型。

表 8-7   CDE 公司财务比率分析模型

财务比率指标	
一、变现能力比率	
流动比率	
速动比率	
二、资产管理比率	
存货周转率	
应收账款周转率	
流动资产周转率	
三、负债比率	
资产负债率	
股东权益比率	
产权比率	
利息保障倍数	
四、盈利能力比率	
股东权益报酬率	
营业利润率	

(2) 根据上述资产负债表，利用结构图解分析法，对企业资产中的流动资产、固定资产和无形资产及其他资产占资产总额的资产结构情况进行图解分析(三维饼图，显示数据)；对企业流动负债中的负债构成情况进行图解分析(三维饼图，显示数据)。

(3) 建立该企业的杜邦分析系统图(注：利润表的成本项目设置为"营业成本及税金""期间费用""所得税"和"营业外支出"，收入设置"营业收入""营业外收入")。

附 录　综 合 训 练

项目作业(一)

一、企业简介

(1) 公司名称：A 电机股份有限公司。

(2) 公司情况简介：

A 电机股份有限公司的前身为 B 制造有限公司。2001 年 11 月 26 日，经 A 省人民政府企业上市工作领导小组(A 股上市〔2001〕98 号文)批准，在 B 制造有限公司的基础上发起设立 A 电机股份有限公司。B 股份有限公司的股东整体资产按原出资比例分割后全部投入组建的股份公司。2001 年 12 月 20 日，公司在 A 省工商行政管理局注册登记并领取。

(3) 公司组织结构。

A 电机股份有限公司按照现代企业制度建立了公司的组织结构。公司的最高权力机构为股东大会，董事会为常设决策和管理机构，监事会是本公司的监督机构，总经理负责本公司的日常经营管理事务。董事会下设董事会办公室、战略委员会、审计委员会、提名、薪酬与考核委员会。

(4) 公司组织结构图(略)。

二、财务报表概况

(1) 资产负债表(如表 F-1 所示)。

表F-1　资产负债表

制表单位：A 电机股份有限公司　　　　　　2020 年 12 月 31 日　　　　　　单位：元

项　　目	2020 年 12 月 31 日	2019 年 12 月 31 日	2018 年 12 月 31 日
流动资产：			
货币资金	158 976 987.60	152 680 703.90	165 458 282.00
交易性金融资产	0.00	0.00	69 166 674.72
应收票据及应收账款(合计)	481 155 580.86	778 330 427.10	778 341 688.80

续表一

项　目	2020 年 12 月 31 日	2019 年 12 月 31 日	2018 年 12 月 31 日
应收票据	75 165 887.16	162 228 039.20	178 436 066.80
应收账款	405 989 693.70	616 102 387.90	599 905 622.00
应收款项融资	212 457 831.00	0.00	0.00
预付款项	18 301 590.45	31 444 365.20	21 458 480.78
其他应收款(合计)	17 640 809.73	27 399 360.49	10 915 651.48
其他应收款	17 640 809.73	27 399 360.49	10 915 651.48
买入返售金融资产	0.00	0.00	0.00
存货	321 998 918.90	368 603 089.00	372 748 232.10
其他流动资产	16 393 677.46	15 759 628.31	17 263 204.43
流动资产合计	1 226 925 396.00	1 374 217 574.00	1 435 352 215.00
非流动资产：			
可供出售金融资产	8 800 000.00	8 800 000.00	8 800 000.00
长期股权投资	32 973 287.71	3 764 147.07	3 811 575.21
投资性房地产	96 015 819.00	92 678 471.00	84 974 700.00
在建工程(合计)	103 235 341.80	50 086 684.82	54 798 417.14
在建工程	103 235 341.80	50 086 684.82	54 798 417.14
固定资产及清理(合计)	528 324 949.20	538 721 430.30	473 918 102.60
固定资产净额	528 324 949.20	538 721 430.30	473 918 102.60
无形资产	190 714 165.70	153 168 044.40	137 777 301.10
商誉	625 100 195.10	625 100 195.10	1 067 741 625.00
长期待摊费用	17 564 977.78	12 340 636.25	16 168 707.53
递延所得税资产	21 792 423.37	10 353 757.06	8 448 469.42
其他非流动资产	19 329 776.34	0.00	493 500.00
非流动资产合计	1 643 850 936.00	1 495 013 366.00	1 856 932 398.00
资产总计	2 870 776 332.00	2 869 230 940.00	3 292 284 613.00
流动负债：			
短期借款			
应付票据及应付账款	451 787 780.40	472 364 673.90	519 882 939.10
应付票据	204 444 657.40	144 878 672.20	151 630 739.50

续表二

项 目	2020 年 12 月 31 日	2019 年 12 月 31 日	2018 年 12 月 31 日
应付账款	247 343 123.00	327 486 001.70	368 252 199.60
预收款项	3 565 265.87	2 473 850.84	4 900 786.70
应付职工薪酬	22 993 732.99	25 147 001.59	18 808 841.67
应交税费	10 058 448.29	27 960 551.59	30 274 239.46
其他应付款(合计)	17 944 309.30	14 805 896.85	3 266 737.21
应付利息	710 485.97	399 333.89	208 833.06
应付股利	0.00	0.00	1 316 787.35
其他应付款	17 233 823.33	14 406 562.96	1 741 116.80
一年内到期的非流动负债	0.00	21 462 873.20	14 845 930.50
流动负债合计	506 349 536.85	564 214 847.97	591 979 474.60
非流动负债:			
长期借款	189 000 000.00	273 956 651.70	189 000 000.00
递延所得税负债	8 618 101.29	7 545 213.69	5 813 394.86
长期递延收益	53 556 631.16	53 633 879.64	8 147 300.00
其他非流动负债	0.00	0.00	22 346 019.50
非流动负债合计	251 174 732.45	335 135 745.03	225 306 714.36
负债合计	757 524 269.30	899 350 593.10	817 286 189.20
所有者权益:			
实收资本(或股本)	468 694 930.00	443 510 022.00	450 899 624.00
资本公积	1 729 513 921.00	1 641 729 816.00	1 689 997 001.00
减:库存股	0.00	22 011 878.00	37 191 950.00
其他综合收益	−232 421.15	−1 401 595.30	−2 528 155.32
盈余公积	38 369 508.69	38 369 508.69	38 369 508.69
未分配利润	−132 735 145.54	−140 272 598.39	325 209 542.63
归属于母公司股东权益合计	2 103 610 793.00	1 959 923 275.00	2 464 755 571.00
少数股东权益	9 641 269.70	9 957 072.00	10 242 852.00
所有者权益(或股东权益)合计	2 113 252 062.00	1 969 880 347.00	2 474 998 424.00
负债和所有者权益(或股东权益)总计	2 870 776 332.00	2 869 230 940.00	3 292 284 613.00

(2) 利润表(如表 F-2 所示)。

表 F-2　利　润　表

制表单位：A 电机股份有限公司　　　　2020 年 12 月 31 日　　　　　　　　单位：元

项　目	2020 年 12 月 31 日	2019 年 12 月 31 日	2018 年 12 月 31 日
一、营业总收入	1 114 651 407.00	1 363 618 252.00	1 318 082 899.00
营业收入	1 114 651 407.00	1 363 618 252.00	1 318 082 899.00
二、营业总成本	1 113 888 201.00	1 794 792 401.00	1 242 743 157.00
营业成本	902 323 089.30	1 109 670 406.00	1 009 596 470.00
营业税金及附加	7 507 913.82	4 614 941.01	10 185 277.48
销售费用	33 116 349.14	37 257 930.65	36 870 206.23
管理费用	75 735 536.92	79 631 170.50	128 893 636.70
财务费用	12 564 867.18	8 737 327.08	10 867 211.57
研发费用	82 640 444.64	79 750 907.16	0.00
资产减值损失	0.00	475 129 718.60	46 330 355.02
公允价值变动收益	3 337 348.00	-61 462 903.72	60 005 692.70
投资收益	1 086 962.27	56 352 218.62	1 629 380.50
其中：对联营企业和合营企业的投资收益	-790 859.36	-47 428.14	-467 042.55
汇兑收益	0.00	0.00	0.00
三、营业利润	5 187 516.27	-436 284 834.10	136 974 815.20
加：营业外收入	137 653.99	456 485.98	418 480.29
减：营业外支出	1 352 646.65	8 594 913.98	2 009 565.19
其中：非流动资产处置损失	0.00	0.00	0.00
四、利润总额	3 972 523.61	-444 423 262.10	135 383 730.30
减：所得税费用	2 108 676.73	17 911 861.20	20 949 000.80
五、净利润	1 863 846.88	-462 335 123.30	114 434 729.50
归属于母公司所有者的净利润	16 868 844.21	-444 371 351.40	132 295 940.10
少数股东损益	-315 802.63	-285 780.64	-206 625.23
六、每股收益			
基本每股收益/(元/股)	0.04	-1.01	0.30
稀释每股收益/(元/股)	0.04	-1.01	0.29
七、其他综合收益	1 169 174.15	1 126 560.02	-5 291 101.66
八、综合收益总额	17 722 215.73	-443 530 572.00	126 798 213.20
归属于母公司所有者的综合收益总额	18 038 018.36	-443 244 791.40	127 004 838.40
归属于少数股东的综合收益总额	-315 802.63	-285 780.64	-206 625.23

(3) 现金流量表(略)。

三、企业财务分析模型

(1) 杜邦分析体系(分析近两年数据)。

(2) 模型分析(阐述模型分析，不少于 200 字)。

四、筹资活动模型

(1) 模型设计(格式如表 F-3 所示)，数据来自公司 2020 年资产负债表的长期借款。

表 F-3(a)　长期借款分期等额还款模型

借款金额	
年利率	10%
借款期限	5
每年还款期数	1
还款总期数	5
分期等额还款金额	

表 F3(b)　等额还款筹资决策分析表

所得税税率	25%		年利率	10%		
期限	等额还款金额/元	偿还本金/元	期初尚欠本金/元	偿还利息/元	抵税额/元	净现金流量/元

(2) 模型分析(阐述模型分析，不少于 200 字)。

五、利润管理模型

(1) 模型设计(使用数值调节钮，制作盈亏临界点分析及各因素变动分析，资料如表 F-4～F-6 所示)。

表 F-4　盈亏临界分析及因素变动分析

基 本 数 据			
因　素	金额/元	增长或降低率(-25%～25%)	数值调节钮
单　价	3 800		
单位变动成本	2 600		
固定成本	600 000		
销售量	6 000		
利　润			

表 F-5　盈亏临界分析

盈亏临界点销售量	盈亏临界点销售额	变动成本	固定成本	总成本	利润

表 F-6　因素变动分析

预计利润	利润增减额	利润变化率/%

(2) 模型分析(阐述模型分析，不少于 200 字)。

六、财务预测模型

(1) 模型设计(制作资产负债表简表，利用销售百分比法预测 2021 年外部筹资额，销售增长率为 10%，股利支付率为 60%)。

(2) 模型分析(阐述模型分析，不少于 200 字)。

七、总结与收获

(字数不少于 500 字)

项目作业(二)

一、企业简介

(1) 公司名称：M 股份有限公司。

(2) 公司情况简介：

M 股份有限公司始建于 1985 年，于 2000 年 8 月在深圳证券交易所上市，主要经营白酒、葡萄酒的生产与销售，是某省内唯一一家集名优白酒、名优葡萄酒于一身的上市公司，是全国 19 家酿酒板块上市公司之一。连续多年获某省名牌产品称号，被中国质量万里行市场调查中心授予"国家监督检查产品质量知名品牌"，被中国质量检验协会授予"全国质量检验合格稳定产品"称号。该公司目前拥有 5 000 亩酿酒葡萄基地。公司严格按照 OIV 国际标准并结合中国酿酒技术法规组织葡萄酒生产。所产的干红等，先后荣获了法国巴黎名酒博览会金奖、甘肃省酒类产品质量鉴评优秀产品等数十项荣誉，品质达到了国际标准。

葡萄酒更是以"2015 年中国十大葡萄酒品牌"位列第四的好成绩，受到新浪、网易等 70
多家知名网络媒体的高度关注，M 葡萄酒在众多国内优秀品牌中崭露头角。

(3) 公司组织结构(略)。

(4) 公司相应职责分工。

1. 首席执行官(CEO)

(1) 制订公司年度的经营计划，提出公司中长期发展规划。

(2) 根据年度工作计划，作出下阶段工作部署，达到量化、细化，分类分项、按人、按时抓好布置、安排、检查、和落实。

(3) 根据工作实际进展状况，不断完善内部管理和运作的机制，加强对各岗位人员的阶段性工作检查考证和年中、年末的考核，加强政治思想工作，提升业务能力。

(4) 定期向董事会报告业务运行情况及财务收支情况。召集、主持总经理办公会议，检查、督促和协调各部门的工作进展，主持召开行政例会、专题会等会议，总结工作、听取汇报。

2. 营销总监

(1) 全面主持营销部工作，直接对总经理负责。制订销售目标，审核并汇编下属部门的工作计划，并做市场分析报告。

(2) 制订销售目标，审核并汇编下属部门的工作计划，并做市场分析报告。

(3) 确定销售策略，分配销售任务。

3. 生产总监

(1) 搞好生产过程组织与劳动组织统一。

(2) 搞好生产准备的组织工作。

4. 采购总监

(1) 制订采购计划，是采购的决策者。

(2) 负责供应商的调查和实地勘察。

(3) 检查供应商提供的样品，对产品进行测试，采购合约与订单的起草，签发以及管理。

5. 财务总监

(1) 财务总监根据监事会要求，事先做好监事会对公司财务会计工作检查和质询的准备工作。

(2) 财务总监向监事会提供的公司财务会计工作的有关资料应核实其真实性和完整性。

(3) 财务总监对公司财务会计工作的整改意见时，应做好记录，定期向监事会汇报。

6. 财务助理

(1) 审核财务单据，整理档案，管理发票。

(2) 协助审核记账凭证、核对调整账目、预算分析。

(3) 控制日常费用、管理固定资产。

(4) 统计、打印、呈交、登记、保管各类报表和报告。

7. 董事会秘书

(1) 准备和递交国家有关部门要求董事会和股东大会出具的报告和文件。

(2) 筹备董事会和股东大会，保管会议记录、会议文件，并起草董事会的会议纪要和文件。

(3) 负责公司信息披露事务，保证信息披露的及时，准确，合法，真实和完整。

二、财务报表概况

(1) 资产负债表(如表 F-7 所示)。

表 F-7　资 产 负 债 表

制表单位：M 股份有限公司　　　　　2020 年 12 月 31 日　　　　　单位：元

项　　目	2020 年 12 月 31 日	2019 年 12 月 31 日	2018 年 12 月 31 日
流动资产：			
货币资金	21 227 435.99	4 324 740.64	1 772 450.19
交易性金融资产	0.00	0.00	0.00
衍生金融资产	0.00	0.00	0.00
应收票据及应收账款(合计)	2 486 719.24	1 145 479.28	783 126.81
应收票据	0.00	0.00	0.00
应收账款	2 486 719.24	1 145 479.28	783 126.81
应收款项融资	680 000.00	0.00	0.00
预付款项	2 204 225.04	815 458.11	1 390 119.55
其他应收款(合计)	31 540 870.69	2 444 590.67	5 390 185.01
应收利息	0.00	0.00	0.00
应收股利	0.00	0.00	0.00
其他应收款	31 540 870.69	2 444 590.67	5 390 185.01
买入返售金融资产	0.00	0.00	0.00
存货	100 905 756.30	59 587 496.81	85 544 447.33
划分为持有待售的资产	0.00	0.00	0.00
一年内到期的非流动资产	0.00	0.00	0.00
待摊费用	0.00	0.00	0.00
待处理流动资产损溢	0.00	0.00	0.00
其他流动资产	10 257 353.84	9 162 255.08	645 369.67
流动资产合计	169 302 361.10	77 480 020.59	95 525 698.56
非流动资产：			
发放贷款及垫款	0.00	0.00	0.00
可供出售金融资产	0.00	0.00	0.00
持有至到期投资	0.00	0.00	0.00
长期应收款	0.00	0.00	0.00
长期股权投资	0.00	0.00	0.00

续表一

项　目	2020 年 12 月 31 日	2019 年 12 月 31 日	2018 年 12 月 31 日
投资性房地产	0.00	0.00	0.00
在建工程(合计)	0.00	0.00	0.00
在建工程	0.00	0.00	0.00
工程物资	0.00	0.00	0.00
固定资产及清理(合计)	101 189 039.70	59 439 965.58	68 311 736.49
固定资产净额	101 189 039.70	59 439 965.58	68 311 736.49
固定资产清理	0.00	0.00	0.00
生产性生物资产	16 576 346.22	0.00	0.00
公益性生物资产	0.00	0.00	0.00
油气资产	0.00	0.00	0.00
使用权资产	0.00	0.00	0.00
无形资产	165 304 990.50	91 267 218.53	87 814 937.48
开发支出	0.00	0.00	0.00
商誉	0.00	0.00	0.00
长期待摊费用	1 992 220.25	311 036.00	562 220.97
递延所得税资产	223 378.73	0.00	0.00
其他非流动资产	0.00	0.00	0.00
非流动资产合计	285 285 975.40	151 018 220.11	156 688 894.94
资产总计	454 588 336.50	228 498 240.70	252 214 593.50
流动负债：			
短期借款	28 545 625.94	157 285 625.90	158 155 625.90
交易性金融负债	0.00	0.00	0.00
应付票据及应付账款	63 661 283.42	50 099 172.89	49 932 834.84
应付票据	0.00	0.00	0.00
应付账款	63 661 283.42	50 099 172.89	49 932 834.84
预收款项	847 663.49	2 150 437.76	7 466 837.18
应付手续费及佣金	0.00	0.00	0.00
应付职工薪酬	17 108 996.98	20 297 687.11	15 667 154.53
应交税费	57 267 974.86	48 600 809.46	37 575 110.65
其他应付款(合计)	122 959 141.11	120 141 599.18	79 987 979.20
应付利息	24 014 068.22	41 678 232.32	25 348 402.80
应付股利	0.00	698 279.08	698 279.06
其他应付款	98 945 072.89	77 765 087.78	53 941 297.34

续表二

项　　目	2020 年 12 月 31 日	2019 年 12 月 31 日	2018 年 12 月 31 日
预提费用	0.00	0.00	0.00
一年内的递延收益	0.00	0.00	0.00
应付短期债券	0.00	0.00	0.00
一年内到期的非流动负债	0.00	0.00	0.00
其他流动负债	0.00	0.00	0.00
流动负债合计	290 390 685.80	398 575 332.30	348 785 542.30
非流动负债：			
长期借款	50 039 930.56	0.00	0.00
应付债券	0.00	0.00	0.00
租赁负债	0.00	0.00	0.00
长期应付职工薪酬	0.00	0.00	0.00
长期应付款(合计)	0.00	0.00	0.00
长期应付款	0.00	0.00	0.00
专项应付款	0.00	0.00	0.00
预计非流动负债	22 287 654.05	67 109 011.88	46 126 988.44
递延所得税负债	0.00	0.00	0.00
长期递延收益	0.00	0.00	0.00
其他非流动负债	0.00	0.00	0.00
非流动负债合计	72 327 584.61	67 109 011.88	46 126 988.44
负债合计	362 718 270.41	465 684 344.18	394 912 530.74
所有者权益：			
实收资本(或股本)	177 408 000.00	177 408 000.00	177 408 000.00
资本公积	537 465 937.20	306 074 255.10	306 074 255.10
减：库存股	0.00	0.00	0.00
其他综合收益	0.00	0.00	0.00
专项储备	0.00	0.00	0.00
盈余公积	5 861 319.98	5 861 319.98	5 861 319.98
一般风险准备	0.00	0.00	0.00
未分配利润	-629 832 009.24	-727 523 003.30	-632 041 512.32
归属于母公司股东权益合计	90 903 247.94	-238 179 428.22	-142 697 937.24
少数股东权益	966 818.15	993 324.74	0.00
所有者权益(或股东权益)合计	91 870 066.09	-237 186 103.48	-142 697 937.24
负债和所有者权益(或股东权益)总计	454 588 336.50	228 498 240.70	252 214 593.50

(2) 利润表(如表 F-8 所示)。

表 F-8　利　润　表

制表单位：M 股份有限公司　　　　　2020 年 12 月 31 日　　　　　单位：元

项　目	2020 年 12 月 31 日	2019 年 12 月 31 日	2018 年 12 月 31 日
一、营业总收入	99 046 292.56	25 483 382.88	47 605 091.18
营业收入	99 046 292.56	25 483 382.88	47 605 091.18
二、营业总成本	90 881 071.20	99 172 762.83	210 190 681.70
营业成本	24 764 955.57	19 348 744.06	30 433 577.49
营业税金及附加	18 689 397.76	8 428 830.51	13 585 297.45
销售费用	9 833 656.84	3 979 677.67	19 965 939.94
管理费用	18 914 949.55	34 003 863.40	30 312 644.14
财务费用	18 678 111.48	17 085 474.51	13 730 200.51
研发费用	0.00	0.00	0.00
资产减值损失	0.00	16 326 172.68	102 163 022.10
公允价值变动收益	0.00	0.00	0.00
投资收益	35 685 992.07	−8 149.00	790 645.72
其中：对联营企业和合营企业的投资收益	0.00	0.00	0.00
汇兑收益	11 984 165.50	0.00	0.00
三、营业利润	55 835 378.93	−73 770 869.95	−161 794 944.80
加：营业外收入	27 351 416.60	14 859.51	13 933 361.98
减：营业外支出	15 195 495.57	21 732 155.78	36 517 089.68
其中：非流动资产处置损失	0.00	0.00	0.00
四、利润总额	67 991 299.96	−95 488 166.22	−184 378 672.50
减：所得税费用	−195 849.73	0.00	3 251 667.80
五、净利润	68 187 149.69	−95 488 166.22	−187 630 340.30
归属于母公司所有者的净利润	68 213 656.28	−95 481 490.92	−187 630 340.30
少数股东损益	−26 506.59	−6 675.30	0.00
六、每股收益			
基本每股收益/(元/股)	0.38	−0.54	−1.06
稀释每股收益/(元/股)	0.38	−0.54	−1.06
七、其他综合收益	0.00	0.00	0.00
八、综合收益总额	68 187 149.69	−95 488 166.22	−187 630 340.30
归属于母公司所有者的综合收益总额	68 213 656.28	−95 481 490.92	−187 630 340.30
归属于少数股东的综合收益总额	−26 506.59	−6 675.30	0.00

(3) 现金流量表(略)。

三、企业财务分析模型

(1) 杜邦分析体系(分析近两年数据)。

(2) 模型分析(阐述模型分析，不少于 200 字)。

四、筹资活动模型

(1) 模型设计。

M 股份有限公司为了向新业务领域拓展，需要筹集资金 1 000 万元。有两种备选方案如下：

A 方案为长期借款 400 万元，资本成本率 4%，优先股 300 万元，资本成本率 10%，普通股 300 万元，资本成本率 13%。

B 方案为发行债券 600 万元，资本成本率 7%，普通股 400 万元，资本成本率 13%；建立模型选择最优方案。

(2) 模型分析(阐述模型分析，不少于 200 字)。

五、利润管理模型

(1) 模型设计(使用数值调节钮，制作盈亏临界点分析及各因素变动分析，资料如表 F-9～F-11 所示)。

表 F-9　盈亏临界分析及因素变动分析

基 本 数 据			
因　　素	金额/元	增长或降低率(-25%～25%)	数值调节钮
单　　价	300		
单位变动成本	180		
固定成本	9 000 000		
销售量	80 000		
利　　润			

表 F-10　盈亏临界分析

盈亏临界点销售量	盈亏临界点销售额	变动成本	固定成本	总成本	利润

表 F-11　因素变动分析

预计利润	利润增减额	利润变化率/%

(2) 模型分析(不少于 200 字)。

六、财务预测模型

(1) 模型设计(制作资产负债表简表,利用销售百分比法预测 2021 年外部筹资额,销售增长率 10%,股利支付率 60%)。

(2) 模型分析(阐述模型分析,不少于 200 字)。

七、总结与收获

(不少于 500 字)

项目作业(三)

一、企业简介

(1) 公司名称:N 集团股份有限公司。

(2) 公司情况简介:

N 集团股份有限公司从 2002 年生产味精起步,快速发展为当今世界上最大的味精生产企业之一,是国内最大的氨基酸生产企业,为全球生物发酵领域的重要成员。N 集团股份有限公司注册资本 26 亿元,总资产 90 亿元,员工 1.3 万人,是一家以生物发酵为主的大型产业集团,主营业务涵盖氨基酸和调味品两大领域,拥有食品添加剂、医药中间体、饲料添加剂、调味品等四大产业群,产品行销全球 50 多个国家和地区,与国内外的食品、饲料、医药等知名企业形成了战略合作关系。2010 年底,集团在上海证券交易所上市。

(3) 公司组织结构(略)。

(4) 公司相应职责分工(略)。

二、财务报表概况

(1) 资产负债表(如表 F-12 所示)。

表 F-12　资 产 负 债 表

制表单位：N 集团股份有限公司　　　　2020 年 12 月 31 日　　　　单位：元

项　　　目	2020 年 12 月 31 日	2019 年 12 月 31 日	2018 年 12 月 31 日
流动资产：			
货币资金	2 218 021 323.00	1 912 598 058.00	2 277 116 406.00
交易性金融资产	10 000 000.00	34 329 514.50	7 908 000.00
衍生金融资产	15 164 481.75	0.00	0.00
应收票据及应收账款(合计)	332 242 613.60	561 670 588.85	584 764 782.20
应收票据	0.00	94 412 637.55	109 191 343.60
应收账款	332 242 613.60	467 257 951.30	475 573 438.60
应收款项融资	158 278 664.80	0.00	0.00
预付款项	29 530 935.67	99 442 016.03	560 312 842.30
其他应收款(合计)	117 015 317.60	105 206 086.90	142 726 556.00
应收利息	0.00	0.00	0.00
应收股利	0.00	0.00	0.00
其他应收款	117 015 317.60	105 206 086.90	142 726 556.00
买入返售金融资产	0.00	0.00	0.00
存货	2 133 081 377.00	1 866 338 940.00	995 023 260.80
划分为持有待售的资产	0.00	0.00	0.00
一年内到期的非流动资产	0.00	0.00	0.00
待摊费用	0.00	0.00	0.00
待处理流动资产损溢	0.00	0.00	0.00
其他流动资产	409 083 042.58	515 363 180.72	224 025 301.70
流动资产合计	5 422 417 756.00	5 094 948 385.00	4 791 877 149.00
非流动资产：			
发放贷款及垫款	0.00	0.00	0.00
可供出售金融资产	545 472 600.51	663 757 354.60	563 919 754.00
持有至到期投资	0.00	0.00	0.00
长期应收款	1 330 189.16	0.00	0.00
长期股权投资	32 904 978.24	26 674 152.85	9 812 073.15
投资性房地产	0.00	0.00	0.00
在建工程(合计)	593 263 865.66	2 020 696 516.51	283 808 946.11
在建工程	578 216 699.00	2 011 958 629.00	281 309 797.00
工程物资	15 047 166.66	8 737 887.51	2 499 149.11

续表一

项　目	2020 年 12 月 31 日	2019 年 12 月 31 日	2018 年 12 月 31 日
固定资产及清理(合计)	10 890 812 543.00	9 682 074 471.00	10 359 985 910.00
固定资产净额	10 890 812 543.00	9 682 074 471.00	10 359 985 910.00
固定资产清理	0.00	0.00	0.00
生产性生物资产	0.00	0.00	0.00
公益性生物资产	0.00	0.00	0.00
油气资产	0.00	0.00	0.00
使用权资产	0.00	0.00	0.00
无形资产	1 221 333 064.00	1 224 107 751.00	823 873 279.30
开发支出	0.00	0.00	0.00
商誉	117 213 727.10	143 173 700.40	143 173 700.40
长期待摊费用	30 968 742.13	24 832 620.14	12 096 408.99
递延所得税资产	164 243 854.10	110 451 464.10	12 544 511.05
其他非流动资产	297 740 081.10	74 312 822.40	100 823 272.00
非流动资产合计	13 895 283 645.00	13 970 080 853.00	12 310 037 855.00
资产总计	19 317 701 401.00	19 065 029 238.00	17 101 915 004.00
流动负债:			
短期借款	2 112 261 264.00	3 524 096 000.00	2 768 494 000.00
交易性金融负债	0.00	1 067 400.00	0.00
应付票据及应付账款(合计)	1 647 848 713.00	1 490 454 255.00	679 122 790.40
应付票据	252 572 056.40	357 450 000.00	95 000 000.00
应付账款	1 395 276 656.60	1 133 004 255.00	584 122 790.40
预收款项	889 074 229.40	485 853 651.90	319 308 817.10
应付手续费及佣金	0.00	0.00	0.00
应付职工薪酬	98 175 097.70	107 636 568.90	94 927 531.50
应交税费	84 788 922.93	171 580 771.60	146 396 845.00
其他应付款(合计)	375 591 600.40	315 546 563.10	284 323 177.00
应付利息	38 924 180.08	37 423 394.40	58 469 367.30
应付股利	67 804 762.72	12 037 536.00	12 037 536.00
其他应付款	268 862 657.60	266 085 632.70	213 816 273.70
预提费用	0.00	0.00	0.00
一年内的递延收益	0.00	0.00	0.00
应付短期债券	0.00	0.00	0.00

续表二

项　目	2020 年 12 月 31 日	2019 年 12 月 31 日	2018 年 12 月 31 日
一年内到期的非流动负债	231 446 630.30	1 899 741 980.50	0.00
其他流动负债	18 052 999.27	0.00	0.00
流动负债合计	5 457 239 457.00	7 995 977 191.00	4 292 573 161.00
非流动负债：			
长期借款	4 068 596 550.00	1 186 385 000.00	300 000 000.00
应付债券	349 000 000.00	286 000 000.00	2 990 994 061.00
租赁负债	0.00	0.00	0.00
长期应付职工薪酬	0.00	0.00	0.00
长期应付款(合计)	21 606 037.40	20 000 000.00	67 159 440.60
长期应付款	21 606 037.40	20 000 000.00	67 159 440.60
专项应付款	0.00	0.00	0.00
预计非流动负债	0.00	0.00	0.00
递延所得税负债	4 236 688.20	3 091 276.60	0.00
长期递延收益	200 487 629.40	200 941 451.40	90 791 519.40
其他非流动负债	0.00	0.00	0.00
非流动负债合计	4 643 926 905.00	1 696 417 729.00	3 448 945 021.00
负债合计	10 101 166 362.00	9 692 394 918.00	7 741 518 182.00
所有者权益：			
实收资本(或股本)	3 104 289 638.00	3 108 175 038.00	3 108 226 603.00
资本公积	2 161 995 304.00	2 145 234 649.00	2 242 451 491.00
减：库存股	184 173 807.30	73 449 429.00	199 999 904.40
其他综合收益	2 501 084.65	0.00	0.00
专项储备	0.00	0.00	0.00
盈余公积	649 775 246.65	560 591 077.00	451 082 066.40
一般风险准备	0.00	0.00	0.00
未分配利润	3 244 846 672.00	3 369 737 253.00	3 503 397 738.00
归属于母公司股东权益合计	8 979 234 138.00	9 110 288 588.00	9 105 157 994.00
少数股东权益	237 300 901.00	262 345 731.00	255 238 828.00
所有者权益(或股东权益)合计	9 216 535 039.00	9 372 634 319.00	9 360 396 822.00
负债和所有者权益(或股东权益)总计	19 317 701 401.00	19 065 029 238.00	17 101 915 004.00

附录 综合训练 **203**

(2) 利润表(见表 F-13)。

表 F-13 利 润 表

制表单位：N 集团股份有限公司 　　　　　　2020 年 12 月 31 日 　　　　　　单位：元

项　　　　目	2020 年 12 月 31 日	2019 年 12 月 31 日	2018 年 12 月 31 日
一、营业总收入	14 553 547 455.00	12 648 045 804.00	11 132 161 082.00
营业收入	14 553 547 455.00	12 648 045 804.00	11 132 161 082.00
二、营业总成本	13 504 728 133.00	11 554 749 448.00	10 084 952 860.00
营业成本	11 268 002 955.00	9 498 279 013.00	8 259 331 955.00
营业税金及附加	197 283 971.80	218 047 305.40	154 763 774.10
销售费用	1 168 288 652.00	1 003 796 174.00	879 407 613.40
管理费用	540 450 478.90	463 104 028.00	431 823 379.10
财务费用	270 157 206.80	317 822 063.80	277 026 691.40
研发费用	60 544 868.50	29 058 271.20	0.00
资产减值损失	0.00	24 642 592.60	82 599 447.00
公允价值变动收益	−37 115 532.75	26 421 514.50	7 908 000.00
投资收益	69 950 905.07	52 165 223.82	80 690 184.91
其中：对联营企业和合营企业的投资收益	2 230 825.39	−1 137 920.30	12 073.15
汇兑收益	92 348 798.68	43 311 231.68	294 698 893.09
三、营业利润	1 174 003 493.00	1 215 194 326.00	1 430 505 300.00
加：营业外收入	18 556 432.07	11 616 976.47	13 498 259.54
减：营业外支出	24 981 246.07	12 210 939.47	21 123 106.54
其中：非流动资产处置损失	0.00	0.00	0.00
四、利润总额	1 167 578 679.00	1 214 600 363.00	1 422 880 453.00
减：所得税费用	164 021 201.00	194 529 899.00	226 843 538.00
五、净利润	1 003 557 478.00	1 020 070 464.00	1 196 036 915.00
归属于母公司所有者的净利润	988 641 850.30	1 001 546 287.00	1 173 606 821.00
少数股东损益	14 915 627.78	18 524 176.36	22 430 094.17
六、每股收益			
基本每股收益/(元/股)	0.32	0.32	0.38
稀释每股收益/(元/股)	0.32	0.32	0.38
七、其他综合收益	−1 210 522.95	0.00	0.00
八、综合收益总额	1 002 346 955.00	1 020 070 464.00	1 196 036 915.00
归属于母公司所有者的综合收益总额	987 431 327.30	1 001 546 287.00	1 173 606 821.00
归属于少数股东的综合收益总额	14 915 627.78	18 524 176.36	22 430 094.17

(3) 现金流量表(略)。

三、企业财务分析模型

(1) 杜邦分析体系(分析近两年的数据)。
(2) 模型分析(阐述模型分析，不少于 200 字)。

四、筹资活动模型

(1) 模型设计——分析 2020、2019 年综合资本成本率(长期借款的年利率 6%，筹资费用率 2%；应付债券利率 10%，筹资费用率 5%；普通股股利率 5%，股利增长率 3%，筹资费用率 5%；所得税税率 25%)。
(2) 模型分析(阐述模型分析，不少于 200 字)。

五、利润管理模型

(1) 模型设计(使用数值调节钮，制作盈亏临界点分析及各因素变动分析，资料如表 F14～F16 所示)。

表 F-14　盈亏临界分析及因素变动分析

基 本 数 据			
因　素	金额/元	增长或降低率(-25%～25%)	数值调节钮
单　价	470		
单位变动成本	240		
固定成本	650 000		
销售量	3 000		
利　润			

表 F-15　盈亏临界分析

盈亏临界点销售量	盈亏临界点销售额	变动成本	固定成本	总成本	利润

表 F-16　因素变动分析

预计利润	利润增减额	利润变化率%

(2) 模型分析(阐述模型分析，不少于 200 字)。

六、财务预测模型

(1) 模型设计(制作资产负债表简表，利用销售百分比法预测 2021 年外部筹资额，销售增长率 10%，股利支付率 60%)。

(2) 模型分析(阐述模型分析，不少于 200 字)。

七、总结与收获

(字数不少于 500 字)

项目作业(四)

一、企业简介

(1) 公司名称：D 股份有限公司。

(2) 公司情况简介：

公司于 1997 年 8 月经 A 市人民政府以〔1997〕41 号文和 A 市证券管理办公室沪证司〔1997〕104 号文批准，1997 年 11 月 7 日，经中国证券监督管理委员会以证监发字〔1997〕500 号文批准，公司向社会公众公开发行境内上市内资股(A 股)股票并上市交易。

(3) 公司组织结构(略)。

(4) 公司相应职责分工(略)。

二、财务报表概况

(1) 资产负债表(如表 F-17 所示)。

表 F-17　资 产 负 债 表

制作单位：D 股份有限公司　　　　　　2020 年 12 月 31 日　　　　　　　　单位：元

项　　　目	2020 年 12 月 31 日	2019 年 12 月 31 日	2018 年 12 月 31 日
流动资产：			
货币资金	12 782 683.67	12 377 137.64	12 161 111.98
交易性金融资产	4 979 659.90	2 656 195.84	479 519.15
衍生金融资产	0.00	0.00	0.00
应收票据及应收账款(合计)	4 758 572.80	6 109 024.35	6 430 954.91
应收票据	624 509.25	2 096 043.74	2 964 174.20
应收账款	4 134 063.55	4 012 980.61	3 466 780.71
应收款项融资	1 140 183.75	0.00	0.00
预付款项	2 893 912.31	1 869 377.30	2 983 519.50
其他应收款(合计)	1 460 262.09	1 609 867.55	1 141 147.61
应收利息	32 360.35	84 587.59	43 614.68
应收股利	106 682.43	168 407.75	176 112.68
其他应收款	1 321 219.31	1 356 872.21	921 420.25
买入返售金融资产	1 354 236.93	66 427.00	63 096.01
存货	5 439 863.34	5 894 262.39	5 004 176.49
划分为持有待售的资产	8 331.39	8 071.34	0.00
一年内到期的非流动资产	5 319 224.34	6 848 261.67	5 530 027.18
待摊费用	0.00	0.00	0.00
待处理流动资产损溢	0.00	0.00	0.00
其他流动资产	10 978 832.24	7 898 959.34	5 201 299.70
**　流动资产合计**	51 115 762.76	45 337 584.42	38 994 852.53
非流动资产：			
发放贷款及垫款	8 182 705.76	8 362 258.50	7 857 710.13
可供出售金融资产	2 098 717.27	2 393 034.73	6 436 815.69
持有至到期投资	39 191.99	0.00	0.00
长期应收款	1 114 442.41	683 741.33	397 634.55
长期股权投资	6 461 700.71	7 093 041.20	6 750 022.27
投资性房地产	325 206.15	318 971.91	290 932.74
在建工程(合计)	1 618 754.09	2 084 925.82	1 647 697.15

续表一

项　　目	2020 年 12 月 31 日	2019 年 12 月 31 日	2018 年 12 月 31 日
在建工程	1 618 754.09	2 084 925.82	1 647 697.15
工程物资	0.00	0.00	0.00
固定资产及清理(合计)	8 305 600.72	6 918 728.05	5 822 665.90
固定资产净额	8 305 600.72	6 918 728.05	5 822 665.90
固定资产清理	0.00	0.00	0.00
生产性生物资产	0.00	0.00	0.00
公益性生物资产	0.00	0.00	0.00
油气资产	0.00	0.00	0.00
使用权资产	0.00	0.00	0.00
无形资产	1 528 115.97	1 400 833.35	1 174 531.50
开发支出	164 670.25	53 865.00	172.55
商誉	148 079.95	148 137.22	72 367.11
长期待摊费用	247 110.72	204 697.29	183 522.61
递延所得税资产	2 981 514.82	2 792 966.36	2 493 529.45
其他非流动资产	601 754.39	484 199.80	230 858.95
非流动资产合计	**33 817 565.20**	**32 939 400.56**	**33 358 460.60**
资产总计	**84 933 327.96**	**78 276 984.98**	**72 353 313.13**
流动负债：			
短期借款	2 558 798.62	1 672 644.03	1 571 739.90
交易性金融负债	121 128.57	97 739.98	20 362.38
应付票据及应付账款(合计)	17 004 766.36	15 482 671.26	13 766 083.33
应付票据	3 296 152.33	2 956 121.56	1 654 142.06
应付账款	13 708 614.03	12 526 549.70	12 111 941.27
预收款项	1 187 305.89	1 535 485.73	2 717 740.81
应付手续费及佣金	0.00	0.00	0.00
应付职工薪酬	1 037 917.07	942 102.75	993 951.66
应交税费	1 009 442.98	1 057 488.50	1 712 917.68
其他应付款(合计)	7 708 260.14	6 755 046.31	6 033 163.27
应付利息	10 430.20	96 242.83	61 055.90
应付股利	76 436.52	64 749.82	67 933.01
其他应付款	7 621 393.42	6 594 053.66	5 904 174.36
预提费用	12 950 049.40	12 412 896.60	10 573 517.63

续表二

项　　目	2020 年 12 月 31 日	2019 年 12 月 31 日	2018 年 12 月 31 日
一年内的递延收益	0.00	0.00	0.00
应付短期债券	0.00	0.00	0.00
一年内到期的非流动负债	2 683 816.57	1 461 390.71	1 693 676.38
其他流动负债	18 842.07	14 848.20	14 097.68
流动负债合计	46 280 327.67	41 432 314.07	39 097 250.72
非流动负债：			
长期借款	1 913 696.58	1 915 793.06	689 402.05
应付债券	1 616 176.20	1 337 479.24	707 185.33
租赁负债	0.00	0.00	0.00
长期应付职工薪酬	560 430.82	585 323.40	567 280.63
长期应付款(合计)	156 693.37	119 754.18	102 369.01
长期应付款	98 835.82	43 590.52	18 288.67
专项应付款	70 226.58	77 085.27	84 080.34
预计非流动负债	1 399 702.71	1 526 568.77	1 346 091.79
递延所得税负债	311 179.24	226 667.61	308 504.83
长期递延收益	2 611 158.94	2 661 062.11	2 324 647.09
其他非流动负债	0.00	0.00	0.00
非流动负债合计	8 569 037.86	8 372 648.37	6 045 480.73
负债合计	54 849 365.53	49 804 962.44	45 142 731.45
所有者权益：			
实收资本(或股本)	1 168 346.14	1 168 346.14	1 168 346.14
资本公积	5 556 665.80	5 532 294.55	5 486 843.49
减：库存股	0.00	0.00	0.00
其他综合收益	1 250 473.48	801 404.55	1 385 315.08
专项储备	62 029.60	50 904.68	40 900.63
盈余公积	4 084 317.16	4 084 317.16	3 774 648.56
一般风险准备	320 290.73	289 852.61	208 012.63
未分配利润	12 528 078.06	11 509 736.51	10 469 463.74
归属于母公司股东权益合计	24 970 200.97	23 436 856.20	22 533 530.27
少数股东权益	5 113 761.46	5 035 166.34	4 677 051.41
所有者权益(或股东权益)合计	30 083 962.43	28 472 022.54	27 210 581.68
负债和所有者权益(或股东权益)总计	84 933 327.96	78 276 984.98	72 353 313.13

(2) 利润表(见表 F-18)。

表 F-18 利 润 表

制表单位：D 股份有限公司　　　　2020 年 12 月 31 日　　　　单位：元

项　　目	2020 年 12 月 31 日	2019 年 12 月 31 日	2018 年 12 月 31 日
一、营业总收入	82 653 000.30	88 762 620.73	85 797 771.79
营业收入	82 653 000.30	88 762 620.73	85 797 771.79
二、营业总成本	82 588 729.75	88 127 914.60	84 656 980.60
营业成本	72 610 021.34	76 998 582.25	74 238 241.23
营业税金及附加	660 989.43	746 333.15	788 167.58
销售费用	5 745 058.62	6 342 302.71	6 112 168.01
管理费用	2 230 808.67	2 133 601.51	3 130 120.82
财务费用	2 436.66	19 543.73	14 323.46
研发费用	1 339 415.03	1 538 501.26	0.00
资产减值损失	0.00	349 049.98	373 959.49
公允价值变动收益	149 651.01	-11 281.47	-433.58
投资收益	2 490 081.79	3 312 586.26	3 081 160.89
其中：对联营企业和合营企业的投资收益	2 301 656.83	2 592 086.31	2 830 355.19
汇兑收益	2 958.77	2 869.41	1 569.62
三、营业利润	2 706 962.12	3 938 880.33	4 223 088.12
加：营业外收入	76 695.21	112 511.13	86 856.98
减：营业外支出	15 426.31	45 507.93	71 754.43
其中：非流动资产处置损失	0.00	0.00	0.00
四、利润总额	2 768 231.03	4 005 883.53	4 238 190.67
减：所得税费用	566 888.53	593 918.64	714 491.51
五、净利润	2 201 342.50	3 411 964.89	3 523 699.16
归属于母公司所有者的净利润	2 560 338.42	3 600 921.06	3 441 033.95
少数股东损益	968 552.27	1 239 545.28	1 270 575.80
六、每股收益	0.00	0.00	0.00
基本每股收益/(元/股)	0.00	0.00	0.00
稀释每股收益/(元/股)	0.00	0.00	0.00
七、其他综合收益	484 442.80	-610 628.57	375 335.17
八、综合收益总额	4 013 333.49	4 229 837.77	5 086 944.92
归属于母公司所有者的综合收益总额	2 998 489.27	3 017 010.54	3 829 701.75
归属于少数股东的综合收益总额	1 014 844.22	1 212 827.23	1 257 243.16

(3) 现金流量表(略)。

三、企业财务分析模型

(1) 杜邦分析体系(分析近两年数据)。

(2) 模型分析(阐述模型分析，不少于 200 字)。

四、筹资活动模型

(1) 模型设计——分析 2020、2019 年综合资本成本率(长期借款的年利率 6%，筹资费用率 2%；应付债券利率 10%，筹资费用率 5%；普通股利率 5%，股利增长率 3%，筹资费用率 5%；所得税税率 25%)。

(2) 模型分析(阐述模型分析，不少于 200 字)。

五、利润管理模型

(1) 模型设计(使用数值调节钮，制作盈亏临界点分析及各因素变动分析，资料如表 F-19～F-21 所示)。

表 F-19　盈亏临界分析及因素变动分析

基 本 数 据			
因　　素	金额/元	增长或降低率(-25%～25%)	数值调节钮
单　　价	936		
单位变动成本	725		
固定成本/元	80 000		
销售量/件	8700		
利　　润			

表 F-20　盈亏临界分析

盈亏临界点销售量	盈亏临界点销售额	变动成本	固定成本	总成本	利润

表 F-21　因素变动分析

预计利润	利润增减额	利润变化率%

(2) 模型分析(阐述模型分析，不少于 200 字)。

六、财务预测模型

(1) 模型设计(制作资产负债表简表,利用销售百分比法预测 2021 年外部筹资额,销售增长率 10%,股利支付率 60%)。

(2) 模型分析(阐述模型分析,不少于 200 字)。

七、总结与收获

(字数不少于 500 字)

项目作业(五)

一、企业简介

(1) 公司名称:E 股份有限公司。

(2) 公司情况简介:

E 股份有限公司是由中国 E 厂有限责任公司、E 厂技术开发公司、E 省集体工业联社、深圳**大学研究院、中国食品发酵**研究所、北京****公司、江苏省***总公司、上海******(集团)有限公司等多家公司共同发起,并经过 E 省人民政府 E 府函字〔1999〕291 号文件批准设立的股份有限公司,注册资本为 10 亿元以上。

(3) 公司组织结构(略)。

二、财务报表概况

(1) 资产负债表(见表 F-22)。

表 F-22　资 产 负 债 表

制表单位：E 股份有限公司　　　　　　2020 年 12 月 31 日　　　　　　单位：元

项　　目	2020 年 12 月 31 日	2019 年 12 月 31 日	2018 年 12 月 31 日
流动资产：			
货币资金	13 251 817 238.00	112 074 791 420.06	87 868 869 913.00
交易性金融资产	0.00	0.00	0.00
衍生金融资产	0.00	0.00	0.00
应收票据及应收账款(合计)	1 463 000 645.00	563 739 710.00	1 221 706 039.00
应收票据	1 463 000 645.00	563 739 710.00	1 221 706 039.00
应收账款	0.00	0.00	0.00
应收款项融资	0.00	0.00	0.00
预付款项	1 549 477 339.00	1 182 378 508.00	790 807 322.10
其他应收款(合计)	76 540 490.99	393 890 493.10	272 782 079.20
应收利息	0.00	343 889 944.50	241 458 615.90
应收股利	0.00	0.00	0.00
其他应收款	76 540 490.99	50 000 548.60	31 323 463.30
买入返售金融资产	0.00	0.00	0.00
存货	25 284 920 806.00	23 506 950 842.00	22 057 481 376.00
划分为持有待售的资产	0.00	0.00	0.00
一年内到期的非流动资产	0.00	0.00	0.00
待摊费用	0.00	0.00	0.00
待处理流动资产损益	0.00	0.00	0.00
其他流动资产	117 398 715 490.09	140 084 334.41	37 539 232.30
流动资产合计	159 024 472 009.08	137 861 835 307.57	112 249 185 961.60
非流动资产：			
发放贷款及垫款	48 750 000.00	36 075 000.00	33 150 000.00
可供出售金融资产	0.00	29 000 000.00	29 000 000.00
持有至到期投资	0.00	0.00	0.00
长期应收款	0.00	0.00	0.00
长期股权投资	0.00	0.00	0.00
投资性房地产	0.00	0.00	0.00
在建工程(合计)	2 518 938 272.00	1 954 322 969.00	2 016 405 006.00
在建工程	2 518 938 272.00	1 954 322 969.00	2 016 405 006.00
工程物资	0.00	0.00	0.00

续表一

项　　目	2020 年 12 月 31 日	2019 年 12 月 31 日	2018 年 12 月 31 日
固定资产及清理(合计)	15 144 182 726.00	15 248 556 585.00	15 244 096 632.00
固定资产净额	15 144 182 726.00	15 248 556 585.00	15 244 096 632.00
固定资产清理	0.00	0.00	0.00
生产性生物资产	0.00	0.00	0.00
公益性生物资产	0.00	0.00	0.00
油气资产	0.00	0.00	0.00
使用权资产	0.00	0.00	0.00
无形资产	4 728 027 346.00	3 499 175 375.00	3 458 622 239.00
开发支出	0.00	0.00	0.00
商誉	0.00	0.00	0.00
长期待摊费用	158 284 338.20	168 414 678.44	177 859 674.48
递延所得税资产	1 099 946 948.00	1 049 294 821.00	1 401 797 362.00
其他非流动资产	319 770 403.22	0.00	0.00
非流动资产合计	24 017 900 033.42	21 984 839 428.44	22 360 930 913.48
资产总计	183 042 372 042.50	159 846 674 736.01	134 610 116 875.08
流动负债：			
短期借款	0.00	0.00	0.00
交易性金融负债	0.00	0.00	0.00
应付票据及应付账款(合计)	1 513 676 611.00	117 8296 417.00	992 055 910.50
应付票据	0.00	0.00	0.00
应付账款	1 513 676 611.00	117 8296 417.00	992 055 910.50
预收款项	13 740 329 699.00	13 576 516 813.00	14 429 106 902.00
应付手续费及佣金	0.00	0.00	0.00
应付职工薪酬	2 445 071 027.00	2 034 514 659.00	1 901 644 194.00
应交税费	8 755 949 267.00	10 771 075 967.00	7 726 135 742.00
其他应付款(合计)	3 589 516 599.00	3 404 771 072.00	3 063 362 897.00
应付利息	11 081.87	42 770 451.84	23 414 593.67
应付股利	2 464 122 627.13	1 924 297 218.16	1 922 422 809.33
其他应付款	1 125 382 890.00	1 437 703 402.00	1 117 525 494.00
预提费用	0.00	0.00	0.00
一年内的递延收益	0.00	0.00	0.00
应付短期债券	0.00	0.00	0.00

项 目	2020 年 12 月 31 日	2019 年 12 月 31 日	2018 年 12 月 31 日
一年内到期的非流动负债	0.00	0.00	0.00
其他流动负债	9 031 513 383.00	9 548 714 667.00	8 540 190 944.50
流动负债合计	39 076 056 586.00	40 513 889 595.00	36 652 496 590.00
非流动负债：			
长期借款	1 030 807 106.00	1 060 700 210.00	896 571 256.00
应付债券	986 435 521.00	863 597 008.00	1 025 851 554.00
租赁负债	0.00	0.00	0.00
长期应付职工薪酬	0.00	0.00	0.00
长期应付款(合计)	0.00	0.00	15 570 000.00
长期应付款	0.00	0.00	0.00
专项应付款	0.00	0.00	15 570 000.00
预计非流动负债	0.00	0.00	0.00
递延所得税负债	72 692 601.00	0.00	0.00
长期递延收益	0.00	0.00	0.00
其他非流动负债	0.00	0.00	0.00
非流动负债合计	2 089 935 228.00	1 924 297 218.00	1 937 992 810.00
负债合计	41 165 991 814.00	42 438 186 813.00	38 590 489 400.00
所有者权益：			
实收资本(或股本)	1 256 197 800.00	1 256 197 800.00	1 256 197 800.00
资本公积	1 374 964 416.00	1 374 964 416.00	1 374 964 416.00
减：库存股	0.00	0.00	0.00
其他综合收益	−7 198 721.79	−7 065 725.70	−7 401 576.40
专项储备	0.00	0.00	0.00
盈余公积	16 595 699 037.02	13 444 221 244.84	8 215 595 509.69
一般风险准备	898 349 936.77	788 302 643.63	600 859 229.62
未分配利润	115 892 337 407.11	95 981 943 953.28	80 011 307 450.05
归属于母公司股东权益合计	136 010 349 875.11	112 838 564 332.05	91 451 522 828.96
少数股东权益	5 866 030 353.39	4 569 923 590.96	4 568 104 646.12
所有者权益(或股东权益)合计	141 876 380 228.50	117 408 487 923.01	96 019 627 475.08
负债和所有者权益(或股东权益)总计	183 042 372 042.50	159 846 674 736.01	134 610 116 875.08

(2) 利润表(见表 F-23)。

表 F-23 利 润 表

制表单位：E 股份有限公司　　　　　　　2020 年 12 月 31 日　　　　　　　单位：元

项　　目	2020 年 12 月 31 日	2019 年 12 月 31 日	2018 年 12 月 31 日
一、营业总收入	85 429 573 467.00	73 638 872 388.00	58 217 861 314.00
营业收入	85 429 573 467.00	73 638 872 388.00	58 217 861 314.00
二、营业总成本	29 666 427 029.00	25 729 588 397.00	21 987 486 158.00
营业成本	7 430 013 945.00	6 522 921 834.00	5 940 436 372.00
营业税金及附加	12 733 292 401.00	11 288 926 847.00	8 404 214 471.00
销售费用	3 278 990 982.00	2 572 076 872.00	2 986 068 545.00
管理费用	6 167 982 844.00	5 325 940 762.00	4 720 542 820.00
财务费用	7 458 015.95	−3 521 209.23	−55 722 346.05
研发费用	48 688 841.05	21 953 606.22	0.00
资产减值损失	0.00	1 289 685.01	−8 053 703.95
公允价值变动收益	−14 018 472.46	0.00	0.00
投资收益	0.00	0.00	0.00
其中：对联营企业和合营企业的投资收益	0.00	0.00	0.00
汇兑收益	0.00	0.00	0.00
三、营业利润	55 749 127 966.00	47 909 283 991.00	36 230 375 156.00
加：营业外收入	9 454 450.50	11 619 525.80	12 201 991.40
减：营业外支出	268 391 929.50	527 003 759.80	212 137 381.40
其中：非流动资产处置损失	0.00	0.00	0.00
四、利润总额	55 490 190 487.00	47 393 899 757.00	36 030 439 766.00
减：所得税费用	14 812 551 005.00	12 997 985 691.00	9 733 648 907.00
五、净利润	40 677 639 482.00	34 395 914 067.00	26 296 790 859.00
归属于母公司所有者的净利润	41 206 471 014.00	35 203 625 263.00	27 079 360 256.00
少数股东损益	2 763 529 778.00	2 625 992 494.00	1 927 062 980.00
六、每股收益			
基本每股收益/(元/股)	32.80	28.02	21.56
稀释每股收益/(元/股)	32.80	28.02	21.56
七、其他综合收益	−132 996.09	335 850.70	3 839 265.16
八、综合收益总额	43 969 867 796.00	37 829 953 608.00	29 010 262 501.00
归属于母公司所有者的综合收益总额	41 206 338 018.00	35 203 961 114.00	27 083 199 521.00
归属于少数股东的综合收益总额	2 763 529 778.00	2 625 992 494.00	1 927 062 980.00

(3) 现金流量表(略)。

三、杜邦分析

(1) 杜邦分析体系(分析近两年数据)。

(2) 模型分析(阐述模型分析,不少于 200 字)。

四、利润管理模型

(1) 模型设计(使用数值调节钮,制作盈亏临界点分析及各因素变动分析,如表 F-24～F-26 所示)。

F-24 盈亏临界分析及因素变动分析

基 本 数 据			
因　素	金额/元	增长或降低率(-25%～25%)	数值调节钮
单　价	190		
单位变动成本	125.5		
固定成本	600 000		
销售量	10 000		
利　润			

表 F-25 盈亏临界分析

盈亏临界点销售量	盈亏临界点销售额	变动成本	固定成本	总成本	利润

表 F-26 因素变动分析

预计利润	利润增减额	利润变化率%

(2) 模型分析(阐述模型分析,不少于 200 字)。

五、财务预测模型

(1) 模型设计(制作资产负债表简表,利用销售百分比法预测 2021 年外部筹资额,销售增长率 10%,股利支付率 60%)。

(2) 模型分析(阐述模型分析,不少于 200 字)。

六、筹资决策模型

(1) 模型设计——分析 2020、2019 年综合资本成本率(长期借款的年利率 6%，筹资费用率 2%；应付债券利率 10%，筹资费用率 5%；普通股利率 5%，股利增长率 3%，筹资费用率 5%；所得税税率 25%)。

(2) 模型分析(阐述模型分析，不少于 200 字)。

七、总结与收获

(字数不少于 500 字)

项目作业(六)

一、企业简介

(1) 公司名称：SD 股份有限公司。

(2) 公司情况简介：

SD 股份有限公司于 1994 年 2 月 18 日成立，是 SD 省科技厅认定的高新技术企业，是 SD 省经济贸易委员会、SD 省财政厅、SD 省税务局、SD 省地方税务局联合认定的资源综合利用企业，YT 市资源节约综合利用先进企业。公司主要从事黄金探、采、选、冶及化工生产等。

(3) 公司组织结构(略)。

(4) 公司相应职责分工(略)。

二、财务报表概况

(1) 资产负债表(如表 F-27 所示)。

表 F-27 资产负债表

制表单位：SD 股份有限公司   2020 年 12 月 31 日   单位：万元

项　　目	2020 年 12 月 31 日	2019 年 12 月 31 日	2018 年 12 月 31 日
流动资产：			
货币资金	171 613.97	216 971.48	131 214.03
交易性金融资产	0.00	128.91	66.08
衍生金融资产	1 821.45	0.00	0.00
应收票据及应收账款(合计)	7 555.43	12 322.45	11 147.94
应收票据	0.00	5 410.26	10 023.45
应收账款	7 555.43	6 912.19	1 124.49
应收款项融资	3 561.30	0.00	0.00
预付款项	10 0795.29	168 224.04	164 637.16
其他应收款(合计)	40 634.41	11 292.93	8 953.58
应收利息	1 585.23	2 018.31	2 777.02
应收股利	0.00	0.00	0.00
其他应收款	39 049.18	9 274.62	6 176.56
买入返售金融资产	0.00	0.00	0.00
存货	741 800.44	532 805.46	483 468.27
划分为持有待售的资产	448.32	0.00	0.00
一年内到期的非流动资产	0.00	0.00	0.00
待摊费用	0.00	0.00	0.00
待处理流动资产损溢	0.00	0.00	0.00
其他流动资产	15 978.08	23 644.66	34 848.56
流动资产合计	1 084 208.69	965 389.93	834 335.62
非流动资产：			
发放贷款及垫款	0.00	0.00	0.00
可供出售金融资产	0.00	3 200.00	3 225.00
持有至到期投资	0.00	0.00	0.00
长期应收款	3 000.00	0.00	0.00
长期股权投资	0.00	0.00	0.00
投资性房地产	0.00	117.47	0.00
在建工程(合计)	17 620.60	32 541.53	50 098.25

续表一

项　　目	2020 年 12 月 31 日	2019 年 12 月 31 日	2018 年 12 月 31 日
在建工程	17 620.60	32 541.53	50 090.03
工程物资	0.00	0.00	8.22
固定资产及清理(合计)	451 938.02	432 859.81	358 001.66
固定资产净额	451 938.02	432 859.81	358 001.66
固定资产清理	0.00	0.00	0.00
生产性生物资产	0.00	0.00	0.00
公益性生物资产	0.00	0.00	0.00
油气资产	0.00	0.00	0.00
使用权资产	0.00	0.00	0.00
无形资产	35 965.67	39 103.65	21 213.08
开发支出	0.00	0.00	0.00
商誉	0.00	0.00	0.00
长期待摊费用	7 374.96	6 760.87	8 811.63
递延所得税资产	6 402.66	3 598.01	5 091.67
其他非流动资产	7 568.82	8 422.02	12 256.75
非流动资产合计	529 870.73	526 603.36	458 698.04
资产总计	1 614 079.42	1 491 993.29	1 293 033.66
流动负债：			
短期借款	602 440.60	663 831.35	540 891.57
交易性金融负债	58 827.85	20 700.95	79 933.84
应付票据及应付账款(合计)	321 759.73	254 641.43	163 378.05
应付票据	131 860.00	104 405.32	6 000.00
应付账款	189 899.73	150 236.11	157 378.05
预收款项	45 821.71	54 810.34	31 153.62
应付手续费及佣金	0.00	0.00	0.00
应付职工薪酬	5 661.55	5 092.85	3 904.11
应交税费	7 717.99	4 177.87	2 261.05
其他应付款(合计)	11 341.08	13 488.97	16 359.52
应付利息	2 696.85	2 061.06	2 390.45
应付股利	0.00	0.00	0.00
其他应付款	8 644.23	11 427.91	13 969.07
预提费用	0.00	0.00	0.00

续表二

项　　目	2020 年 12 月 31 日	2019 年 12 月 31 日	2018 年 12 月 31 日
一年内的递延收益	0.00	0.00	0.00
应付短期债券	0.00	0.00	0.00
一年内到期的非流动负债	32 047.80	8 242.65	13 823.64
其他流动负债	6 124.10	6.92	2 920.41
流动负债合计	1 091 742.41	1 024 993.33	854 625.81
非流动负债：			
长期借款	587.33	0.00	0.00
应付债券	0.00	9 960.00	0.00
租赁负债	0.00	0.00	0.00
长期应付职工薪酬	0.00	0.00	0.00
长期应付款(合计)	38 322.69	5 880.66	7 265.84
长期应付款	38 322.69	5 880.66	7 265.84
专项应付款	0.00	0.00	0.00
预计非流动负债	4 621.72	820.24	310.76
递延所得税负债	4 708.94	5 451.28	960.46
长期递延收益	9 079.19	8 523.89	8 121.25
其他非流动负债	19.42	58.25	97.08
非流动负债合计	57 339.28	30 694.32	16 755.39
负债合计	1 149 081.69	1 055 687.64	871 381.20
所有者权益：			
实收资本(或股本)	91 040.00	91 040.00	91 040.00
资本公积	76 770.38	76 770.38	98 178.62
减：库存股	0.00	0.00	0.00
其他综合收益	1 116.16	2 401.48	−2 504.80
专项储备	5 826.85	4 940.74	3 569.57
盈余公积	33 905.76	31 335.50	28 400.83
一般风险准备	0.00	0.00	0.00
未分配利润	257 158.41	229 175.07	202 062.10
归属于母公司股东权益合计	465 817.56	435 663.17	420 746.32
少数股东权益	−819.84	642.47	906.14
所有者权益(或股东权益)合计	464 997.72	436 305.64	421 652.46
负债和所有者权益(或股东权益)总计	1 614 079.42	1 491 993.29	1 293 033.66

(2) 利润表(如表 F-28 所示)。

表 F-28 利 润 表

制表单位：SD 股份有限公司　　　　　　2020 年 12 月 31 日　　　　　　单位：万元

项　　目	2020 年 12 月 31 日	2019 年 12 月 31 日	2018 年 12 月 31 日
一、营业总收入	2 853 607.76	2 120 095.73	1 952 337.79
营业收入	2 853 607.76	2 120 095.73	1 952 337.79
二、营业总成本	2 804 453.63	2 077 975.03	1 899 217.74
营业成本	2 696 003.25	1 971 298.16	1 810 897.79
营业税金及附加	4 840.76	5 544.71	4 127.85
销售费用	12 541.82	13 916.12	10 730.15
管理费用	48 651.32	49 357.51	42 428.91
财务费用	35 033.86	25 753.97	27 597.32
研发费用	6 207.12	6 013.74	0.00
资产减值损失	1 175.50	6 090.82	3 435.72
公允价值变动收益	−14 691.57	832.51	−3 874.93
投资收益	4 647.15	4 952.08	−5 828.81
其中：对联营企业和合营企业的投资收益	41.28	0.00	0.00
汇兑收益	0.00	1666.06	772.57
三、营业利润	39 109.71	49 571.35	44 188.88
加：营业外收入	476.34	78.17	242.00
减：营业外支出	4 624.06	2 314.60	1 649.18
其中：非流动资产处置损失	0.00	0.00	0.00
四、利润总额	34 961.99	47 334.92	42 781.70
减：所得税费用	5 918.46	8 148.24	7 099.36
五、净利润	29 043.53	39 186.68	35 682.34
归属于母公司所有者的净利润	30 553.60	40 576.82	36 095.63
少数股东损益	−1 510.07	−1 390.15	−413.30
六、每股收益	0.00	0.00	0.00
基本每股收益/(元/股)	0.00	0.00	0.00
稀释每股收益/(元/股)	0.00	0.00	0.00
七、其他综合收益	−1 608.76	5 127.90	2 285.68
八、综合收益总额	27 434.77	44 314.58	37 968.02
归属于母公司所有者的综合收益总额	28 946.50	45 708.20	38 381.54
归属于少数股东的综合收益总额	−1 511.73	−1 393.62	−413.52

(3) 现金流量表(略)。

三、企业财务分析模型

(1) 杜邦分析体系(分析近两年数据)。

(2) 模型分析(阐述模型分析,不少于 200 字)。

四、利润管理模型

(1) 模型设计(使用数值调节钮,制作盈亏临界点分析及各因素变动分析,资料如表 F-29～F-31 所示)。

表 F-29　盈亏临界分析及因素变动分析

基本数据			
因　　素	金额/元	增长或降低率(−25%～25%)	数值调节钮
单　　价	3 500		
单位变动成本	2 000		
固定成本	5 000 000		
销售量	3 500		
利　　润			

表 F-30　盈亏临界分析

盈亏临界点销售量	盈亏临界点销售额	变动成本	固定成本	总成本	利润

表 F-31　因素变动分析

预计利润	利润增减额	利润变化率%

(2) 模型分析(阐述模型分析,不少于 200 字)。

五、财务预测模型

(1) 模型设计(制作资产负债表简表,利用销售百分比法预测 2021 年外部筹资额,销售增长率 10%,股利支付率 60%)。

(2) 模型分析(阐述模型分析,不少于 200 字)。

六、总结与收获

(不少于 500 字)

项目作业(七)

一、企业简介

(1) 公司名称：KG 股份有限公司。

(2) 公司情况简介：

KG 股份有限公司于 2011 年 07 月 28 日成立。公司经营范围包括太阳能光伏发电及其应用系统工程的设计、咨询、集成、制造、工程安装、调试，上述发电系统电子产品、太阳能建筑装饰材料、太阳能照明设备的设计、咨询、集成、制造、销售、安装及技术服务等。公司于 2020 年 5 月 19 日在上海证券交易所主板挂牌上市，成为疫情发生以来首家重启现场上市仪式的企业。公司专注于光伏电站运营、光伏电站转让和光伏电站 EPC 业务，主营业务覆盖了光伏电站的开发、投资、建设、运营、管理和转让及光伏电站 EPC，具备光伏电站一体化解决方案的能力。

(3) 公司组织结构：

公司按照现代企业制度建立了公司的组织结构。公司的最高权力机构为股东大会，董事会为常设决策和管理机构，监事会是本公司的监督机构，总经理负责本公司的日常经营管理事务。董事会下设董事会办公室、战略委员会、审计委员会、提名、薪酬与考核委员会。

(4) 公司组织结构图(略)。

(5) 公司相应职责分工(略)。

二、财务报表概况

(1) 资产负债表(见表 F-32)。

表 F-32 资产负债表

制表单位：KG 股份有限公司　　　　　　2020 年 12 月 31 日　　　　　　单位：元

报表日期	2020 年 12 月 31 日	2019 年 12 月 31 日	2018 年 12 月 31 日
流动资产：			
货币资金	5 619 749 918.00	1 705 760 865.00	1 484 088 626.00
交易性金融资产	509 031 097.00	622 892.96	99 800.76
衍生金融资产	0.00	0.00	0.00
应收票据	1 004 217 432.00	1 347 427 811.00	720 611 126.80
应收账款	40 776 567.96	29 748 068.74	22 466 143.06
应收款项融资	0.00	0.00	0.00
预付款项	197 453 314.00	182 558 000.80	41 729 637.34
应收利息	1 908 788.81	24 923 178.08	13 883 178.08
应收股利	0.00	0.00	0.00
其他应收款	24 400 143.13	170 576.42	148 408.96
买入返售金融资产	0.00	0.00	0.00

报表日期	2020 年 12 月 31 日	2019 年 12 月 31 日	2018 年 12 月 31 日
存货	3 015 051 962.00	2 407 306 665.00	2 064 130 298.00
划分为持有待售的资产	0.00	0.00	0.00
一年内到期的非流动资产	0.00	300 000 000.00	0.00
待摊费用	0.00	0.00	0.00
待处理流动资产损益	0.00	0.00	0.00
其他流动资产	114 439 167.10	3 012 478 687.00	1 772 310 947.00
流动资产合计	10 527 028 390.00	9 010 996 745.00	6 119 468 166.00
非流动资产：			
发放贷款及垫款	0.00	0.00	0.00
可供出售金融资产	0.00	0.00	0.00
持有至到期投资	0.00	0.00	0.00
长期应收款	756 104 319.20	813 783 913.60	815 937 463.60
长期股权投资	543 927 178.90	170 029 993.90	129 740 180.90
投资性房地产	0.00	0.00	0.00
在建工程	783 968 675.50	966 331 514.80	2 434 211 998.00
工程物资	74 963 154.53	0.00	0.00
固定资产净额	16 645 774 505.00	19 722 232 588.00	17 410 696 223.00
固定资产清理	0.00	0.00	0.00
生产性生物资产	0.00	0.00	0.00
公益性生物资产	0.00	0.00	0.00
油气资产	0.00	0.00	0.00
使用权资产	0.00	0.00	0.00
无形资产	12 453 658.50	224 631 138.70	225 420 593.90
开发支出	0.00	0.00	0.00
商誉	0.00	0.00	0.00
长期待摊费用	247 295 188.70	225 796 839.40	235 864 222.40
递延所得税资产	23 070 631.28	23 388 639.60	11 621 563.01
其他非流动资产	2 302 916.39	29 239 290.00	7 519 301.19
非流动资产合计	19 089 860 228.00	22 175 433 918.00	21 271 011 546.00
资产总计	29 616 888 618.00	31 186 430 663.00	27 390 479 712.00
流动负债：			
短期借款	2 304 439 966.00	290 000 000.00	150 000 000.00
交易性金融负债	0.00	0.00	14 772 778.12
应付票据及应付账款(合计)	5 572 315 473.00	7 133 895 619.00	6 549 429 723.00
应付票据	767 153 620.30	1 491 247 717.00	601 836 692.00
应付账款	4 805 161 852.70	5 642 647 902.00	5 947 593 031.00
预收款项	34 426 273.47	85 513 343.97	45 290 533.18
应付手续费及佣金	0.00	0.00	0.00
应付职工薪酬	66 369 898.84	70 860 627.53	52 284 373.45

续表二

报表日期	2020 年 12 月 31 日	2019 年 12 月 31 日	2018 年 12 月 31 日
应交税费	64 289 526.15	297 323 391.30	43 262 827.91
其他应付款(合计)	469 224 260.40	566 944 000.50	215 421 470.20
应付利息	0.00	0.00	0.00
应付股利	0.00	0.00	0.00
其他应付款	469 244 260.40	566 944 000.50	215 421 470.20
预提费用	0.00	0.00	0.00
一年内的递延收益	0.00	0.00	0.00
应付短期债券	0.00	0.00	0.00
一年内到期的非流动负债	1 955 086 694.00	1 873 821 381.00	1 393 289 412.00
其他流动负债	74 360 010.14	1 063 131 396.70	0.00
流动负债合计	10 540 512 102.00	11 381 489 760.00	8 463 751 118.00
非流动负债:			
长期借款	3 411 507 732.00	4 072 084 613.00	4 904 549 149.00
应付债券	0.00	0.00	0.00
租赁负债	0.00	0.00	0.00
长期应付职工薪酬	0.00	0.00	0.00
长期应付款(合计)	7 233 140 923.00	8 093 039 648.00	8 269 173 787.00
长期应付款	7 233 140 923.00	8 093 039 648.00	8 269 173 787.00
专项应付款	0.00	0.00	0.00
预计非流动负债	0.00	12 000 000.00	0.00
递延所得税负债	0.00	0.00	0.00
长期递延收益	105 694 500.00	42 533 842.00	12 846 667.00
其他非流动负债	0.00	0.00	0.00
非流动负债合计	10 750 343 155.00	12 219 658 103.00	13 186 569 603.00
负债合计	21 290 855 257.00	23 601 147 863.00	21 650 320 721.00
所有者权益:			
实收资本(或股本)	2 170 909 000.00	2 170 909 000.00	2 000 000 000.00
资本公积	3 711 526 327.00	3711526327.00	2940040415.00
减: 库存股	0.00	0.00	0.00
其他综合收益	3 521 940.92	1308287.23	128 327.14
专项储备	0.00	0.00	0.00
盈余公积	35 848 396.08	31948497.77	8 192 544.96
一般风险准备	0.00	0.00	0.00
未分配利润	2 333 891 538.00	1 609 091 271.00	730 788 739.90
归属于母公司股东权益合计	8 255 697 202.00	7 524 783 383.00	5 679 150 027.00
少数股东权益	70 336 159.00	60 499 417.00	61 008 964.00
所有者权益(或股东权益)合计	8 326 033 361.00	7 585 282 800.00	5 740 158 991.00
负债和所有者权益(或股东权益)总计	29 616 888 618.00	31 186 430 663.00	27 390 479 712.00

(2) 利润表(如表 F-33 所示)。

表 F-33　利　润　表

制表单位：KG 股份有限公司　　　　　2020 年 12 月 31 日　　　　　单位：元

项　目	2020 年 12 月 31 日	2019 年 12 月 31 日	2018 年 12 月 31 日
一、营业总收入	5 339 804 503.00	7 066 146 820.00	4 053 108 785.00
营业收入	5 339 804 503.00	7 066 146 820.00	4 053 108 785.00
二、营业总成本	4 708 564 738.00	6 105 565 073.00	3 395 050 554.00
营业成本	3 393 742 573.00	4 746 115 519.00	2 475 848 521.00
营业税金及附加	18 530 009.44	45 123 938.99	24 151 487.65
销售费用	41 853 928.43	29 795 103.78	12 797 568.14
管理费用	291 701 380.40	263 122 898.60	255 970 134.80
财务费用	955 661 764.50	946 427 922.30	577 606 945.70
研发费用	7 075 082.23	4 578 003.53	4 854 477.26
资产减值损失	0.00	70 401 686.80	43 821 419.45
公允价值变动收益	83 765 358.80	14 772 778.12	−39 511 661.52
投资收益	113 205 550.30	108 430 229.88	112 574 670.12
其中：对联营企业和合营企业的投资收益	30 421 496.07	14 605 183.21	13 579 735.15
三、营业利润	828 210 674.10	1 083 784 755.00	731 121 239.60
加：营业外收入	4 846 141.81	1 554 430.22	2 913 699.83
减：营业外支出	45 913 852.11	61 400 076.22	8 820 124.53
四、利润总额	787 142 963.80	1 023 939 109.00	725 214 814.90
减：所得税费用	52 604 916.80	113 495 260.30	45 743 993.40
五、净利润	734 538 047.00	910 443 848.70	679 470 821.50
归属于母公司所有者的净利润	728 700 165.50	902 058 483.50	671 556 868.10
少数股东损益	5 837 881.47	8 385 365.15	7 913 953.44
六、每股收益			
基本每股收益/(元/股)	0.34	0.45	0.34
稀释每股收益/(元/股)	0.34	0.45	0.34
七、其他综合收益	2 213 653.39	1 179 960.26	128 326.91
八、综合收益总额	736 751 700.40	911 623 808.90	679 599 148.40
归属于母公司所有者的综合收益总额	730 913 818.90	903 238 443.80	671 685 195.00
归属于少数股东的综合收益总额	5 837 881.47	8 385 365.15	7 913 953.44

(3) 现金流量表(略)。

三、杜邦分析模型

(1) 杜邦分析体系(分析近两年数据)。

(2) 模型分析(阐述模型分析，不少于 200 字)。

四、筹资活动模型

(1) 模型设计(如表 F-34 所示),数据来自 2020 年资产负债表的长期借款。

表 F-34(a)　长期借款分期等额还款模型

借款金额	
年利率	10%
借款期限	5
每年还款期数	1
还款总期数	5
分期等额还款金额	

表 F-34(b)　等额还款筹资决策分析表

所得税税率	25%		年利率	10%	
期限	等额还款金额/元	偿还本金/元	期初尚欠本金/元	偿还利息/元	抵税额/元	净现金流量/元

(2) 模型分析(阐述模型分析,不少于 200 字)。

五、利润管理模型

(1) 模型设计(使用数值调节钮,制作盈亏临界点分析及各因素变动分析,如表 F-35～F-37 所示)。

表 F-35　盈亏临界分析及因素变动分析

基 本 数 据			
因　素	金　额	增长或降低率(-25%～25%)	数值调节钮
单　价	3 800		
单位变动成本	2 200		
固定成本	5 000 000		
销售量	5 000		
利　润			

表 F-36　盈亏临界分析

盈亏临界点销售量	盈亏临界点销售额	变动成本	固定成本	总成本	利润

表 F-37　因素变动分析

预计利润	利润增减额	利润变化率%

(2) 模型分析(阐述模型分析,不少于 200 字)。

六、财务预测模型

(1) 模型设计(制作资产负债表简表,利用销售百分比法预测 2021 年外部筹资额,销售增长率 10%,股利支付率 60%)。

(2) 模型分析(阐述模型分析,不少于 200 字)。

七、总结与收获

(不少于 500 字)

项目作业(八)

一、企业简介

(1) 公司名称:QGC 股份有限公司。

(2) 公司情况简介:

QGC 股份有限公司成立于 1991 年,现已发展成为多元化、科技型的全球工业集团,产业覆盖空调、生活电器、高端装备、通信设备等领域,产品远销 160 多个国家和地区。

公司现有 9 万名员工,其中包含 14 000 多名科研人员和 3 万多名技术工人,在国内外建有 14 个生产基地,同时建有 5 个再生资源基地,覆盖了从上游生产到下游回收全产业链,实现了绿色、循环、可持续发展。公司现有 15 个研究院、96 个研究所、929 个实验室、2 个院士工作站、1 个博士后工作站、1 个博士工作站,拥有国家重点实验室、国家工程技术研究中心、国家级工业设计中心、国家认定企业技术中心、机器人工程技术研发中心各 1 个,同时成为国家通报咨询中心研究评议基地。经过长期沉淀积累,目前申请国内专利 62 000 项。

(3) 公司组织结构(略)。

(4) 公司相应职责分工(略)。

二、财务报表概况

(1) 资产负债表(如表 F-38 所示)。

表 F-38 资产负债表

制表单位：QGC 股份有限公司　　　　　　2020 年 12 月 31 日　　　　　　单位：万元

项　　目	2020 年 12 月 31 日	2019 年 12 月 31 日	2018 年 12 月 31 日
流动资产：			
货币资金	12 540 100.00	11 307 900.00	9 961 043.17
交易性金融资产	95 520.86	101 247.04	60 204.56
衍生金融资产	9 239.26	17 021.61	48 105.56
应收票据及应收账款(合计)	851 333.45	4 361 122.69	3 807 090.52
应收票据	0.00	3 591 156.79	3 225 641.36
应收账款	851 333.45	769 965.90	581 449.16
应收款项融资	2 822 624.90	0.00	0.00
预付款项	239 561.06	216 187.60	371 787.46
其他应收款(合计)	15 913.44	255 368.95	214 207.37
应收利息	0.00	225 709.89	188 924.80
应收股利	0.00	0.00	0.00
其他应收款	15 913.44	29 659.06	25 282.57
买入返售金融资产	0.00	0.00	0.00
存货	2 408 485.41	2 001 151.82	1 656 834.72
划分为持有待售的资产	0.00	0.00	0.00
一年内到期的非流动资产	44 539.77	0.00	0.00
待摊费用	0.00	0.00	0.00
待处理流动资产损溢	0.00	0.00	0.00
其他流动资产	2 309 081.85	1 711 100.29	1 034 226.64
流动资产合计	21 336 400.00	19 971 100.00	17 153 500.00
非流动资产：			
发放贷款及垫款	1 442 378.64	907 133.28	667 342.94
可供出售金融资产	0.00	221 619.50	217 494.15
持有至到期投资	0.00	0.00	0.00
长期应收款	694 480.48	0.00	0.00
长期股权投资	706 418.62	225 073.25	11 039.14
投资性房地产	49 864.87	53 758.93	51 663.01
在建工程(合计)	243 105.14	166 393.90	102 070.93

续表一

项　　目	2020 年 12 月 31 日	2019 年 12 月 31 日	2018 年 12 月 31 日
在建工程	243 105.14	166 393.90	102 070.93
工程物资	0.00	0.00	0.00
固定资产及清理(合计)	1 912 193.08	1 838 576.15	1 748 211.43
固定资产净额	1 911 102.48	1 837 417.72	1 746 737.15
固定资产清理	1 090.60	1 158.43	1 474.28
生产性生物资产	0.00	0.00	0.00
公益性生物资产	0.00	0.00	0.00
油气资产	0.00	0.00	0.00
使用权资产	0.00	0.00	0.00
无形资产	530 554.11	520 450.02	360 411.42
开发支出	0.00	0.00	0.00
商誉	32 591.94	5 180.44	0.00
长期待摊费用	271.81	423.76	220.86
递延所得税资产	1 254 108.51	1 134 957.37	1 083 833.31
其他非流动资产	94 832.80	78 733.40	101 012.81
非流动资产合计	6 960 800.00	5 152 300.00	4 343 300.00
资产总计	28 297 200.00	25 123 400.00	21 496 800.00
流动负债	0.00	0.00	0.00
短期借款	1 594 417.65	2 206 775.00	1 864 609.50
交易性金融负债	0.00	0.00	0.00
应付票据及应付账款(合计)	6 694 202.36	4 982 279.98	4 431 981.59
应付票据	2 528 520.78	1 083 542.83	976 692.95
应付账款	4 165 681.58	3 898 737.15	3 455 288.63
预收款项	822 570.77	979 204.14	1 414 303.82
应付手续费及佣金	0.00	0.00	0.00
应付职工薪酬	343 096.90	247 320.45	187 672.89
应交税费	370 377.97	484 834.77	390 887.40
其他应付款(合计)	271 269.30	474 713.93	280 129.42
应付利息	0.00	13 374.69	19 610.39
应付股利	70.79	70.79	70.79
其他应付款	271 198.51	461 268.45	260 448.24
预提费用	0.00	0.00	0.00

续表二

项 目	2020 年 12 月 31 日	2019 年 12 月 31 日	2018 年 12 月 31 日
一年内的递延收益	0.00	0.00	0.00
应付短期债券	0.00	0.00	0.00
一年内到期的非流动负债	0.00	0.00	0.00
其他流动负债	166 662.69	1 411 191.75	1 747 533.80
流动负债合计	16 956 800.00	15 768 600.00	14 749 100.00
非流动负债：			
长期借款	4 688.59	0.00	0.00
应付债券	0.00	0.00	0.00
租赁负债	0.00	0.00	0.00
长期应付职工薪酬	14 102.12	13 084.02	11 270.90
长期应付款(合计)	0.00	0.00	0.00
长期应付款	0.00	0.00	0.00
专项应付款	0.00	0.00	0.00
预计非流动负债	0.00	0.00	0.00
递延所得税负债	92 858.86	53 586.62	40 307.50
长期递延收益	24 050.43	16 629.36	12 621.60
其他非流动负债	0.00	0.00	0.00
非流动负债合计	135 700.00	83 300.00	64 200.00
负债合计	17 092 500.00	15 851 900.00	14 813 300.00
所有者权益：			
实收资本(或股本)	601 573.09	601 573.09	601 573.09
资本公积	9 337.95	9 337.95	10 388.06
减：库存股	0.00	0.00	0.00
其他综合收益	626 029.20	−55 080.61	−9 170.07
专项储备	0.00	0.00	0.00
盈余公积	349 967.16	349 967.16	349 967.16
一般风险准备	48 985.58	32 941.76	32 734.76
未分配利润	9 379 507.02	8 193 970.16	5 574 007.61
归属于母公司股东权益合计	11 015 400.00	9 132 709.51	6 559 500.61
少数股东权益	189 300.00	138 790.49	123 999.39
所有者权益(或股东权益)合计	11 204 700.00	9 271 500.00	6 683 500.00
负债和所有者权益(或股东权益)总计	28 297 200.00	25 123 400.00	21 496 800.00

(2) 利润表(如表 F-39 所示)。

表 F-39　利　润　表

制表单位：QGC 股份有限公司　　　　　　　　2020 年 12 月 31 日　　　　　　　　单位：万元

项　　目	2020 年 12 月 31 日	2019 年 12 月 31 日	2018 年 12 月 31 日
一、营业总收入	19 815 300.00	19 812 300.00	14 828 600.00
营业收入	19 815 300.00	19 812 300.00	14 828 600.00
二、营业总成本	17 061 201.78	16 954 316.19	12 450 243.21
营业成本	14 349 900.00	13 823 400.00	9 956 291.28
营业税金及附加	154 298.37	174 189.27	151 303.54
销售费用	1 830 981.22	1 889 957.81	1 666 026.85
管理费用	379 564.56	436 585.00	607 114.37
财务费用	−242 664.34	−94 820.14	43 128.47
研发费用	589 121.97	698 836.83	0.00
资产减值损失	0.00	26 167.42	26 378.70
公允价值变动收益	22 826.41	4 625.74	921.25
投资收益	−22 663.48	10 676.89	39 664.81
其中：对联营企业和合营企业的投资收益	−2 098.32	56.05	648.75
汇兑收益	0.00	0.00	0.00
三、营业利润	2 754 261.15	2 873 286.44	2 418 942.85
加：营业外收入	34 570.67	31 785.77	51 105.91
减：营业外支出	59 810.66	4 123.47	2 054.02
其中：非流动资产处置损失	0.00	0.00	0.00
四、利润总额	2 729 021.16	2 900 948.74	2 467 994.74
减：所得税费用	452 546.37	489 447.78	410 858.58
五、净利润	2 276 474.79	2 411 500.96	2 057 136.16
归属于母公司所有者的净利润	2 469 664.14	2 620 278.77	2 240 157.62
少数股东损益	13 060.22	17 624.21	10 702.28
六、每股收益	0.00	0.00	0.00
基本每股收益/(元/股)	0.00	0.00	0.00
稀释每股收益/(元/股)	0.00	0.00	0.00
七、其他综合收益	688 014.31	−45 727.43	12 572.03
八、综合收益总额	3 170 738.67	2 592 175.55	2 263 431.94
归属于母公司所有者的综合收益总额	3 157 717.99	2 574 368.23	2 253 065.39
归属于少数股东的综合收益总额	13 020.68	17 807.32	10 366.55

(3) 现金流量表(略)。

三、企业财务分析模型

(1) 杜邦分析体系(分析近两年数据)。

(2) 模型分析(阐述模型分析，不少于 200 字)。

四、筹资活动模型

(1) 模型设计(如表 F-40 所示)，数据来自公司 2020 年资产负债表的长期借款。

表 F-40(a) 长期借款分期等额还款模型

借款金额	
年利率	10%
借款期限	5
每年还款期数	1
还款总期数	5
分期等额还款金额	

表 F-40(b) 等额还款筹资决策分析表

所得税税率	25%		年利率		10%	
期限	等额还款金额/元	偿还本金/元	期初尚欠本金/元	偿还利息/元	抵税额/元	净现金流量/元

(2) 模型分析(阐述模型分析，不少于 200 字)。

五、利润管理模型

(1) 模型设计(使用数值调节钮，制作盈亏临界点分析及各因素变动分析，如表 F-41~F-43 所示)。

表 F-41 盈亏临界分析及因素变动分析

基本数据			
因　素	金　额	增长或降低率(-25%~25%)	数值调节钮
单　价	375		
单位变动成本	225		
固定成本	400 000		
销售量	25 000		
利　润			

表 F-42 盈亏临界分析

盈亏临界点销售量	盈亏临界点销售额	变动成本	固定成本	总成本	利润

表 F-43 因素变动分析

预计利润	利润增减额	利润变化率%

(2) 模型分析(阐述模型分析，不少于 200 字)。

六、财务预测模型

(1) 模型设计(制作资产负债表简表，利用销售百分比法预测 2021 年外部筹资额，销售增长率 10%，股利支付率 60%)。

(2) 模型分析(阐述模型分析，不少于 200 字)。

七、总结与收获

(不少于 500 字)

项目作业(九)

一、企业简介

(1) 公司名称：AH 股份有限公司。

(2) 公司情况简介：

AH 股份有限公司(以下简称"公司")于 1996 年 5 月 30 日在中华人民共和国注册成立。公司分别于 1996 年 6 月与 1996 年 9 月发行境内上市外资股(以下简称"B 股")6000 万股及境内上市人民币普通股(以下简称"A 股")2000 万股，每股面值人民币 1 元。公司的 B 股及 A 股均在中国深圳证券交易所上市。公司主营：白酒、啤酒、葡萄酒、酿酒设备、包装材料、玻璃瓶，酒精、饲料、油脂、饮料，高新技术开发、生物技术开发、农副产品深加工的生产与销售等。

(3) 公司组织结构(略)。

(4) 公司相应职责分工(略)。

二、财务报表概况

(1) 资产负债表(如表 F-44 所示)。

表 F-44　资产负债表

制表单位：AH 股份有限公司　　　　　　　2020 年 12 月 31 日　　　　　　　单位：元

项　　目	2020 年 12 月 31 日	2019 年 12 月 31 日	2018 年 12 月 31 日
流动资产：			
货币资金	5 619 749 918.00	1 705 760 865.00	1 484 088 626.00
交易性金融资产	509 031 097.00	622 892.98	99 800.64
衍生金融资产	0.00	0.00	0.00
应收票据及应收账款(合计)	1 044 994 000.00	1 377 175 880.00	743 077 269.80
应收票据	1 004 217 432.00	1 347 427 811.00	720 611 126.80
应收账款	40 776 568.00	29 748 069.00	22 466 143.00
应收款项融资	0.00	0.00	0.00
预付款项	197 453 314.00	182 558 000.80	41 729 637.34
其他应收款(合计)	25 746 957.22	43 342 878.22	29 273 284.22
应收利息	1 908 788.81	24 923 178.08	13 883 178.08
应收股利	0.00	0.00	0.00
其他应收款	23 838 168.41	18 419 700.14	15 390 106.14
买入返售金融资产	0.00	0.00	0.00
存货	3 015 051 962.00	2 407 306 665.00	2 064 130 298.00
划分为持有待售的资产	0.00	0.00	0.00
一年内到期的非流动资产	0.00	300 000 000.00	0.00
待摊费用	0.00	0.00	0.00
待处理流动资产损溢	0.00	0.00	0.00
其他流动资产	114 439 166.78	3 012 478 687.00	1 772 310 947.00
流动资产合计	10 526 466 415.00	9 029 245 869.00	6 134 709 863.00
非流动资产：			
发放贷款及垫款	0.00	0.00	0.00
可供出售金融资产	0.00	206 393 107.50	517 086 347.90
持有至到期投资	0.00	0.00	0.00
长期应收款	0.00	0.00	0.00
长期股权投资	4 678 282.24	4 900 000.00	0.00

项　目	2020 年 12 月 31 日	2019 年 12 月 31 日	2018 年 12 月 31 日
投资性房地产	4 710 086.02	5 027 228.53	5 343 777.33
在建工程(合计)	183 984 816.10	93 320 557.56	54 496 798.56
在建工程	183 984 816.10	93 320 557.56	54 496 798.56
工程物资	0.00	0.00	0.00
固定资产及清理(合计)	1 722 572 999.00	1 763 988 531.00	1 792 254 179.00
固定资产净额	1 722 572 999.00	1 763 988 531.00	1 792 254 179.00
固定资产清理	0.00	0.00	0.00
生产性生物资产	0.00	0.00	0.00
公益性生物资产	0.00	0.00	0.00
油气资产	0.00	0.00	0.00
使用权资产	0.00	0.00	0.00
无形资产	785 717 932.80	742 083 609.10	691 381 442.70
开发支出	0.00	0.00	0.00
商誉	478 283 495.30	478 283 495.30	478 283 495.30
长期待摊费用	70 240 106.03	83 561 473.46	69 238 523.78
递延所得税资产	90 494 544.51	86 580 171.04	92 157 476.83
其他非流动资产	4 148 686.00	16 544 407.51	317 910 214.60
非流动资产合计	3 344 830 948.00	3 480 682 581.00	4 018 152 256.00
资产总计	13 871 297 363.00	12 509 928 450.00	10 152 862 119.00
流动负债:			
短期借款	0.00	0.00	0.00
交易性金融负债	0.00	0.00	0.00
应付票据及应付账款(合计)	1 267 173 842.30	834 156 012.30	636 365 039.80
应付票据	703 679 646.90	349 203 413.70	200 750 000.00
应付账款	563 494 195.40	484 952 598.60	435 615 039.80
预收款项	529 863 011.70	1 149 143 310.00	503 083 108.10
应付手续费及佣金	0.00	0.00	0.00
应付职工薪酬	454 189 532.90	457 299 476.40	372 374 014.40
应交税费	482 903 109.60	372 993 624.20	420 984 845.50
其他应付款(合计)	1 315 878 229.00	1 192 020 148.00	1 032 543 553.00
应付利息	0.00	0.00	0.00
应付股利	0.00	0.00	0.00
其他应付款	1 315 878 229.00	1 192 020 148.00	1 032 543 553.00

续表二

项　目	2020 年 12 月 31 日	2019 年 12 月 31 日	2018 年 12 月 31 日
预提费用	0.00	0.00	0.00
一年内的递延收益	0.00	0.00	0.00
应付短期债券	0.00	0.00	0.00
一年内到期的非流动负债	0.00	0.00	0.00
其他流动负债	197 484 121.50	295 164 746.10	182 846 942.20
流动负债合计	4 247 491 847.00	4 300 777 317.00	3 148 197 503.00
非流动负债			
长期借款	0.00	0.00	0.00
应付债券	0.00	0.00	0.00
租赁负债	0.00	0.00	0.00
长期应付职工薪酬	0.00	0.00	0.00
长期应付款(合计)	0.00	0.00	0.00
长期应付款	0.00	0.00	0.00
专项应付款	0.00	0.00	0.00
预计非流动负债	0.00	0.00	0.00
递延所得税负债	118 872 366.60	102 764 515.10	119 779 105.90
长期递延收益	72 778 437.90	76 636 500.60	43 706 503.20
其他非流动负债	0.00	0.00	0.00
非流动负债合计	191 650 804.50	179 401 015.70	163 485 609.10
负债合计	4 439 142 651.50	4 480 178 332.70	3 311 683 112.10
所有者权益:			
实收资本(或股本)	503 600 000.00	503 600 000.00	503 600 000.00
资本公积	1 295 405 592.00	1 295 405 592.00	1 295 405 592.00
减: 库存股	0.00	0.00	0.00
其他综合收益	0.00	4 794 832.00	53 520 828.00
专项储备	0.00	0.00	0.00
盈余公积	256 902 260.00	256 902 260.00	256 902 260.00
一般风险准备	0.00	0.00	0.00
未分配利润	6 888 203 912.00	5 541 281 341.00	4 349 649 698.00
归属于母公司股东权益合计	8 944 111 764.00	7 601 984 025.00	6 459 078 378.00
少数股东权益	488 042 947.50	427 766 092.30	382 100 628.90
所有者权益(或股东权益)合计	9 432 154 711.50	8 029 750 117.30	6 841 179 006.90
负债和所有者权益(股东权益)总计	13 871 297 363.00	12 509 928 450.00	10 152 862 119.00

(2) 利润表(如表 F-45 所示)

表 F-45　利　润　表

制表单位：AH 股份有限公司　　　　　2020 年 12 月 31 日　　　　　单位：元

项　　目	2020 年 12 月 31 日	2019 年 12 月 31 日	2018 年 12 月 31 日
一、营业总收入	10 416 961 584.00	8 686 140 337.00	6 968 325 049.00
营业收入	10 416 961 584.00	8 686 140 337.00	6 968 325 049.00
二、营业总成本	7 833 874 460.00	6 523 625 715.00	5 560 167 243.00
营业成本	2 426 046 925.00	1 932 064 838.00	1 642 588 056.00
营业税金及附加	1 592 905 554.00	1 278 907 520.00	1 136 317 984.00
销售费用	3 184 894 221.00	2 682 535 305.00	2 170 081 384.00
管理费用	685 280 546.50	644 997 046.95	603 552 959.52
财务费用	−97 625 803.83	−51 572 629.73	−25 927 285.82
研发费用	42 373 017.33	23 966 766.04	0.00
资产减值损失	0.00	12 726 868.74	33 554 145.30
公允价值变动收益	17 585 151.48	−161 541.19	−113 260.71
投资收益	126 427 450.30	148 215 468.60	153 433 358.30
其中：对联营企业和合营企业的投资收益	−221 717.76	0.00	0.00
汇兑收益	96 346 513.22	36 227 740.59	32 974 879.41
三、营业利润	2 823 446 239.00	2 346 796 290.00	1 594 452 783.00
加：营业外收入	57 805 996.65	35 289 980.48	30 141 298.78
减：营业外支出	8 410 456.65	13 160 175.48	12 376 817.78
其中：非流动资产处置损失	0.00	0.00	0.00
四、利润总额	2 872 841 779.00	2 368 926 095.00	1 612 217 264.00
减：所得税费用	715 037 185.00	628 012 434.00	426 985 527.00
五、净利润	2 157 804 594.00	1 740 913 661.00	1 185 231 737.00
归属于母公司所有者的净利润	2 097 527 740.00	1 695 231 643.00	1 148 740 645.00
少数股东损益	60 276 854.48	45 682 017.83	36 491 092.53
六、每股收益			
基本每股收益/(元/股)	4.17	3.37	2.28
稀释每股收益/(元/股)	4.17	3.37	2.28
七、其他综合收益	0.00	−48 725 996.85	17 376 349.49
八、综合收益总额	2 157 804 594.00	1 692 187 664.00	1 202 608 087.00
归属于母公司所有者的综合收益总额	2 097 527 740.00	1 646 505 646.00	1 166 116 994.00
归属于少数股东的综合收益总额	60 276 854.48	45 682 017.83	36 491 092.53

(3) 现金流量表(略)。

三、杜邦分析体系模型

(1) 杜邦分析体系(分析近两年数据)。

(2) 模型分析(阐述模型分析，不少于 200 字)。

四、营运资金管理模型

(1) 模型设计:

公司每月需要支付现金 550 000 元，公司有价证券上投资的平均收益率 6.5%，每笔证券交易费用 70 元，公司现金支付固定且连续。

① 该公司的最佳现金持有量为多少?

② 转换和持有现金总成本为多少?

③ 每隔多少天进行一次现金转换(每月按 30 天计算)?

(2) 模型分析(阐述模型，不少于 200 字)。

五、利润管理模型

(1) 模型设计(使用数值调节钮，制作盈亏临界点分析及各因素变动分析，如表 F-46～F-48 所示)。

表 F-46 盈亏临界分析及因素变动分析

基 本 数 据			
因　　素	金　　额	增长或降低率(-25%～25%)	数值调节钮
单　　价	5 000		
单位变动成本	1 500		
固定成本	7 000 000		
销售量	2 200		
利　　润			

表 F-47 盈亏临界分析

盈亏临界点销售量	盈亏临界点销售额	变动成本	固定成本	总成本	利润

表 F-48 因素变动分析

预计利润	利润增减额	利润变化率%

(2) 模型分析(阐述模型分析，不少于 200 字)。

六、财务预测模型

(1) 模型设计(制作资产负债表简表,利用销售百分比法预测 2021 年外部筹资额,销售增长率 10%,股利支付率 60%)。

(2) 模型分析(阐述模型分析,不少于 200 字)。

七、总结与收获

(不少于 500 字)

项目作业(十)

一、企业简介

(1) 公司名称:YY 集团股份有限公司。

(2) 公司情况简介:

公司于 1993 年在深交所挂牌上市,成为 YN 省第一家 A 股上市公司。公司经营涉及化学原料药、化学药制剂、中成药、中药材、生物制品等。1996 年 10 月经临时股东大会会议讨论,公司更名为 YY 集团股份有限公司。

自建厂以来,经过 30 多年的发展,公司已从一个资产不足 300 万元的生产企业成长为一个总资产 76.3 亿多,总销售收入逾 100 亿元(2010 年末),经营涉及化学原料药、化学药制剂、中成药、中药材、生物制品、保健食品、化妆品及饮料的研制、生产及销售,糖、茶,建筑材料,装饰材料的批发、零售、代购代销,科技及经济技术咨询服务,医疗器械(二类、医用敷料类、一次性使用医疗卫生用品),日化用品等领域的 YN 省实力最强、品牌最优的大型医药企业集团。公司产品共十种剂型七十余个产品,主要销往国内、港澳、东南亚等地区,并已进入日本、欧美等国家、地区的市场。

(3) 公司组织结构图(略)。

(4) 公司相应职责分工(略)。

二、财务报表概况

(1) 资产负债表(如表 F-49 所示)。

表 F-49 资产负债表

制表单位：YY 集团股份有限公司　　　　2020 年 12 月 31 日　　　　单位：亿元

项　　目	2020 年 12 月 31 日	2019 年 12 月 31 日	2018 年 12 月 31 日
流动资产：			
货币资金	129.94	30.17	26.66
交易性金融资产	88.21	72.65	67.49
衍生金融资产			
应收票据及应收账款(合计)	38.46	50.27	55.27
其中：应收票据	18.08	31.74	42.93
应收账款	20.38	18.53	12.34
应收款项融资	17.56		
预付款项	5.78	6.02	4.18
其他应收款(合计)	3.99	3.24	2.03
其中：应收利息	0.61	0.86	0.64
应收股利	0.09		
其他应收款	3.29	2.37	1.39
存货	117.47	99.94	86.63
一年内到期的非流动资产			
其他流动资产	45.60	10.55	8.78
流动资产合计	447.01	272.84	251.04
非流动资产：			
发放委托贷款及垫款			
可供出售金融资产		1.25	1.25
持有至到期投资			
长期应收款			
长期股权投资	3.18	0.01	0.01
其他非流动金融资产	5.60		
投资性房地产	0.01	0.00	0.00
固定资产	20.09	17.15	17.45
在建工程	9.70	6.11	1.45
工程物资			
固定资产清理			

项　　目	2020 年 12 月 31 日	2019 年 12 月 31 日	2018 年 12 月 31 日
生产性生物资产	0.02		
油气资产			
无形资产	5.38	3.11	3.19
开发支出			
商誉	0.33	0.14	0.14
长期待摊费用	0.45	0.52	0.07
递延所得税资产	4.22	2.45	2.27
其他非流动资产	0.59	0.20	0.16
非流动资产合计	49.57	30.94	25.99
资产总计	496.58	303.78	277.03
流动负债：			
短期借款			
衍生金融负债			
应付票据及应付账款(合计)	62.44	56.16	45.70
其中：应付票据	16.53	13.93	9.86
应付账款	45.91	42.23	35.84
预收款项	11.66	8.59	10.88
应付职工薪酬	4.55	1.71	1.47
应交税费	2.93	4.21	2.74
其他应付款(合计)	13.77	13.20	14.45
其中：应付利息	0.00	0.29	0.29
应付股利	0.88	0.01	0.01
其他应付款	12.89	12.90	14.15
一年内到期的非流动负债		17.99	
其他流动负债	0.80		
流动负债合计	96.15	101.86	75.24
非流动负债：			
长期借款	0.04	0.03	0.03
应付债券	9.13	2.40	17.97
长期应付款	6.61	0.05	0.05
长期应付职工薪酬	0.05	0.07	0.12
专项应付款			

项　　目	2020 年 12 月 31 日	2019 年 12 月 31 日	2018 年 12 月 31 日
预计负债			
递延收益	2.25	0.05	2.18
递延所得税负债	1.34	0.09	0.01
其他非流动负债	0.02		
非流动负债合计	19.44	2.69	20.35
负债合计	115.59	104.55	95.60
所有者权益(或股东权益):			
实收资本(或股本)	12.77	10.41	10.41
其他权益工具			
资本公积	174.20	12.47	12.47
减：库存股			
其他综合收益	−0.03	0.00	0.00
专项储备			
盈余公积	14.13	10.48	9.41
未分配利润	178.30	164.46	148.09
归属于母公司股东权益合计	379.37	197.82	180.38
少数股东权益	1.62	1.41	1.05
股东权益合计	380.99	199.23	181.43
负债和股东权益合计	496.58	303.78	277.03

(2) 利润表(如表 F-50 所示)。

表 F-50　利　润　表

制表单位：YY 集团股份有限公司　　　　　2020 年 12 月 31 日　　　　　单位：亿元

项　　目	2020 年 12 月 31 日	2019 年 12 月 31 日	2018 年 12 月 31 日
一、营业总收入	296.65	267.08	243.15
营业收入	296.65	267.08	243.15
二、营业总成本	265.60	232.91	211.09
营业成本	211.91	185.49	167.32
研发费用	1.74	1.10	
税金及附加	1.44	1.76	1.70
销售费用	41.56	39.22	36.84
管理费用	9.58	3.13	3.87
财务费用	−0.63	1.63	0.73

项　目	2020 年 12 月 31 日	2019 年 12 月 31 日	2018 年 12 月 31 日
其中：利息费用	1.26	1.94	
利息收入	2.49	0.62	
资产减值损失		0.58	0.65
三、其他经营收益			
加：公允价值变动收益	2.27	0.42	
加：投资收益	14.70	2.82	2.77
其中：对联营企业和合营企业的投资收益	0.13	0.00	0.00
资产处置收益	0.12	0.00	0.60
资产减值损失(新)	−2.01		
信用减值损失(新)	−0.88		
其他收益	2.18	0.91	0.78
四、营业利润	47.43	38.32	36.21
加：营业外收入	0.12	0.07	0.07
减：营业外支出	0.29	0.13	0.06
五、利润总额	47.26	38.26	36.22
减：所得税费用	5.53	5.36	4.89
六、净利润	41.73	32.90	31.33
(一) 按经营持续性分类			
持续经营净利润	41.73	32.90	31.33
(二) 按所有权归属分类			
归属于母公司股东的净利润	41.84	33.07	31.45
少数股东损益	−0.11	−0.17	−0.12
扣除非经常性损益后的净利润	22.89	29.18	27.81
七、每股收益			
(一) 基本每股收益/元	3.28	3.18	3.02
(二) 稀释每股收益/元	3.28	3.18	3.02
八、其他综合收益	−0.04	0.00	0.00
归属于母公司股东的其他综合收益	−0.04	0.00	0.00
归属于少数股东的其他综合收益	0.00	0.00	0.00
九、综合收益总额	41.69	32.90	31.33
归属于母公司所有者的综合收益总额	41.80	33.07	31.45
归属于少数股东的综合收益总额	−0.11	−0.17	−0.12

(3) 现金流量表(略)。

三、企业财务分析模型

(1) 杜邦分析体系(分析近两年数据)。

(2) 模型分析(阐述模型分析，不少于 200 字)。

四、筹资活动模型

(1) 模型设计——分析 2020、2019 年综合资本成本率(长期借款的年利率 6%，筹资费用率 2%；应付债券利率 10%，筹资费用率 5%；普通股股利增长率 5%，股利率 3%，筹资费用率 5%；所得税税率 25%)。

(2) 模型分析(阐述模型分析，不少于 200 字)。

五、营运资金管理模型

(1) 模型设计。

YY 集团股份有限公司每月需要支付现金 175 000 000 元，公司有价证券上投资的平均收益率 8%，每笔证券交易费用 110 元，公司现金支付固定且连续。

① 该公司的最佳现金持有量为多少？

② 转换和持有现金总成本为多少？

③ 每隔多少天进行一次现金转换(每月按 30 天计算)？

(2) 模型分析(阐述模型，不少于 200 字)。

六、利润管理模型

(1) 模型设计(使用数值调节钮，制作盈亏临界点分析及各因素变动分析，如表 F-51～F-53 所示)。

表 F-51　盈亏临界分析及因素变动分析

基 本 数 据			
因　素	金额/元	增长或降低率(-25%～25%)	数值调节钮
单　价	2 000		
单位变动成本	1 200		
固定成本	5 500 000		
销售量	77 000		
利　润			

表 F-52　盈亏临界分析

盈亏临界点销售量	盈亏临界点销售额	变动成本	固定成本	总成本	利润

表 F-53　因素变动分析

预计利润	利润增减额	利润变化率/%

(2) 模型分析(阐述模型分析，不少于 200 字)。

七、总结与收获

(不少于 500 字)

参 考 文 献

[1]　钟元权. Excel 2019 公式与函数应用大全[M]. 北京：机械工业出版社，2020.

[2]　罗小兰，刘颖，龚诤. Excel 在财务管理中的应用[M]. 南京：南京大学出版社，2020.

[3]　刘卉，张研研. 大学计算机应用基础教程[M]. 北京：清华大学出版社，2020.

[4]　吴炎太，李安兰，伍绍平. Excel 在财务管理中的应用[M]. 北京：电子工业出版社，2018.

[5]　黄新荣. Excel 2010 会计与财务管理中的应用[M]. 5 版. 北京：人民邮电出版社，2018.

[6]　韩良智. Excel 在财务管理中的应用[M]. 3 版. 北京：清华大学出版社，2015.

[7]　黄新荣. Excel 2010 会计与财务管理中的应用[M]. 4 版. 北京：人民邮电出版社，2017.